# inspire 4

Méthode de français **B2**

Véronique BOISSEAUX et Delphine TWARDOWSKI

# Cahier d'activités

## Droits de reproduction et crédits photographiques

**p. 21 :** bande dessinée *Race* de Dimani Mathieu Cassendo, © Commission des droits de la personne et droits de la jeunesse du Québec.

**TEXTES AUDIO**

Unité 1 • **p. 16 :** extrait de « La philosophie a-t-elle encore quelque chose à dire du bonheur ? », France Culture, *Avec philosophie*, 16 décembre 2022, © France Culture – Avec philosophie par Géraldine Muhlmann.

Unité 2 • **p. 18 :** extrait de « J'ai été victime de discrimination », © Commission des droits de la personne et droits de la jeunesse du Québec.

Unité 4 • **p. 58 :** extrait de « 64 minutes le monde en français – Julien Barret », TV5 Monde, 25 mars 2017, © TV5Monde – 64 minutes le monde en français : Invité – Julien Barret – 2017.

Unité 6 • **p. 86 :** « Comment le numérique nous change-t-il ? », France Culture, *Le pourquoi du comment*, 16 janvier 2023, © France Culture – Le pourquoi du comment : science par Étienne Klein, Gilles Bœuf, Bruno David.

Unité 7 • **p. 88 :** « Les bienfaits de la classe dehors », France Inter, *La Terre au carré*, 3 mars 2021, © France Inter – *Camille passe au vert* par Camille Crosnier. • **p. 100 :** Enseignement supérieur de la recherche et de l'innovation, « Déploiement des parcours de réussite dans l'enseignement supérieur – Zoom sur neuf parcours de réussite - Université Paris Descartes : PaRéO ».

**Remerciements :**
Nous remercions **Anne-Marie Diogo** pour le portfolio et l'épreuve DELF B2.

 indique les activités un peu plus difficiles.

**Couverture :** Nicolas Piroux
**Maquette intérieure :** Eidos
**Adaptation graphique :** Anne-Danielle Naname
**Mise en page :** Sylvie Daudré
**Édition :** Françoise Malvezin / Le Souffleur de mots
**Enregistrements audio, montage, mixage :** Quali'sons, David Hassici
**Maîtrise d'œuvre :** Françoise Malvezin / Le Souffleur de mots

978-2-01-723048-9
© HACHETTE LIVRE, 2023
Le code de la propriété intellectuelle n'autorisant, aux termes des articles L. 122-4 et L. 122-5, d'une part, que « les copies ou reproductions strictement réservées à l'usage privé du copiste et non destinées à une utilisation collective » et, d'autre part, que « les analyses et les courtes citations » dans un but d'exemple et d'illustration, « toute représentation ou reproduction intégrale ou partielle, faite sans le consentement de l'auteur ou de ses ayants droit ou ayant cause, est illicite ». Cette représentation ou reproduction, par quelque procédé que ce soit, sans autorisation de l'éditeur ou du Centre français de l'exploitation du droit de copie (20, rue des Grands-Augustins, 75006 Paris), constituerait donc une contrefaçon sanctionnée par les articles 425 et suivants du Code pénal.

# Sommaire

## UNITÉ 1 — LE BONHEUR EST-IL UTOPIQUE ? — 4
- LEÇON 1   Donner une définition du bonheur — 4
- LEÇON 2   Analyser des idées reçues — 8
- LEÇON 3   Envisager le bonheur — 12
- BILAN — 16

## UNITÉ 2 — SOMMES-NOUS PRISONNIERS DE NOTRE APPARENCE ? — 18
- LEÇON 5   Raconter une discrimination — 18
- LEÇON 6   Imaginer l'humain du futur — 22
- LEÇON 7   Parler de son apparence — 26
- BILAN — 30

## UNITÉ 3 — POUVONS-NOUS ENCORE SAUVER LA PLANÈTE ? — 32
- LEÇON 9   Faire un état des lieux sur la pollution — 32
- LEÇON 10   Alerter le public sur un risque — 36
- LEÇON 11   Proposer des solutions — 40
- BILAN — 44

## UNITÉ 4 — LES LANGUES SONT-ELLES SACRÉES ? — 46
- LEÇON 13   Expliquer une évolution — 46
- LEÇON 14   Adapter son registre — 50
- LEÇON 15   Parler de son rapport au français — 54
- BILAN — 58

## UNITÉ 5 — LA POLITIQUE EST-ELLE L'AFFAIRE DE TOUS ? — 60
- LEÇON 17   Définir des droits et des devoirs — 60
- LEÇON 18   Défendre un engagement — 64
- LEÇON 19   S'interroger sur le droit de vote — 68
- BILAN — 72

## UNITÉ 6 — COMMENT LA TECHNOLOGIE TRANSFORME-T-ELLE NOTRE VIE ? — 74
- LEÇON 21   Améliorer un espace de vie — 74
- LEÇON 22   Prendre position sur les rencontres virtuelles — 78
- LEÇON 23   Imaginer de nouveaux mondes — 82
- BILAN — 86

## UNITÉ 7 — À QUOI SERT L'ÉCOLE ? — 88
- LEÇON 25   Décrire une manière d'apprendre — 88
- LEÇON 26   Commenter des inégalités — 92
- LEÇON 27   Parler d'un parcours atypique — 96
- BILAN — 100

## UNITÉ 8 — LE TRAVAIL A-T-IL LE MÊME SENS AUJOURD'HUI ? — 102
- LEÇON 29   Expliquer des tendances professionnelles — 102
- LEÇON 30   Analyser la place du travail — 106
- LEÇON 31   Dévoiler des tabous professionnels — 110
- BILAN — 114

## UNITÉ 9 — PEUT-ON OUBLIER SON ÂGE ? — 116
- LEÇON 33   Donner des explications — 116
- LEÇON 34   Contester des injonctions — 120
- LEÇON 35   Défendre des convictions — 124
- BILAN — 128

## ANNEXES — 130
- Portfolio — 130
- Épreuve de DELF B2 — 135

# Leçon 1 — Donner une définition du bonheur

## COMPRENDRE

**1** 🎧 2 Écoutez le micro-trottoir. Cochez les définitions du bonheur de chaque personne.

|  | Laure | Yasmine | Elias | Youssef |
|---|---|---|---|---|
| **Ex.** : Être en harmonie avec soi-même. | ✓ | ☐ | ☐ | ☐ |
| a. Avoir des bonnes relations avec sa famille. | ☐ | ☐ | ☐ | ☐ |
| b. Apporter de la bonne humeur aux autres. | ☐ | ☐ | ☐ | ☐ |
| c. Avoir de l'estime de soi. | ☐ | ☐ | ☐ | ☐ |
| d. Avoir une vision positive de la vie. | ☐ | ☐ | ☐ | ☐ |
| e. Valoriser ses émotions positives. | ☐ | ☐ | ☐ | ☐ |
| f. Être en quête de sérénité au quotidien. | ☐ | ☐ | ☐ | ☐ |
| g. Vivre pleinement chaque moment de sa vie sans penser à l'avenir. | ☐ | ☐ | ☐ | ☐ |
| h. S'intéresser aux autres. | ☐ | ☐ | ☐ | ☐ |
| i. Être en bonne santé. | ☐ | ☐ | ☐ | ☐ |

## VOCABULAIRE

### ◖ Les émotions (1)

**2** Entourez le mot de sens proche.

**Ex.** : La joie de vivre : la sensibilité • (la gaieté) • la gratitude
a. La concordance : l'accord • la joie • l'ennui
b. L'enthousiasme : la tranquillité • la reconnaissance • la joie
c. L'amusement : la distraction • l'amitié • la difficulté
d. La sérénité : l'exaltation • la tranquillité • la passion
e. L'harmonie : la concordance • l'amour • la fierté
f. La frustration : le contentement • la tristesse • l'insatisfaction
g. Les vicissitudes : les malheurs • les satisfactions • les colères

### ◖ Les relations sociales (1)

**3** Lisez les définitions et complétez la grille de mots-croisés.

a. Sentiment positif pour quelqu'un qui a rendu service.
b. Sentiment de communauté avec une ou plusieurs personnes.
c. Relation d'affection entre deux ami(e)s.
d. Attachement pour quelqu'un.
e. Sentiment de bienveillance envers quelqu'un.
f. Synonyme de gratitude.
g. Joie devant ce qui est beau ou parfait.

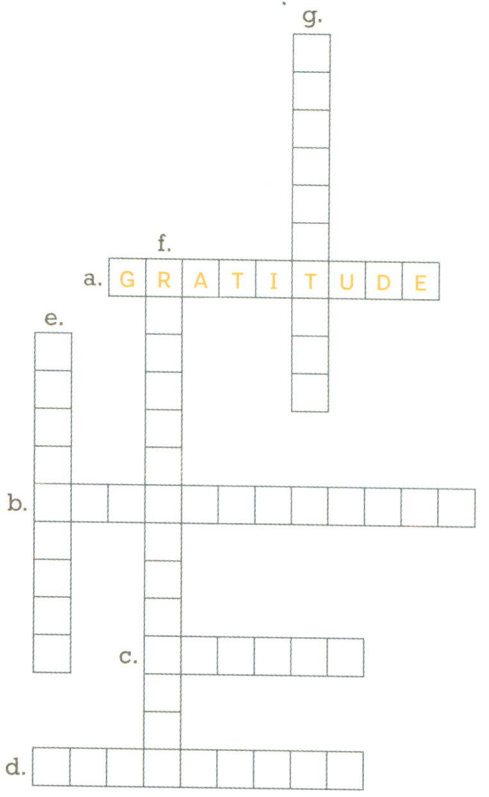

**LEÇON 1**

# Le développement personnel, les relations sociales (1), les qualités (1)

**4** Complétez le témoignage de Laurie avec les mots suivants :
amitiés • satisfactions • l'estime • élévation • curiosité • vertueux • intérêt • fierté

---
**Témoignage**

Pour moi, le bonheur, ce sont des choses simples. C'est d'abord, avoir des amis et entretenir ses *amitiés* ! Et puis rester ouvert, faire attention aux autres : montrer de l'_____ pour les personnes qui nous entourent et avoir de la _____ pour tout. Ensuite, c'est aussi se sentir bien avec soi-même et cultiver _____ de soi : accomplir des actions et en éprouver de la _____, faire des choses qui nous semblent bien. Bref, être _____ peut nous apporter des vraies _____. Enfin, le bonheur, c'est surtout se libérer de ses émotions négatives pour permettre une _____ de soi.

---

## GRAMMAIRE

# Les adjectifs verbaux

**5** 🎧 3 Écoutez les phrases. Entendez-vous un adjectif verbal ? Cochez la bonne réponse.

|  | Ex. | a. | b. | c. | d. | e. | f. |
|---|---|---|---|---|---|---|---|
| Adjectif verbal | ✓ |  |  |  |  |  |  |

**6** Lisez les phrases. Remplacez la proposition relative soulignée par un adjectif verbal.

Ex. : La frustration provoque une sensation <u>qui déplaît</u>.
→ La frustration provoque une sensation *déplaisante*.

a. La joie de vivre et la bonne humeur sont des émotions <u>qui stimulent</u>.
→ _____

b. J'ai assisté à une conférence sur le bien-être <u>qui enthousiasme</u>.
→ _____

c. Chez lui, la sérénité est une émotion <u>qui domine</u>.
→ _____

d. As-tu écouté cette musique <u>qui relaxe</u> ?
→ _____

e. Ce sont des livres sur la quête du bonheur <u>qui passionnent</u>.
→ _____

f. *Comment définir le bonheur ?* est une question <u>qui intéresse</u>.
→ _____

g. On peut réfléchir à son bien-être et découvrir sur soi des choses <u>qui étonnent</u>.
→ _____

h. Vous avez fait des progrès <u>qui impressionnent</u> !
→ _____

## Leçon 1 — Donner une définition du bonheur

### La question avec inversion

**7** Mettez les mots dans l'ordre pour faire une question avec inversion.

**Ex. :** définir ? • Le bonheur • il • - • facile • est • à
→ Le bonheur est-il facile à définir ?

a. elles • souvent le dessus • nos émotions négatives • - • Pourquoi • sur nos émotions positives ? • prennent
→ 

b. fait • Comment • sa tranquillité d'âme ? • on • pour développer • -
→ 

c. une place importante • elle • L'amitié • - • dans votre vie ? • tient
→ 

d. tu • vas • interroger pour ton enquête • - • sur le bonheur ? • Qui
→ 

e. -t • envers son amie ? • sera • reconnaissante • - • elle • Martha
→ 

f. nous • les philosophes • Que • sur le bonheur ? • enseignent
→ 

g. -t- • vraiment plus de raisons • A • d'être heureux aujourd'hui ? • on
→ 

h. permet • l'estime de soi • En quoi • - • de se sentir mieux ? • elle
→ 

**8** Utilisez l'inversion avec reprise du sujet pour transformer les questions.

**Ex. :** Est-ce que ressentir de la joie peut constituer un bonheur durable ?
→ Ressentir de la joie peut-il constituer un bonheur durable ?

a. Comment cette personne garde sa sérénité en toutes circonstances ?
→ 

b. Pourquoi les émotions négatives nous empêchent de voir ce qui est positif ?
→ 

c. Est-ce que les philosophes pourraient trouver une seule définition du bonheur ?
→ 

d. Est-ce que les enfants anxieux peuvent apprendre à développer des émotions positives ?
→ 

e. Cet événement de votre vie a été le plus marquant ?
→ 

f. Est-ce que tous les individus sont conscients de leurs émotions agréables ?
→ 

g. Est-ce que l'amitié peut apporter l'estime de soi ?
→ 

h. Depuis quand ton amie s'intéresse à la question du bonheur individuel ?
→

## LEÇON 1

**+9 Complétez pour faire une question avec inversion. Conjuguez les verbes au présent et faites les transformations nécessaires.**

Ex. : Comment la philosophie (permettre) **permet-elle** de mieux définir le bonheur ?

a. Tous les gens _____ (avoir) la même définition du bonheur ?
b. Cultiver l'estime de soi _____ (mener) à la sérénité ?
c. Que _____ (nous • percevoir) du bonheur des autres ?
d. Comment les vicissitudes de la vie _____ (pouvoir) être acceptées sereinement ?
e. Pourquoi la notion de bonheur individuel _____ (prendre) de l'importance aujourd'hui ?
f. _____ (vous • ressentir) souvent des émotions négatives ?

## COMMUNIQUER

**10 Vous lisez deux citations sur le bonheur. Vous écrivez un article sur votre blog pour expliquer de quelle définition vous vous sentez le/la plus proche.**

### Train de la pensée

www.monblog.fr

Les citations du jour :

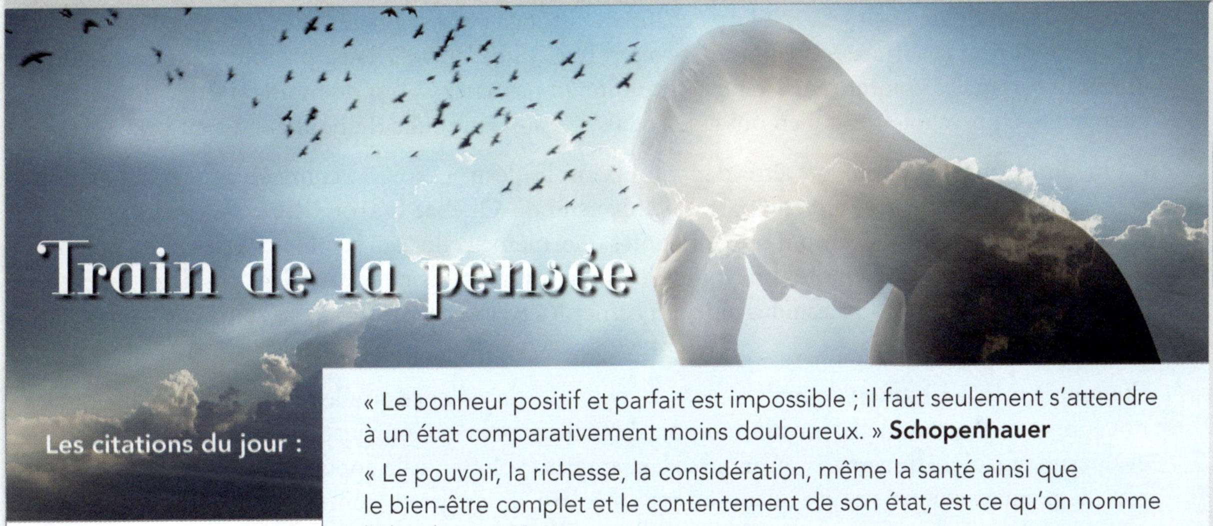

« Le bonheur positif et parfait est impossible ; il faut seulement s'attendre à un état comparativement moins douloureux. » **Schopenhauer**

« Le pouvoir, la richesse, la considération, même la santé ainsi que le bien-être complet et le contentement de son état, est ce qu'on nomme le bonheur. » **Kant**

J'ai lu ces deux définitions du bonheur _____

**+11 Vous apportez votre témoignage à la question de l'émission. Enregistrez-vous.**

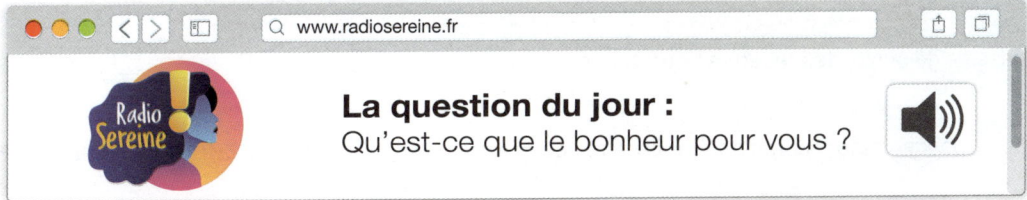

www.radiosereine.fr

Radio Sereine

**La question du jour :**
Qu'est-ce que le bonheur pour vous ?

# Leçon 2 — Analyser des idées reçues

## COMPRENDRE

**1** Lisez l'article et cochez *Vrai* ou *Faux*. Justifiez votre réponse avec une phrase de l'article.

### Heureux à tout prix : et si c'était une mauvaise idée ?

Être plus heureux, sûr de soi, moins angoissé… Ce sont des objectifs qu'on se fixe assez souvent. Et ça ne fonctionne pas toujours ! C'est peut-être parce qu'on se trompe de cible ? Commencer par accepter ses émotions négatives, voilà ce que proposent des spécialistes.

S'appliquer à être souriant, serviable… Faire du yoga, des exercices de pleine conscience, lire des livres de psychologie positive… Nul n'y échappe… Tout ça pour se libérer des émotions désagréables qui s'agitent sous la surface – la jalousie, la colère, l'égoïsme, l'anxiété, la culpabilité… Non seulement on aurait tort de les ignorer, mais on ne les exploiterait pas assez ! C'est du moins la thèse de plusieurs chercheurs en psychologie, qui en ont assez de l'obsession culturelle du bonheur à tout prix.

« On dirait qu'il faut toujours être dans le plaisir, le désir, la joie », constate Frédéric Langlois, professeur et chercheur en psychologie à l'Université du Québec à Trois-Rivières. C'est dommage, parce que toutes les émotions ont une fonction saine, même celles qui semblent détestables ou qu'on a envie de fuir. « Aucune émotion n'est inutile, sinon les humains ne les auraient pas développées au cours de leur évolution. » Elles nous aident à cerner les problèmes, trouver des solutions, obtenir des gains et nous protéger.

Prenons la colère. Émotion détestée à cause du potentiel de violence qu'elle recèle et du malaise qu'elle nous impose. Pourtant, elle constitue un outil précieux pour obtenir justice lorsqu'on se sent sous-évalué, une manière de signaler qu'on ne se laissera pas exploiter. Elle apporte confiance et audace, en plus de rehausser notre statut : quand on est en colère, on est perçu comme plus compétent et plus crédible. C'est aussi un formidable vecteur d'action. Elle a permis aux femmes d'obtenir plus de droits et aux Noirs d'Afrique du Sud de renverser l'apartheid, entre autres.

Les chercheurs concluent : « C'est lorsqu'on tire profit de toute la gamme des émotions, des pensées et des comportements de notre répertoire que nous devenons des êtres complets. »

D'après Marie-Hélène Proulx, *La Chatelaine*, 23 décembre 2018.

**Ex. :** L'article propose une réflexion sur les émotions négatives. ☑ Vrai ☐ Faux
Justification : « Être heureux à tout prix ?… Commencer par accepter ses émotions négatives… »

**a.** La tendance de notre époque est la quête du bien-être. ☐ Vrai ☐ Faux
Justification : _____

**b.** Les efforts que l'on fait pour se sentir bien sont toujours récompensés. ☐ Vrai ☐ Faux
Justification : _____

**c.** Tout le monde essaie de suivre des recettes pour se sentir heureux. ☐ Vrai ☐ Faux
Justification : _____

**d.** Des chercheurs en psychologie recommandent de faire des exercices pour être heureux. ☐ Vrai ☐ Faux
Justification : _____

LEÇON 2

e. On peut être mal jugé si l'on ne sent pas heureux ou joyeux.  ☐ Vrai  ☐ Faux
   Justification : _____

f. La recherche du bonheur nous aide à mieux affronter les problèmes.  ☐ Vrai  ☐ Faux
   Justification : _____

g. Il vaut mieux éviter de se mettre en colère pour faire accepter ses idées.  ☐ Vrai  ☐ Faux
   Justification : _____

h. Combattre les émotions négatives est nécessaire pour notre épanouissement.  ☐ Vrai  ☐ Faux
   Justification : _____

**2 Relisez l'article. Relevez les émotions citées (adjectifs et noms) et classez-les.**

| Émotions positives | Émotions négatives |
| --- | --- |
| heureux, | angoissé, |

## VOCABULAIRE

### Les émotions (2), les qualités (2)

**3 Lisez les phrases et soulignez le mot qui convient.**

Ex. : J'ai des difficultés à trouver une occupation plaisante, ce que je ressens c'est l'ennui · l'enthousiasme.

a. Parfois des petites choses suffisent pour chasser **le spleen · la fierté**.
b. J'ai été très **autonome · déçue** par les personnes que j'ai rencontrées.
c. Arthur se sent **délaissé · seul** par ses amis.
d. Ida fait toujours ce qu'elle dit, c'est une personne **volontaire · blessée**.
e. Il était très **malheureux · responsable** quand son amie l'a quitté.
f. Pendant ces réunions, je ressens toujours **un revers · un malaise**.
g. Je crois qu'il est heureux parce qu'il est **autonome · délaissé** et ne dépend de personne.
h. Se sentir **volontaire · seul** ne rend pas heureux.

### Les émotions (2), les problèmes de santé, les échecs

**4 Complétez le témoignage de Nouhad avec les mots suivants :**

seule · une indigestion · déçue · rater · urgences · s'étouffer · revers · malaise · délaissée · malheureuse

Ma cousine Flora s'était toujours sentie seule à cause de sa timidité. Elle était très _____ de ne pas réussir à maîtriser ses émotions. Quand elle avait essayé de faire le premier pas, elle avait essuyé plusieurs fois des _____. Flora avait l'impression de _____ sa vie. Elle se sentait _____, sans amis. Il y a un an dans une soirée, entourée de gens qu'elle ne connaissait pas, elle avait été tellement angoissée qu'elle avait eu _____. Elle avait failli _____, alors un jeune homme l'avait emmenée aux _____. Elle s'était sentie très mal et cet état avait renforcé son _____. Il était parti sans un mot et elle avait été très _____. Mais le lendemain, il lui avait envoyé des fleurs… Depuis, ils se sont mariés et ma cousine Flora maîtrise un peu mieux sa timidité !

# Leçon 2 — Analyser des idées reçues

## GRAMMAIRE

### La négation

**5** 🎧 4 Écoutez. Cochez la phrase de même sens.

Ex. : ☐ Nous pouvons rester un peu.
☑ Nous sommes en retard.
☐ Nous avons le temps de bavarder.

a. ☐ Il ne connaît pas la solitude.
☐ La solitude est connue par lui seulement.
☐ Il connaît plus la solitude que les autres.

b. ☐ Il ne devrait pas être malheureux.
☐ Il est assez peu malheureux.
☐ Il pourrait être plus malheureux.

c. ☐ Elle a l'habitude des remarques blessantes.
☐ Elle a été très blessée par une remarque.
☐ Elle n'est jamais blessée par une remarque.

d. ☐ Il a dit à quelqu'un qu'il était déprimé.
☐ Il était déprimé comme personne.
☐ Personne n'a su qu'il était déprimé.

e. ☐ Tout le monde ne peut pas atteindre le bonheur.
☐ Peu de gens peuvent atteindre le bonheur.
☐ Un bonheur comme celui-ci ne peut pas être atteint.

f. ☐ Ils n'ont aucune activité ensemble.
☐ Ils ne font pas tout ensemble.
☐ Ils font tout ensemble.

g. ☐ Certains pensent que le bonheur n'existe que dans ce monde.
☐ Certains pensent que le bonheur n'est jamais possible dans ce monde.
☐ Certains pensent que rien dans ce monde n'est aussi important que le bonheur.

**6** Complétez les phrases avec les mots suivants :

personne • guère • rien (× 2) • jamais • aucun • aucune (× 2) • nul

Ex. : La jalousie et la colère ne font du bien à personne.

a. _____ ne peut décider seul de son bonheur.

b. Les émotions négatives ne sont _____ agréables à personne !

c. _____ personne ne devrait être aussi malheureuse !

d. On croit qu'on maîtrise son bonheur, mais on ne le choisit _____ .

e. _____ ne me ferait plus plaisir qu'un peu de sérénité.

f. Des bonheurs dans sa vie ? Elle n'en a jamais eu _____ !

g. Vous n'avez jamais _____ compris à cette notion d'estime de soi.

h. _____ de ces jeunes femmes n'a envie de vivre cette souffrance.

## COMMUNIQUER

**7** **Vous lisez une idée reçue sur un forum consacré au bonheur. Vous laissez un commentaire.**

www.forum.net

**Forum.net**

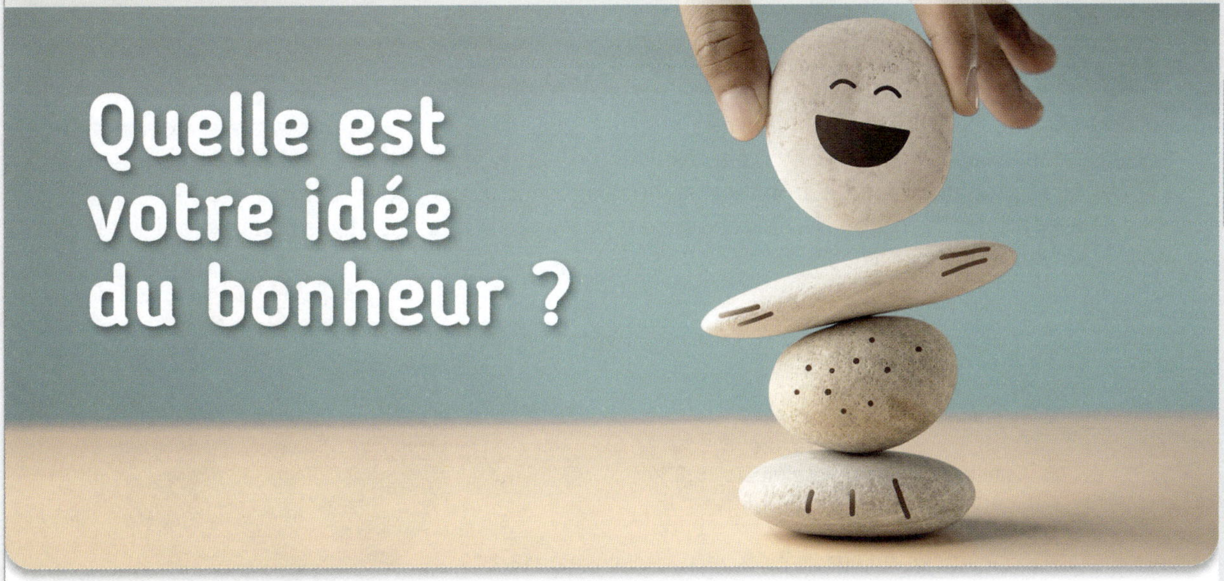
Quelle est votre idée du bonheur ?

**G8kuj** Si je réalise mon rêve, je serai la personne la plus heureuse du monde.

**Moi36** ..............................................................................

..............................................................................

..............................................................................

..............................................................................

..............................................................................

**8** **Vous participez à un micro-trottoir. On vous montre cette photo publicitaire. Que pensez-vous de cette représentation du bonheur ? Enregistrez-vous.**

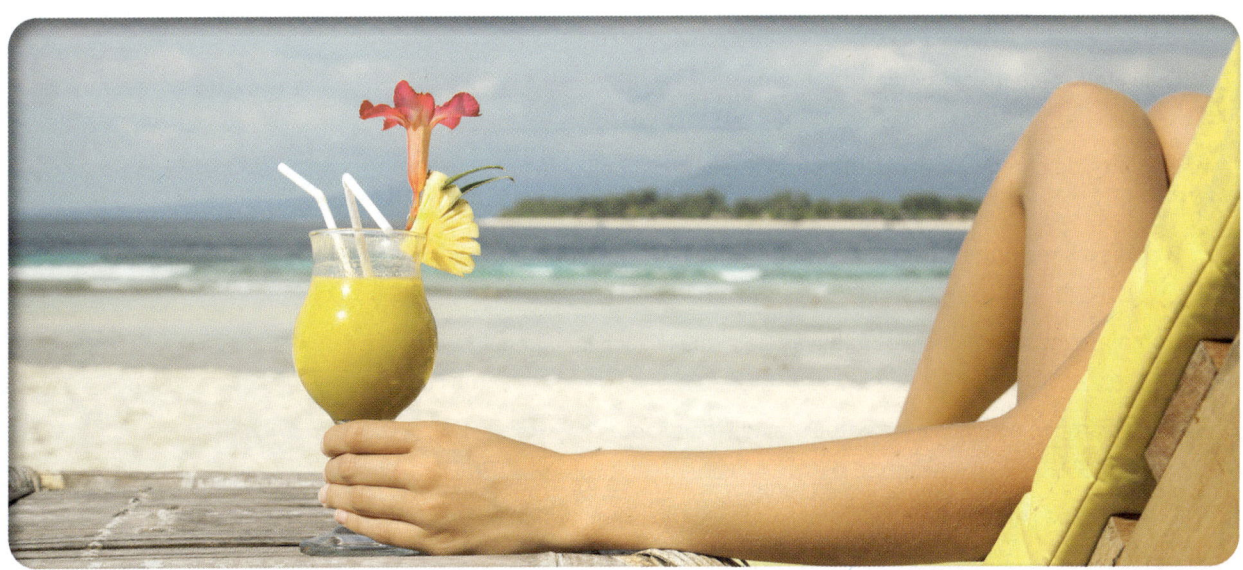

## Leçon 3 — Envisager le bonheur

### COMPRENDRE

**1** Lisez l'article et répondez aux questions.

---

**Belgique — Enquête nationale du bonheur**

Aujourd'hui, à l'occasion de la journée internationale du Bonheur, l'Université de Gand et une compagnie d'assurances publient les résultats de l'Enquête nationale du bonheur, une enquête large et approfondie sur le bonheur et la satisfaction de vie des Belges, menée auprès de 3 770 répondants. L'équipe de chercheurs est parvenue à identifier les domaines qui ont le plus d'impact sur le bonheur national.

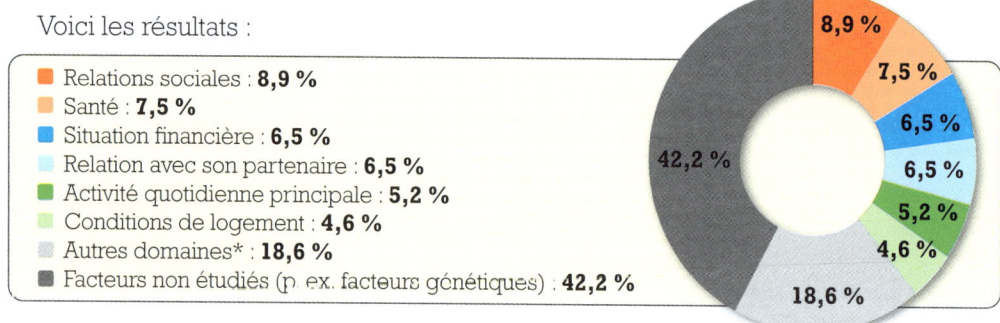

Voici les résultats :
- Relations sociales : **8,9 %**
- Santé : **7,5 %**
- Situation financière : **6,5 %**
- Relation avec son partenaire : **6,5 %**
- Activité quotidienne principale : **5,2 %**
- Conditions de logement : **4,6 %**
- Autres domaines* : **18,6 %**
- Facteurs non étudiés (p. ex. facteurs génétiques) : **42,2 %**

Aujourd'hui, le succès national est mesuré principalement par la croissance du Produit national brut. La prospérité et la croissance économiques sont importantes, mais il faudrait regarder plus loin et réfléchir à ce que chacun recherche réellement dans la vie : le bien-être et le bonheur. Alors pourquoi ne pas compléter le Produit national brut par le Bonheur national brut ? Chaque pays devrait y travailler activement avec une politique et des objectifs concrets. Pour quand un ministre du Bonheur qui définirait des mesures politiques en vue de rendre les Belges plus heureux ?

D'après *Résultats finaux de l'Enquête nationale du Bonheur 2018-2019* menée dans le cadre de la Chaire NN « Perspectives pour une vie saine et heureuse » de l'Université de Gand (UGent).

*Autres domaines : aptitudes personnelles, perspectives d'avenir, événements positifs ou négatifs dans la vie, médias sociaux et satisfaction à l'égard de la mobilité.

---

**Ex. :** Quel est le sujet de l'article ?
C'est le résultat d'une enquête sur le bonheur en Belgique.

a. Quel était l'objectif de l'équipe de chercheurs ?

b. Combien de personnes ont participé à l'Enquête nationale du bonheur ?

c. D'après les résultats, quels sont les domaines les plus importants pour le bonheur de la population belge ?

d. Comment mesure-t-on aujourd'hui en Belgique le succès national ?

e. Selon l'article, quel autre indicateur devrait-on adopter ?

f. Que propose l'article pour améliorer le bonheur de la population belge ?

LEÇON 3

## VOCABULAIRE

# L'alimentation (1), les matières (1), les expérimentations

**2 Complétez le témoignage de Valentina avec les mots et les expressions suivants :**

en terre crue • expérience • un régime • cobaye • végétalienne • une diète • un panier de légumes • végétarienne • en paille

Comment j'imagine le bonheur... ? Vivre dans une maison simple à la campagne, avec des murs en terre crue et _____, et un grand jardin. Avoir _____ rigoureuse et adaptée à une vie plus écologique. Moi, je suis déjà _____, mais ce serait bien d'avoir _____ sans produits animaux, devenir _____, et récolter chaque semaine _____ du jardin. On pourrait y vivre à plusieurs, ce serait une belle _____ de vie en commun. Moi, j'aimerais bien être _____ pour ce genre d'expérience !

# L'économie, l'État (1)

**3 🎧 5 Écoutez. Associez les mots à leur définition.**

- ☐ a. Mesure des conditions d'existence d'un individu, d'une famille ou d'une population.
- ☐ b. Toutes les personnes qui vivent dans un même pays.
- ☐ 1 c. Indicateur économique permettant de mesurer la production de richesses d'un pays.
- ☐ d. Indicateur économique qui correspond à la richesse produite au cours d'une année par l'ensemble des personnes d'un pays.
- ☐ e. Action qui consiste à échanger des biens ou des services contre de l'argent.
- ☐ f. Action de donner quelque chose qu'on possède à quelqu'un.
- ☐ g. Règles pour assurer le fonctionnement d'une organisation.
- ☐ h. Ensemble des personnes qui gèrent une commune.
- ☐ i. Groupe social dont les membres vivent ensemble ou ont des biens communs.

# Les sondages

**4 Lisez l'article et entourez les mots qui conviennent.**

**Mesurer le bonheur, pourquoi et comment ?**

Le Produit national brut est (un indicateur) • un seuil qui ne permet pas de mesurer le bien-être des gens. Pour évaluer le bonheur de la population, il faut des **critères** • **répondants** adaptés parce que le bien-être est difficile à **rater** • **mesurer**. Il s'agit d'abord de déterminer quels **domaines** • **laboratoires** on doit évaluer : la santé et l'éducation par exemple, mais pas seulement. C'est à partir de sondages réalisés grâce à un **indicateur** • **questionnaire** individuel que l'on va obtenir des données sur l'idée de bonheur d'une **population** • **terminologie**. Pour que les **questionnaires** • **répondants** puissent donner leurs réponses de façon objective, il faut proposer des niveaux ou des **seuils** • **domaines** bien décrits dans les propositions de réponse. Après avoir récolté les résultats, les analystes doivent choisir **la terminologie** • **l'expérience** qui permet de les décrire finement. Cinquante ans après son invention, le **Produit** • **Bonheur** national brut est devenu un indicateur incontournable pour sortir d'une vision purement économique des performances d'un pays.

treize 13

## Leçon 3 — Envisager le bonheur

### GRAMMAIRE

## Les adverbes pour nuancer un propos

**5** 6 Écoutez les phrases et complétez le tableau.

| | Adverbes | | |
|---|---|---|---|
| | pour indiquer la fréquence | pour nuancer l'intensité | pour ajouter une information complémentaire |
| Ex. : | | sensiblement | |
| a. | | | |
| b. | | | |
| c. | | | |
| d. | | | |
| e. | | | |
| f. | | | |

**6** Remplacez les mots entre parenthèses par un adverbe équivalent :

considérablement • régulièrement • occasionnellement • également • insuffisamment • profondément • habituellement

**Ex. :** Les résultats du sondage montrent que les gens sont **considérablement** (beaucoup) plus heureux qu'il y a vingt ans.

a. Nous avons _____ (souvent) été contactés pour répondre à des sondages sur le bonheur.

b. Cette population se déclare _____ (généralement) heureuse de ses conditions de vie.

c. J'ai _____ (assez peu) lu sur le sujet du bonheur, je ne peux parler que de mon expérience.

d. Le sondage montre _____ (aussi) les domaines dans lesquels on peut améliorer le bien-être des populations.

e. J'ai vu que 18 % des répondants se disaient _____ (très) heureux de leur vie.

f. Prendre du temps pour soi, même _____ (si ce n'est pas fréquent), est très important.

## Le conditionnel présent (1)

**7** Lisez le rêve de Fouzya. Conjuguez les verbes au conditionnel présent.

Dans mon rêve, tous les habitants **vivraient** (vivre) en paix. Il n'y _____ (avoir) plus ni guerre ni pauvreté. Les gens _____ (se regrouper) en communautés pour vivre ensemble. Les animaux _____ (ne plus se faire) tuer pour la nourriture ou les ressources, nous _____ (devenir) végétaliens. Les salaires _____ (être) les mêmes pour tous. Chaque individu _____ (accepter) les autres dans leur différence. On _____ (protéger) la nature et on la _____ (respecter). Nous _____ (pouvoir) créer une gouvernance adaptée et chacun _____ (devoir) aider les autres. Surtout, l'argent _____ (ne pas dominer) tout le reste !

## LEÇON 3

## COMMUNIQUER

**8** Vous lisez le poème de François Coppée. Partagez-vous sa vision du bonheur ? Enregistrez un commentaire à poster sur votre blog.

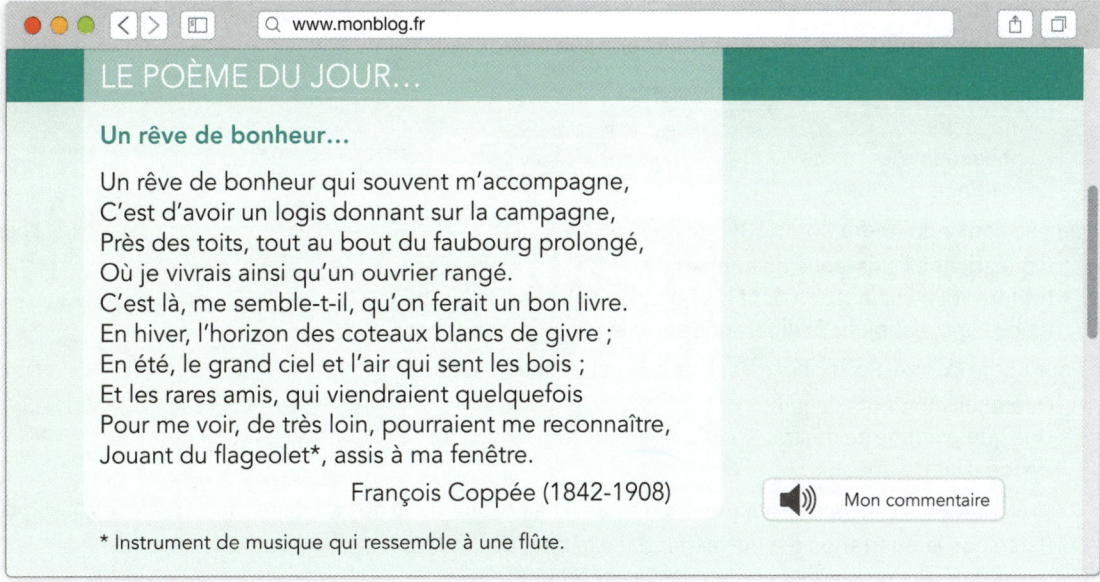

**LE POÈME DU JOUR...**

Un rêve de bonheur...

Un rêve de bonheur qui souvent m'accompagne,
C'est d'avoir un logis donnant sur la campagne,
Près des toits, tout au bout du faubourg prolongé,
Où je vivrais ainsi qu'un ouvrier rangé.
C'est là, me semble-t-il, qu'on ferait un bon livre.
En hiver, l'horizon des coteaux blancs de givre ;
En été, le grand ciel et l'air qui sent les bois ;
Et les rares amis, qui viendraient quelquefois
Pour me voir, de très loin, pourraient me reconnaître,
Jouant du flageolet*, assis à ma fenêtre.

François Coppée (1842-1908)

Mon commentaire

* Instrument de musique qui ressemble à une flûte.

**9** Vous lisez une brève sur un site d'information. Pensez-vous que c'est important de mesurer le bonheur ? Pourquoi ? Vous laissez votre avis sur le site d'information.

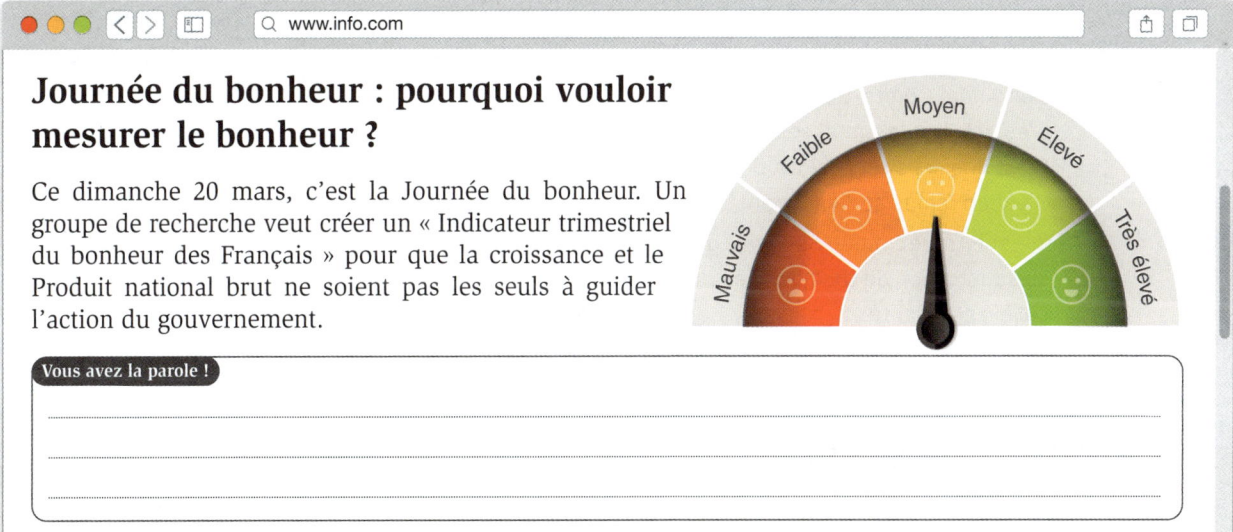

### Journée du bonheur : pourquoi vouloir mesurer le bonheur ?

Ce dimanche 20 mars, c'est la Journée du bonheur. Un groupe de recherche veut créer un « Indicateur trimestriel du bonheur des Français » pour que la croissance et le Produit national brut ne soient pas les seuls à guider l'action du gouvernement.

Vous avez la parole !

## PHONÉTIQUE

### Les groupes rythmiques

**10** 🎧 7 Écoutez et marquez les groupes rythmiques par /. Soulignez les mots sur lesquels la voix monte. Relisez le texte et enregistrez-vous.

Qu'est-ce qui fait le bonheur ? / Ah cette question… On a tous envie d'avoir une réponse bien établie pour pouvoir l'appliquer et la mettre dans sa vie. Alors comment être sincèrement heureuse et apprécier pleinement son quotidien ? D'ailleurs est-ce que vous savez apprécier le bonheur qui se présente chaque jour à vous ?

# UNITÉ 1 — BILAN

## Compréhension orale — 10 points

**1** 🎧 8 Écoutez l'émission et cochez les réponses correctes.

a. Quel est le thème de cette émission de radio ? *1 point*
- ☐ La médecine.
- ☐ La philosophie.
- ☐ La politique.

b. Que se demande André Comte-Sponville ? *1 point*
- ☐ Il questionne l'existence du bonheur.
- ☐ Il s'interroge sur la façon dont les hommes décrivent le bonheur.
- ☐ Il pose la question de la différence entre le plaisir et le bonheur.

c. Pour André Comte-Sponville, qu'est-ce que le bonheur n'est pas ? *1 point*
- ☐ Quelques moments de joie.
- ☐ Une quête infinie de désirs.
- ☐ Un idéal inatteignable.

d. D'après André Comte-Sponville, pourquoi n'est-il pas souhaitable de satisfaire tous nos désirs ? *1 point*
- ☐ Parce que la frustration est une expérience nécessaire.
- ☐ Parce que cela ne nous rendrait pas plus heureux.
- ☐ Parce que la vie deviendrait très ennuyeuse.

e. Selon lui, en quoi la joie est-elle différente du bonheur ? *2 points*
- ☐ La joie est un mouvement alors que le bonheur est un état.
- ☐ La joie n'est qu'une partie infime du bonheur.
- ☐ La joie peut être constante alors que le bonheur ne dure pas.

f. Que dit André Comte-Sponville du malheur ? *2 points*
- ☐ C'est à la fois la tristesse et la souffrance.
- ☐ C'est une expérience vraie de la vie.
- ☐ C'est un temps suffisamment long où l'on ressent de la souffrance.

g. Comment André Comte-Sponville définit-il le bonheur ? *2 points*
- ☐ La satisfaction de tous nos désirs.
- ☐ La joie constante.
- ☐ Le contraire du malheur.

## Production orale — 10 points

**2** Selon André Comte-Sponville, « Le bonheur c'est la pensée de la joie possible, c'est son rapport à l'imagination. » Comment comprenez-vous cette définition du bonheur ? Expliquez.

## Production écrite — 10 points

**3** Lisez l'extrait d'un article consacré au bonheur. Pensez-vous qu'il s'agisse d'une idée reçue sur le bonheur ? Pourquoi ?

> Jules Renard disait : « Il ne suffit pas d'être heureux, encore faut-il que les autres ne le soient pas. » Plus d'un siècle plus tard, les économistes sont d'accord : le bonheur de chacun ne dépend pas seulement de ses propres conditions matérielles, mais également de celles des autres, auxquels chacun se compare.

# Compréhension écrite  10 points

**4** Lisez l'article et cochez *Vrai* ou *Faux*. Justifiez votre réponse avec une ou plusieurs phrases de l'article.

## Quelques idées sur le bonheur…

Dans son passionnant ouvrage *Et si le bonheur vous tombait dessus*, Daniel Todd Gilbert, professeur de psychologie à l'université d'Harvard, propose une réflexion sur le bonheur. En s'appuyant sur différentes recherches en psychologie, en sciences de la pensée et en philosophie, il analyse les idées reçues sur cet état de complète satisfaction tellement recherché par l'être humain.

Pour l'auteur, nos rêves de bonheur sont créés par notre imagination. Mais ne sommes-nous pas souvent trompés par cette imagination ? Nous pensons prévoir les situations qui nous rendront heureux dans le futur. Alors, nous nous organisons pour que les événements se passent selon ce plan. Bref, nous avons du mal à trouver notre bonheur au quotidien… parce que nous pensons toujours le trouver dans le futur.

Nous avons tous tendance à accorder plus de valeurs au bonheur que l'on trouve en obtenant ce que l'on veut, qu'au bonheur trouvé en nous-même. En 1642, l'écrivain anglais passionné de sciences Thomas Browne déclarait : « Je suis l'homme le plus heureux du monde. J'ai en moi ce qui peut transformer la pauvreté en richesse, les vicissitudes de la vie en chances. Je me sens fort. » Il soulignait ainsi une vérité : le bonheur peut être fabriqué. Daniel Todd Gilbert parle de cette précieuse faculté que nous avons tous de transformer notre vision du monde qui donne la force d'affronter les situations les plus difficiles. Nous pensons toujours que nous ne sommes pas capables de surmonter les difficultés, or c'est le contraire : notre cerveau est capable de trouver des réponses positives à des événements négatifs. Et ce mécanisme est déclenché plus facilement par une souffrance importante plutôt que modérée, et donc par des événements qui nous concernent le plus directement.

D'après Mélody Mourey, *L'éléphant* n°27, août 2019.

**a.** L'article est un compte rendu de lecture. ☐ Vrai ☐ Faux
Justification : _____ 1 point

**b.** Daniel Todd Gilbert propose une réflexion à partir de recherches scientifiques. ☐ Vrai ☐ Faux
Justification : _____ 1 point

**c.** Il ne croit pas qu'il y ait des idées reçues sur le bonheur. ☐ Vrai ☐ Faux
Justification : _____ 1 point

**d.** D'après lui, la quête du bonheur nous empêche de vivre notre vie de façon heureuse. ☐ Vrai ☐ Faux
Justification : _____ 1 point

**e.** Thomas Browne a eu de la chance de trouver le bonheur grâce à une rencontre. ☐ Vrai ☐ Faux
Justification : _____ 2 points

**f.** Trouver le bonheur pourrait dépendre de notre capacité à y réfléchir. ☐ Vrai ☐ Faux
Justification : _____ 2 points

**g.** Pour Daniel Todd Gilbert, il serait très difficile pour l'homme de laisser de côté ses émotions négatives. ☐ Vrai ☐ Faux
Justification : _____ 2 points

# Leçon 5 — Raconter une discrimination

## COMPRENDRE

**1** 🎧 9 **Écoutez le témoignage de Gracia et cochez les réponses correctes.**

**Ex. :** Quel est le handicap de Gracia ?
- ☐ Elle est dans un fauteuil roulant.
- ☑ Elle a un problème de vue.
- ☐ Elle ne peut pas bouger ses bras.

> **Note :**
> **un gym :** au Canada, une salle de gymnastique.

a. Que voulait faire Gracia ?
- ☐ Elle voulait s'inscrire dans un club de sport.
- ☐ Elle voulait participer à une compétition sportive.
- ☐ Elle voulait s'entraîner à se déplacer seule.

b. Que s'est-il passé quand Gracia est arrivée à la salle de gym ?
- ☐ On l'a obligée à rester dehors.
- ☐ Elle n'a pas pu expliquer pourquoi elle venait.
- ☐ Sa demande a été refusée.

c. Que lui ont demandé les propriétaires après qu'elle a expliqué sa situation ?
- ☐ De venir seule.
- ☐ De venir à des heures précises.
- ☐ De venir avec son chien.

d. Qu'a dit Gracia ?
- ☐ Elle a précisé qu'elle pouvait s'entraîner seule.
- ☐ Elle a proposé de venir le vendredi à 10 heures.
- ☐ Elle a expliqué qu'elle voulait être comme tout le monde.

e. Qu'a fait Gracia à la suite de cet événement ?
- ☐ Elle a acheté un fauteuil roulant.
- ☐ Elle a accusé les personnes d'intolérance.
- ☐ Elle a contacté la justice de son pays.

**2** 🎧 9 **Réécoutez le témoignage de Gracia et répondez aux questions.**

**Ex. :** Quelle comparaison a faite Gracia pour essayer de convaincre les propriétaires ?
→ Elle a comparé sa situation avec celle de quelqu'un en fauteuil roulant.

a. Pour quelle raison Gracia a-t-elle porté plainte ?
→ ............................................................

b. Quelle était la différence cette fois-ci ?
→ ............................................................

c. Que lui a-t-on expliqué à la Commission des droits de la personne ?
→ ............................................................

d. Finalement qu'est-ce qui était important pour Gracia ?
→ ............................................................

# LEÇON 5

## VOCABULAIRE

### Le tatouage

**3** Observez les photos et complétez les phrases.

Ex. a. b. c. d.

**Ex.** : J'aime le tatouage que tu as sur le bras.
a. Marina est _____ dans le dos.
b. C'est une spécialiste qui fait des tatouages, avec de l'_____ .
c. Le tatouage est un _____ que l'on peut choisir à partir d'un dessin.
d. Cet homme est très tatoué, on ne voit plus la _____ de ses bras.

### La discrimination

**4** Complétez le témoignage de Rachel avec les mots et les expressions suivants :
discrimination • atteinte à la dignité • intolérance • délit de faciès • discriminatoire • xénophobie • victime

Je vais vous raconter une histoire de discrimination. Pendant plusieurs années, j'avais un très bon copain au collège. Mais un jour, au début du lycée, il a insulté un garçon asiatique de notre classe à cause de sa différence physique. Et après, il a développé une grande _____ vis-à-vis de lui. J'étais très étonnée de sa _____ . Et pour moi, c'était une _____ . Je déteste cette attitude _____ ! Heureusement, nous avons été plusieurs camarades à prendre la défense de ce garçon, qui était _____ d'un _____ . Depuis ce moment, je n'ai plus adressé la parole à « ce copain du collège ».

### La justice (1)

**5** 🎧 10 Écoutez. Associez les mots et les expressions à leur définition.

☐ a. Informer la justice pour dénoncer un acte dont on a été la victime.
☐ b. Une faute volontaire très grave.
☐ c. Une sanction de la justice qui condamne quelqu'un.
☐ d. Une situation qui fait débat.
[1] e. Des paroles exprimant une pensée, une attitude pour résumer une règle de conduite.
☐ f. Une personne qui défend les autres en justice.
☐ g. Un document écrit indiquant une solution adoptée par un juge.
☐ h. Rendre responsable quelqu'un de quelque chose.
☐ i. Demander la révision d'un jugement.
☐ j. Être traité avec mépris par quelqu'un.

# Leçon 5 — Raconter une discrimination

## GRAMMAIRE

### Les marqueurs temporels (1)

**6** Lisez les phrases. Entourez le marqueur temporel qui convient.

Ex. : (Lorsque) • Pendant j'ai lu ce témoignage, j'ai compris ce qu'était un délit de faciès.

a. Il a décidé de porter plainte, **à cette époque** • **jusqu'alors** il arrivait à supporter les remarques désagréables de ses collègues.

b. Sabrina a décidé de se faire tatouer, **après que** • **jusqu'à** son ami l'y a encouragée.

c. Nous sommes partis du bar **au moment où** • **aussitôt que** David se moquait de l'apparence du serveur.

d. **En ce moment** • **À cette époque**, j'ai manifesté contre les contrôles de police au faciès.

e. Il pourra sortir **au moment où** • **aussitôt que** l'encre de son tatouage sera sèche.

f. La décision de justice a été rendue **pendant que** • **jusqu'alors** tu étais à l'hôpital.

g. **Jusqu'à** • **À la suite de** son licenciement, il a porté plainte contre son employeur.

h. La discrimination aux tatouages et piercings est encore visible **en** • **le** 2023 !

**7** Associez pour faire des phrases correctes et reconstituer le témoignage de Lisa.

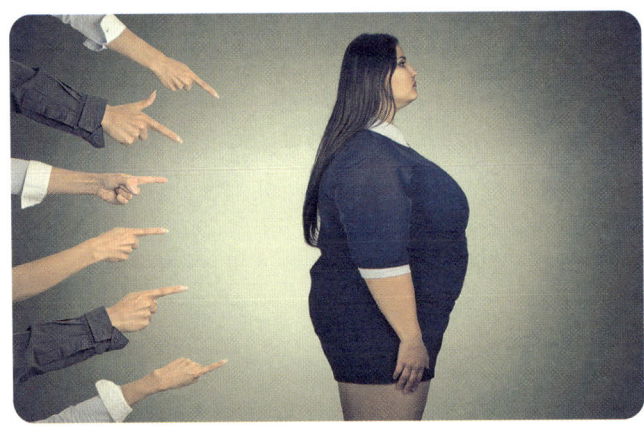

a. De 2017 à 2019,
b. J'ai vraiment été victime de discrimination
c. En novembre 2019, j'ai porté plainte contre un de mes collègues,
d. Au moment où il a fait une remarque intolérable sur ma silhouette,
e. Pendant que je lui disais que j'allais me plaindre,
f. Aussitôt que j'ai déposé ma plainte
g. J'ai attendu la décision de justice
h. À cette époque,
i. En avril 2020,
j. Désormais,

1. je me suis sentie soulagée.
2. mon collègue se moquait de moi.
3. ce collègue a été condamné pour faute lourde.
4. pendant plusieurs mois.
5. j'ai supporté beaucoup de commentaires désagréables parce que j'étais en surpoids.
6. jusqu'alors j'avais supporté ses nombreuses remarques sans beaucoup réagir.
7. je dormais très mal.
8. je conseille aux gens en surpoids de ne pas se laisser faire.
9. à la suite de mon embauche en janvier 2017.
10. j'ai décidé qu'il fallait agir.

# Les temps du passé

**8** Lisez le témoignage de Djidjo. Soulignez les formes verbales au passé qui conviennent.

Mon premier contrôle, c'**était** • a été • avait été l'année dernière. J'**étais** • ai été • avais été avec trois potes de retour du parc où nous **allions** • sommes allés • étions allés jouer au foot. On **marchait** • a marché • avait marché dans la rue, comme des ados normaux. Dans mes mains, **je tenais** • j'ai tenu • j'avais tenu un ballon de foot. Là, on **voyait** • a vu • avait vu passer une voiture de police. Avant ce moment-là, je n'étais jamais • n'ai jamais été • **n'avais jamais été** contrôlé par la police. La voiture s'arrêtait • **s'est arrêtée** • s'était arrêtée, et les policiers sortaient • **sont sortis** • étaient sortis. Comme je **ne faisais rien** • n'ai rien fait • n'avais rien fait de mal, je ne **m'inquiétais pas** • me suis pas inquiété • m'étais pas inquiété. Mais les policiers nous demandaient • **ont demandé** • avaient demandé nos papiers. Après, ils nous disaient • **ont dit** • avaient dit de circuler, et nous partions • **sommes partis** • étions partis, un peu surpris : ils nous contrôlaient • **ont contrôlé** • avaient contrôlé pour rien, juste parce qu'on **était** • a été • avait différent !

## COMMUNIQUER

**9** Vous donnez votre avis sur le livre *Le poids des apparences* à l'aide de vos notes. Enregistrez-vous.

> Jean-François Amadieu, qui est l'auteur du livre *Le poids des apparences*, relève qu'en France, les hommes de petite taille ont des salaires inférieurs aux autres. Qu'une serveuse à forte poitrine habillée en rouge recueille de meilleurs pourboires. Et qu'une avocate considérée comme belle a également de meilleurs revenus que les autres. Un économiste américain évalue cette prime à la beauté à un salaire supérieur de 17 %. Soit l'équivalent de deux ans d'études. Toute discrimination sur le physique est interdite mais seulement en France et en Belgique. En Europe, seule l'obésité est depuis peu reconnue comme un motif de discrimination.

**10** Vous commentez cette bande dessinée.

© Commission des droits de la personne et droits de la jeunesse du Québec.

# Leçon 6 — Imaginer l'humain du futur

## COMPRENDRE

**1** Lisez l'article et cochez *Vrai* ou *Faux*. Justifiez votre réponse avec une phrase de l'article.

### SCIENCES

#### Pourra-t-on un jour « télécharger » le cerveau d'une personne dans une machine ?

Le transhumanisme est un mouvement actuel qui, en s'appuyant sur les progrès de la biologie et de l'intelligence artificielle, défend l'idée de transformer ou dépasser l'homme pour créer un post-humain, ou un transhumain, aux capacités supérieures à celles des êtres actuels. Cette transformation s'envisage au niveau individuel, mais aussi collectif, conduisant alors à une humanité nouvelle. Différentes facultés physiques et mentales de l'être humain seraient concernées : il verrait dans l'obscurité, ne connaîtrait plus la fatigue et son corps résisterait aux fractures et au vieillissement… Ses capacités intellectuelles seraient décuplées et sa mémoire prodigieuse. Équipé d'un exosquelette intelligent, doté d'électrodes dans le cerveau, ce super-homme serait plus performant, plus créatif. Son cerveau s'il devient malade pourrait être guéri ou au moins soigné efficacement. Le but ultime ? Fusionner l'homme et l'ordinateur afin de stopper le vieillissement et dépasser la mort physique. Est-ce une illusion ou une réalité possible ?

L'intelligence artificielle permet d'énormes avancées technologiques dans de nombreux domaines du quotidien et de la santé. Elle peut maintenant dépasser l'être humain dans la réalisation de certaines tâches. Le plus grand obstacle n'est pas dans les progrès de l'IA mais dans les limites des connaissances biologiques. Chaque cerveau est unique, et les neurosciences ont encore beaucoup de choses à apprendre sur le processus d'individuation du cerveau définissant notre « soi ». Transférer l'esprit, les émotions, l'humour, le sens critique ou l'analyse de la pensée d'autrui depuis le cerveau vers une puce afin d'aboutir à une vie éternelle débarrassée de toute matière vieillissante, c'est probablement un fantasme. Oui, la machine peut être meilleure que l'être humain et mimer un comportement intelligent mais uniquement dans certaines tâches et pas pour tout.

Si néanmoins les connaissances scientifiques évoluaient de telle façon que le transhumanisme soit possible, est-ce que tout le monde en bénéficierait ? Certains disent que seuls les plus riches auraient accès aux technologies augmentatives (implants nerveux, prothèses bioniques, modifications génétiques), leur conférant un avantage indéniable sur le reste de l'humanité. La crainte n'est-elle pas de voir alors coexister deux catégories : les transhumains aux capacités inégalées, à la forme physique éblouissante et les simples mortels, fragiles et délicats ! ■

**Ex. :** L'article est une réflexion sur l'évolution de l'homme grâce aux nouvelles technologies. ☑ Vrai ☐ Faux
« Pourra-t-on un jour "télécharger" le cerveau d'une personne dans une machine ? »

a. Le transhumanisme propose de créer une humanité différente. ☐ Vrai ☐ Faux

b. Les capacités physiques mais aussi mentales de l'humain seraient améliorées grâce au développement de l'intelligence artificielle. ☐ Vrai ☐ Faux

c. On pourrait dans l'avenir restaurer le cerveau humain. ☐ Vrai ☐ Faux

d. L'objectif du transhumanisme est de rendre l'être humain immortel. ☐ Vrai ☐ Faux

e. Il n'y a aucun obstacle à transférer l'esprit d'un homme dans une machine. ☐ Vrai ☐ Faux

f. Il est certain que tout le monde profitera des progrès de l'IA. ☐ Vrai ☐ Faux

# LEÇON 6

## VOCABULAIRE

### Le corps (1), les dispositifs artificiels

**2** Écrivez les légendes des photos avec les mots et les expressions suivants :

~~le foie~~ • une prothèse bionique • un avant-bras robotique • une cellule-souche • une prothèse auditive • le cerveau

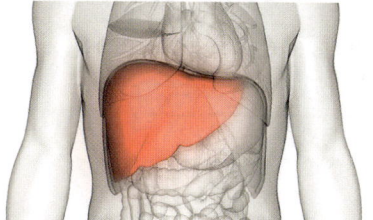
**Ex. :** le foie

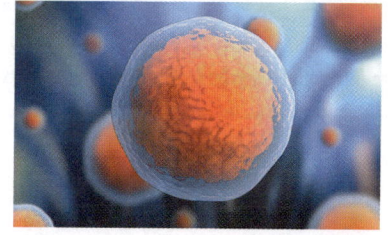
a. _____

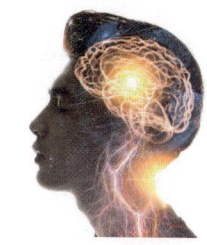
b. _____

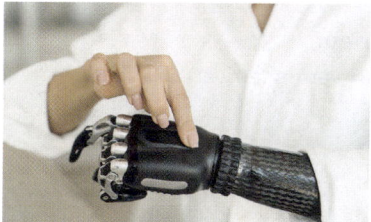
c. _____

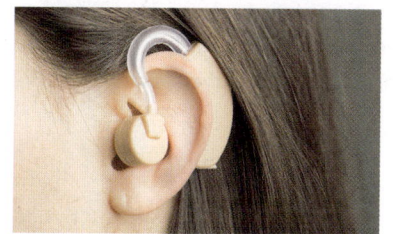
d. _____

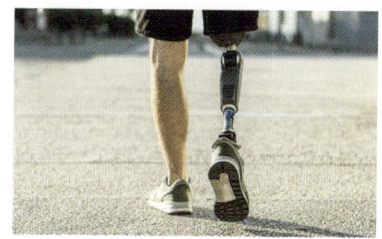
e. _____

### Les sens

**3** Complétez les phrases avec le mot ou l'expression qui convient.

~~acuité visuelle~~ • l'audition • vue • auditif • muet • oculaire • sourdes

**Ex. :** Dans le futur, on aura tous la possibilité d'augmenter notre acuité visuelle grâce à des lentilles oculaires connectées.

a. Il a maintenant un appareil _____ très performant et il entend très bien.
b. Ce garçon ne peut pas parler, il est _____ depuis sa naissance.
c. On a fabriqué des implants pour améliorer _____ des gens qui entendent mal.
d. Depuis un an, j'ai une prothèse _____ et je vois beaucoup mieux.
e. Nous proposons des solutions techniques pour que les personnes _____ puissent entendre.
f. Elena voudrait devenir pilote d'avion, sa _____ doit être exceptionnelle.

### Le corps (1), la technologie et les innovations futures

**4** Associez les mots et les expressions à leur définition.

a. un organe
b. un nerf
c. le transhumanisme
d. un mini-moteur électrique
e. un algorithme d'apprentissage des mouvements humains
f. une électrode connectée
g. un capteur de vitesse

1. Programme informatique permettant de reproduire les mouvements du corps humain.
2. Partie du corps qui a des fonctions définies.
3. Petite machine qui transforme l'électricité en puissance mécanique.
4. Fil conducteur qui transmet les informations du corps vers le cerveau.
5. Instrument pour mesurer le mouvement et la vitesse.
6. Ensemble de techniques et de réflexions visant à améliorer les capacités humaines.
7. Conducteur électrique utilisé pour stimuler une partie du corps.

vingt-trois 23

Leçon 6 — Imaginer l'humain du futur

## GRAMMAIRE

### Le futur simple et le futur antérieur

**5** 🎧 11 Écoutez. Entendez-vous le futur simple ou le futur antérieur ? Cochez la réponse correcte. Attention, les deux formes peuvent être présentes dans la même phrase.

|  | Ex. | a. | b. | c. | d. | e. | f. | g. |
|---|---|---|---|---|---|---|---|---|
| Futur | ✓ | | | | | | | |
| Futur antérieur | | | | | | | | |

**6** Lisez les phrases. Conjuguez les verbes au futur simple ou au futur antérieur.

**Ex. :** Les médecins auront testé (tester) les organes artificiels quand les malades arriveront (arriver) à l'hôpital.

a. Dès que nous _____ (recevoir) le matériel, nous _____ (pouvoir) intégrer le capteur de vitesse.

b. Comment _____ (garder / nous) le contrôle sur l'utilisation des nouvelles techniques médicales ?

c. Dans le futur, les cerveaux humains _____ (se développer) davantage.

d. Quand tu _____ (terminer) tes études de médecine, ces technologies _____ (être) très répandues.

e. Dans dix ans, les prothèses oculaires bioniques _____ (redonner) la vue à tous les aveugles.

f. Les recherches se sont arrêtées, le système _____ (ne pas avoir) le temps de terminer l'algorithme d'apprentissage des mouvements humains.

g. La qualité de vie des personnes handicapées _____ (s'améliorer) quand les prothèses bioniques _____ (remplacer) les prothèses mécaniques.

h. Quelle utilisation _____ (faire / on) des implants cérébraux dans le futur ?

### Le conditionnel (2)

**7** Complétez les phrases avec le verbe *pouvoir* ou *devoir* au conditionnel.

**Ex. :** La greffe d'organes existe déjà, elle devrait sûrement se développer encore dans les années à venir.

a. Dans le futur, les prothèses auditives _____ certainement être moins chères.

b. La diffusion des exosquelettes _____ peut-être faire disparaître tous les travaux pénibles pour l'être humain.

c. Dans le futur, les implants cérébraux _____ -ils ralentir le vieillissement du cerveau ?

d. Grâce à ces nouvelles prothèses très performantes, les personnes mal entendantes _____ sans doute retrouver toute leur acuité auditive.

e. L'implantation d'un cerveau artificiel _____ devenir une option pour soigner les maladies mentales, mais c'est pour le moment peu probable.

f. Les chercheurs ont annoncé que vraisemblablement dans dix ans, les prothèses bioniques _____ être adaptées à tous les handicaps physiques.

## LEÇON 6

**8**  12 Écoutez les phrases. Expriment-elles une forte probabilité ou une possibilité ? Cochez la réponse correcte.

|  | Ex. | a. | b. | c. | d. | e. | f. | g. | h. |
|---|---|---|---|---|---|---|---|---|---|
| Probabilité | ✓ | | | | | | | | |
| Possibilité | | | | | | | | | |

## COMMUNIQUER

**9** Vous répondez à la question d'un forum sur les nouvelles technologies.

**Newtech**

≡  À LA UNE   INNOVATIONS   SALONS   PRESSE   FORUM

### Que vous inspirent ces images du futur ?

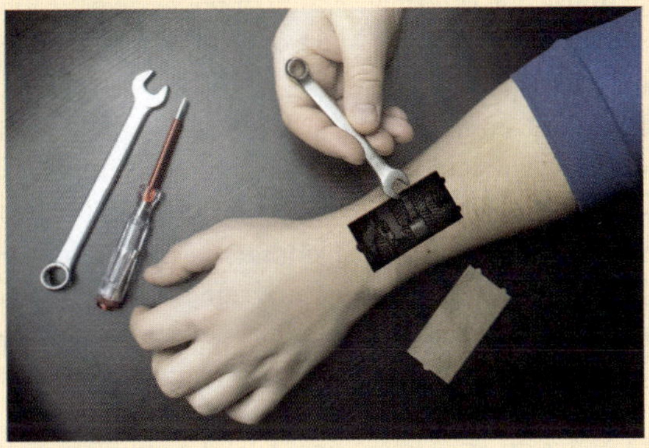

**10** Vous lisez cette brève sur Internet. Que pensez-vous des possibilités offertes par les implants cérébraux ? Enregistrez-vous.

> Une startup spécialisée en neurosciences développe un implant cérébral plus fin et moins invasif que les autres projets en cours. Il pourrait aider des personnes paralysées à contrôler des ordinateurs, un bras articulé ou à surfer sur les réseaux sociaux.

# Leçon 7 — Parler de son apparence

## COMPRENDRE

**1** Lisez l'article et répondez aux questions.

*PEOPLE*
*Interview de Julietta*

## Je ne suis pas une esclave de la mode !

Mannequin avant de devenir chanteuse, Julietta est une égérie de la mode. Toujours élégante dans des tenues colorées. Nous l'avons rencontrée chez elle, elle nous livre ses conseils beauté.

**Quelle est votre définition de la mode ?**
Ce que l'on porte est très important : cela dit beaucoup de ce que l'on est. On pense qu'il faut que ce soit cher ou sophistiqué, c'est une erreur ! Il faut simplement que cela reflète qui l'on est. Moi j'aime la mode, à partir du moment où c'est cohérent avec mon image et ma personnalité. Par exemple, ma manière de m'habiller est un peu garçon manqué, toujours décontractée, mais avec le souci du détail. J'adore les accessoires – le foulard évidemment, mais aussi les bijoux. Même si j'ai envie d'être élégante, je ne suis pas une esclave de la mode !

**Comment définiriez-vous l'élégance ?**
L'élégance, c'est quelque chose de simple. Si on souffre pour être élégant, c'est qu'à l'inverse, on ne l'est pas. Je trouve que la formule « souffrir pour être belle » est totalement idiote. Et puis, malgré leurs efforts, les filles qui se forcent, cela se voit. Malgré leurs beaux vêtements, est-ce que l'on a envie d'être comme elles ? Pas moi !

**Quelles sont vos inspirations ?**
Elles sont nombreuses. L'armoire de mon mec déjà ! J'adore mélanger les tenues masculines et féminines. Par exemple, voler un pull informe à mon copain et le porter avec un leggings et des chaussures hautes à talonnettes. À l'opposé, j'adore la mode des années 50, les petites robes à la taille serrée. C'est la période de la mode la plus chic.

**Quelle serait l'erreur à absolument éviter selon vous ?**
S'habiller comme dans les magazines. Penser que comme c'est dans la presse, c'est forcément beau et que ça nous ira forcément. On est à une époque où on nous fait croire que les femmes sont libres bien que ce soit faux. Je trouve ça triste que les contraintes n'aient pas disparu : on doit faire du 34 ou du 32, on doit toutes être blondes, avoir des gros seins mais une taille fine, on doit être intelligente mais pas trop, on doit être belle mais pas conne. On nous dit exactement quoi faire. La publicité, c'est meurtrier. Il faut s'affranchir de toutes ces normes !

**Ex. :** Qui est Julietta ?
*C'est une chanteuse qui était mannequin et qui est une référence en matière de mode.*

a. Pourquoi Julietta pense-t-elle que c'est important de faire attention aux vêtements qu'on porte ?

b. Quel rapport Julietta entretient-elle avec la mode ?

c. Pourquoi Julietta dit-elle que l'élégance est quelque chose de simple ?

d. Quels sont les vêtements préférés de Julietta ?

e. Qu'est-ce qu'on doit éviter d'après Julietta ?

f. D'après Julietta, quelles sont les contraintes qui pèsent sur les femmes ?

g. Pourquoi Julietta dit-elle que « la publicité, c'est meurtrier » ?

# LEÇON 7

## VOCABULAIRE

### Les vêtements

**2** Yasser parle de vêtements. Associez les phrases et les images.

a. Avec mon polo rouge, je me sens bien. → Photo n° 2

b. J'aime mon jogging informe. → Photo n° ............

c. Elle adore mettre son téléphone dans la poche de son jean. → Photo n° ............

d. Grâce à sa doudoune, il n'a pas froid. → Photo n° ............

e. Il vérifie toujours son nœud de cravate avant de sortir. → Photo n° ............

f. Il se sent tellement bien avec son pantalon blanc cassé ! → Photo n° ............

### La mode (1), les matières (2)

**3** Complétez le témoignage avec les mots et les expressions suivants :

~~mannequin~~ • matières synthétiques • haut de gamme • bouts de tissu • le coton • daim • ambassadeur • l'égérie

Mon ami Mikaël est un célèbre **mannequin**. Il travaille comme ............ de plusieurs grandes marques de mode. C'est ............ d'une marque de luxe très connue. Il porte souvent des vêtements ............ . Il est toujours très élégant et peut s'habiller avec peu de chose, quelques ............ . Il préfère porter des matières naturelles, comme ............ , plutôt que des ............ . Et il choisit toujours des chaussures en ............ !

### Les vêtements, la mode (1), les matières (2), les formes et la couleur

**4** 🎧 13 Écoutez et trouvez l'intrus.

**Ex. :** serré

a. ............
b. ............
c. ............
d. ............
e. ............

# Leçon 7 — Parler de son apparence

## GRAMMAIRE

### ◖ Le subjonctif présent

**5** Faites une phrase avec le subjonctif présent ou l'infinitif à l'aide des éléments proposés.

**Ex. :** Il est regrettable • la mode (imposer) ses codes de bon goût.
→ Il est regrettable que la mode impose ses codes de bon goût.

a. C'est dommage • les mannequins (être) toujours des gens grands et minces.
→ _____

b. Je trouve ça décevant • je (ne pas pouvoir) m'habiller comme je veux au travail.
→ _____

c. Il craint • il (devoir) mettre une cravate pour son entretien d'embauche.
→ _____

d. C'est génial • la marque (pouvoir) avoir des égéries de toutes origines.
→ _____

e. Je suis toujours déçue • les gens (vouloir) suivre la mode.
→ _____

### ◖ Le subjonctif passé

**6** Complétez les phrases avec le verbe au subjonctif passé.

**Ex. :** Il est regrettable que le défilé ait été (être) annulé.

a. C'est génial que vous _____ (pouvoir) acheter ces vêtements en coton.

b. Je trouve dommage que mes enfants _____ (attacher) autant d'importance à la mode quand ils étaient jeunes.

c. C'est effrayant qu'il _____ (changer) complètement son apparence à cause de la mode.

d. Vous êtes surpris que les codes de la mode _____ (ne pas évoluer) jusqu'à aujourd'hui ?

e. J'ai peur qu'on _____ (mal juger / moi) avec mes vêtements bas de gamme.

### ◖ L'opposition

**7** Associez pour faire une phrase.

a. Il a juste mis un polo
b. La mode ne devrait pas être un modèle à suivre,
c. J'aime les tenues informes
d. À l'opposé de la tendance actuelle en faveur des vêtements en coton,
e. Il porte toujours des chaussures à talonnettes,
f. À la différence de ta sœur qui s'habille toujours en jogging,

1. toi, tu fais vraiment attention à tes tenues.
2. vous adorez les matières synthétiques.
3. et pas de doudoune pour sortir.
4. tandis que moi, je préfère les chaussures de sport.
5. au contraire, elle devrait nous proposer d'être créatifs.
6. alors qu'avant, j'aimais les vêtements serrés.

# LEÇON 7

## La concession

**8** Mettez les mots dans l'ordre pour faire une phrase correcte.

**Ex. :** il • ses goûts • en jogging. • pour les vêtements • Malgré • haut de gamme, • aime sortir
→ Malgré ses goûts pour les vêtements haut de gamme, il aime sortir en jogging.

a. soient • les défilés de mode • les mannequins • quoique • J'aime • un peu stéréotypés.
→ _____

b. toutefois • n'a pas • en emporter une en voyage. • de doudoune, • elle • devrait • Tanya
→ _____

c. assez chers. • or • ils • sont très appréciés, • sont souvent • Les vêtements à la mode
→ _____

d. y • a organisé • La marque • son égérie • sans que • un défilé • participe.
→ _____

## COMMUNIQUER

**9** Vous répondez à une enquête sur les goûts en matière de vêtements. À partir de photos, on vous demande de quelle apparence vous vous sentez le/la plus proche.

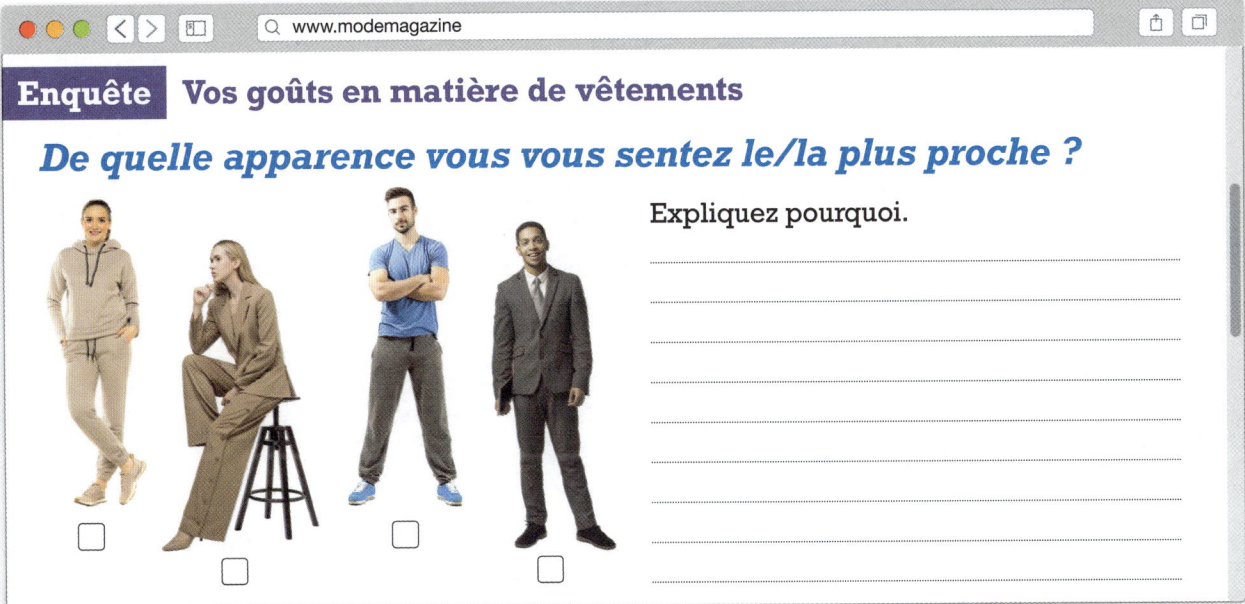

## PHONÉTIQUE

### Les liaisons

**10** Lisez le texte et écrivez s'il y a une liaison obligatoire (o), facultative (f) ou interdite (i) entre les mots soulignés. Relisez le texte et enregistrez-vous.

« Ma toute belle », « ma cocotte jolie » : on célèbre la beauté et la mignonnerie des enfants (o) et particulièrement des filles pour leur dire qu'on les aime (___) . Puis, une (___) certaine idée de la beauté circule et se transmet dans les mythes, les contes qu'on lit avant de dormir (ou leur version dessin animé (___) signé Disney). Et c'est ainsi (___) qu'à la maternelle tant de petites filles se rêvent princesses aux (___) longs cheveux, conscientes à (___) travers leurs jeux que la grâce distingue et avantage (___).

# UNITÉ 2 — BILAN

## Compréhension orale — 10 points

**1** 🎧 14 Écoutez l'extrait de l'émission de radio et répondez aux questions.

a. Quel est le thème abordé ? *1 point*
- ☐ La difficulté de trouver un emploi.
- ☐ La discrimination au travail.
- ☐ La défense des droits des salariés.

b. Qu'est-ce qui est trop souvent accepté dans le monde du travail ? *1 point*
- ☐ L'importance de l'apparence physique.
- ☐ L'indifférence au bien-être des salariés.
- ☐ La discrimination des personnes handicapées.

c. Pourquoi Sophia a-t-elle été licenciée ? *2 points*
- ☐ Parce qu'elle avait les cheveux trop courts.
- ☐ Parce qu'elle avait des tatouages.
- ☐ Parce qu'elle avait une prothèse aux doigts.

d. Quelle était la principale qualité professionnelle de Sonia ? *2 points*
- ☐ Elle prenait des responsabilités importantes.
- ☐ Elle échangeait beaucoup avec ses collègues.
- ☐ Elle était appréciée par les clients.

e. Pour Jean-François Amadieu, quel est le principal problème ? *2 points*
- ☐ Les clients sont de plus en plus exigeants sur l'apparence des employés.
- ☐ Les employeurs ont des préjugés concernant l'apparence physique.
- ☐ Les employés ne font pas assez d'efforts pour rendre leur physique agréable.

f. Finalement, quelle est la tendance aujourd'hui en France ? *2 points*
- ☐ La discrimination sur l'apparence physique reste importante.
- ☐ Les demandeurs d'emploi font des efforts sur leur apparence.
- ☐ Les lois sur la discrimination au travail sont efficaces.

## Production orale — 10 points

**2** Certains philosophes pensent que le transhumanisme n'est pas une libération de l'homme mais au contraire que nous risquons d'y perdre notre humanité. Êtes-vous d'accord avec ce point de vue ? Pourquoi ?

## Production écrite — 10 points

**3** Vous avez interviewé un jeune homme victime de discrimination. Vous racontez son histoire sur votre blog. Aidez-vous de vos notes.

> Nadir, noir, 18 ans, contrôle de police dans la rue, pas d'explication, montre ses papiers, est emmené au poste de police, délit de faciès, choqué, porte plainte, décision de justice et condamnation de deux policiers.

## Compréhension écrite  10 points

**4** Lisez l'article et cochez *Vrai* ou *Faux*. Justifiez votre réponse avec une ou plusieurs phrase(s) de l'article.

> www.mediapsy.com
>
> ### MÉFIEZ-VOUS DES APPARENCES, ELLES NE SONT PAS SI TROMPEUSES...
>
> Les parents apprennent aux enfants que les apparences sont parfois trompeuses. Et la psychologie l'a vérifié : oui, nous avons tendance à juger rapidement les gens d'après leur apparence, et à rester durablement influencé par une première impression, qu'elle soit bonne ou mauvaise.
>
> Par exemple, quand on demande, dans le cadre d'une étude, d'évaluer la personnalité de « candidats » juste d'après leur photo d'identité, les « recruteurs » ont tendance à évaluer les porteurs de lunettes comme étant plus intelligents, et les hommes et femmes d'apparence séduisante comme plus dynamiques et dignes de confiance. En revanche, les gens « trop beaux » sont jugés d'emblée comme étant des personnes vaniteuses ou même superficielles. Heureusement qu'il existe aussi un CV et un entretien pour montrer qui l'on est réellement !
>
> Les commerciaux, les candidats à un entretien d'embauche, les amoureux lors des premières rencontres et, aussi, les escrocs, en sont conscients et soignent leur apparence, mais aussi leur comportement. L'effet inverse, c'est le mauvais détail qui va donner de vous une image globale défavorable comme, pour un premier contact avec un recruteur, des chaussures mal cirées, des fautes d'orthographe dans votre CV ou simplement un air maussade.
>
> Même si nous nous en méfions, nous sommes tous très sensibles à la première impression de manière inconsciente. Les publicitaires le savent. En associant une personnalité célèbre ou un beau paysage à un produit, ils nous en donnent une impression favorable et suscitent l'envie de l'acheter.
>
> Certaines personnes se révoltent et ne font aucun effort pour ressembler à ce qu'on attendrait d'eux, afin qu'on les juge pour ce qu'elles « sont vraiment » et non pour leur apparence. Bon courage... Bien sûr, si vous êtes une « star » reconnue dans votre domaine, vous pourrez peut-être vous permettre d'arriver au travail l'air désagréable, mal habillé, voire négligé. Mais, en général, mieux vaut soigner votre apparence et vos manières que d'avoir plus tard des efforts à faire pour effacer une première impression défavorable.

a. L'article propose une réflexion sur le jugement porté à l'apparence physique. ☐ Vrai ☐ Faux
Justification : _____ *1 point*

b. D'après les recherches en psychologie, il est difficile de s'empêcher de juger quelqu'un sur son apparence. ☐ Vrai ☐ Faux
Justification : _____ *1 point*

c. La première perception que nous avons de quelqu'un peut facilement changer. ☐ Vrai ☐ Faux
Justification : _____ *1 point*

d. D'après l'article, dans le monde du travail, le recruteur ne se laisse pas influencer par une première impression liée à l'apparence physique des candidats. ☐ Vrai ☐ Faux
Justification : _____ *1 point*

e. Les recruteurs associent généralement des qualités humaines à la perfection physique. ☐ Vrai ☐ Faux
Justification : _____ *2 points*

f. En général, on sait soigner son apparence physique pour faire une première bonne impression dans certaines situations. ☐ Vrai ☐ Faux
Justification : _____ *2 points*

g. Finalement, d'après l'article, nous ne devrions pas autant nous soucier de notre apparence. ☐ Vrai ☐ Faux
Justification : _____ *2 points*

# Leçon 9 — Faire un état des lieux sur la pollution

## COMPRENDRE

**1** Lisez l'article et répondez aux questions.

### CLIMAT

### La pollution numérique, qu'est-ce que c'est ?

**1** La pollution numérique désigne toutes les formes de pollution générées par le secteur informatique : émissions de gaz à effet de serre, érosion de la biodiversité, production de déchets électroniques, contamination chimique dégradant le système immunitaire humain. La part la plus importante de cette pollution a lieu au moment de la fabrication du matériel, et non lorsqu'on l'utilise. Lutter contre la pollution numérique c'est donc d'abord utiliser moins d'objets informatiques, et les faire durer plus longtemps.

**2** Dans l'ère numérique, paradoxalement, plus on « dématérialise », plus on utilise de matière et d'énergie. Prenons un ordinateur portable. Sa fabrication entraîne l'utilisation de dizaines de métaux en provenance du monde entier, dont l'extraction est très coûteuse pour l'environnement : elle exige beaucoup d'énergie et d'eau. Cette pollution numérique est souvent invisible depuis la France. On parle de « pollution importée ».

**3** Le réseau Internet, lui non plus, n'est pas « immatériel » : il est composé d'une multitude d'équipements informatiques, comme les ordinateurs, les câbles, les antennes, etc. dont l'utilisation permet de stocker et de transférer des données (vidéos, photos, e-mails, pages web...). Toutes ces technologies numériques doivent être fabriquées et alimentées, générant un coût écologique important.

**4** La 5G correspond à la cinquième génération des standards de téléphonie mobile. À volume de données égal la 5G exige moins d'énergie que la 4G. Néanmoins cette efficacité ne compensera pas la forte hausse du volume de données transférées : on s'attend à une augmentation notable de la consommation d'électricité du secteur numérique. Plus préoccupant encore, le déploiement de la 5G nécessitera de nouveaux équipements pour l'infrastructure du réseau 5G et les usages des particuliers, aggravant la pollution numérique.

D'après Greenpeace, « La pollution numérique, qu'est-ce que c'est ? ».

**Ex. :** Quel est le thème principal de l'article ?
→ L'article parle de la pollution liée au développement du secteur informatique et numérique.

a. Comment l'article définit-il la pollution numérique ?
→ ................................................................

b. D'après l'article, quel est l'impact direct de cette pollution sur le corps humain ?
→ ................................................................

c. Quand la pollution numérique est-elle la plus forte ?
→ ................................................................

d. Quelle est la contradiction relevée par l'auteur de l'article ?
→ ................................................................

e. Pourquoi l'auteur dit-il que le « réseau Internet... n'est pas immatériel » ?
→ ................................................................

f. Quelles sont, d'après l'article, les deux conséquences du déploiement de la 5G ?
→ ................................................................

## LEÇON 9

**2 Relisez l'article et associez les titres aux paragraphes.**

a. Qu'est-ce que la pollution numérique ? → paragraphe **1**

b. Un coût écologique → paragraphe ........

c. Un avenir incertain → paragraphe ........

d. Une pollution importée → paragraphe ........

## VOCABULAIRE

### Les infrastructures

**3 Lisez les phrases. Soulignez le mot ou l'expression qui convient.**

**Ex. :** La <u>fibre</u> · signalisation optique est une technologie qui permet de disposer d'un accès Internet.

a. Le **câble en cuivre** · **fret** est utilisé pour la transmission de données informatiques.

b. Le **signal** · **maillage routier** est la couverture d'un territoire par un réseau de routes.

c. Le **câble** · **signal** est une information courte qui circule dans un réseau informatique.

d. Une **antenne 4G** · **voie maritime** se trouve généralement sur le toit d'une maison pour transmettre et recevoir les signaux.

e. Une voie **aérienne** · **maritime** est une route utilisée par les bateaux pour le transport.

f. Les éclairages publics sont **obsolètes** · **énergivores** parce qu'ils consomment beaucoup d'électricité.

g. Il faudrait remplacer les installations électriques qui sont **obsolètes** · **sous-marines** par des équipements neufs.

h. La signalisation **sous-marine** · **aérienne** permet aux avions de repérer l'existence d'infrastructures au sol.

### La nature

**4 Complétez les légendes des photos avec les mots et les expressions suivants :**

~~la flore~~ · une chauve-souris · la biodiversité · un mammifère terrestre · la migration · un amphibien

**Ex. :** La flore d'Amérique centrale

a. ........................ sous-marine

b. ........................ dans la forêt

c. ........................ en vol

d. ........................ des oiseaux

e. L'ours, ........................

# UNITÉ 3 — Leçon 9
## Faire un état des lieux sur la pollution

### La santé (1)

**5** 🎧 15 **Écoutez. Associez les mots à leur définition.**

- [ ] a. Opération consistant à diffuser un produit dans le sang d'un être vivant.
- [1] b. Hormone qui a des effets bénéfiques sur le sommeil.
- [ ] c. Organisation sociale d'un groupe d'individus où aucun n'est apte à vivre hors de la communauté.
- [ ] d. Le plus petit élément composant tous les organismes vivants.
- [ ] e. Capacité pour un organisme de remplacer ses éléments constitutifs devenus obsolètes.
- [ ] f. Élément du corps produit par un organe pour agir sur un autre organe.
- [ ] g. Micro-organisme infectant les cellules qui produit des maladies.

### La lumière, la science

**6 Lisez les définitions et complétez la grille de mots-croisés.**

a. Force, puissance de quelque chose.
b. Science qui étudie les planètes.
c. Renvoyer ou refuser quelque chose.
d. Mouvement continu (de liquide, de personnes, de lumière…).
e. Distribution de lumière.
f. Qui vit le jour.
g. Qui vit la nuit.
h. Contraire de matériel.
i. Aspirer ou déplacer un liquide.

## GRAMMAIRE

### La nominalisation

**7 Complétez les dialogues. Nominalisez le verbe ou l'adjectif.**

**Ex. :** – J'ai toujours été intéressé par l'astronomie.
– Vraiment ? Je ne connaissais pas ton *intérêt* pour l'astronomie.

a. – Dans ce village, les rues ne sont pas éclairées la nuit.
– Comment ? Il n'y a pas d'_____ nocturne ?

b. – Il dirige une entreprise de réseau de télécommunication.
– Ah bon ? Il est à la _____ d'une entreprise ?

c. – Les amphibiens ne se développent plus à cause de la pollution nocturne.
– C'est vrai ? Il y a une baisse du _____ des amphibiens ?

d. – Il est fier de contribuer à protéger la planète.
– Oui, il ressent de la _____ .

e. – Une infrastructure obsolète coûte cher.
– En effet, le _____ est très élevé.

## Le pronom relatif *dont*

**8** Lisez les phrases. Entourez le pronom relatif *qui*, *que*, *dont* ou *où* qui convient.

Ex. : Nous sommes préoccupés par la pollution numérique **dont** • que • où les effets sont peu visibles.

a. L'éclairage public a des conséquences sur la migration des oiseaux **dont** • qui • où les cycles sont perturbés.
b. Le maillage routier **dont** • qui • que est très étendu génère une importante pollution de l'air.
c. Ces infrastructures entraînent l'extraction de métaux qui • où • **dont** le transport consomme de l'énergie.
d. Les infrastructures du réseau représentent 28 % des gaz à effet de serre où • dont • **que** nous émettons.
e. Souvent, les centres de données se trouvent dans des pays qui • où • **dont** les préoccupations environnementales ne sont pas une priorité.
f. 4 % des émissions de gaz à effet de serre dans le monde sont générées par le numérique **dont** • que • qui la pollution reste invisible.

## COMMUNIQUER

**9** Vous décidez de dénoncer la pollution numérique. Vous diffusez une photo sur un réseau social et vous la commentez.

**10** Vous commentez cette infographie et vous postez un commentaire vocal. Enregistrez-vous.

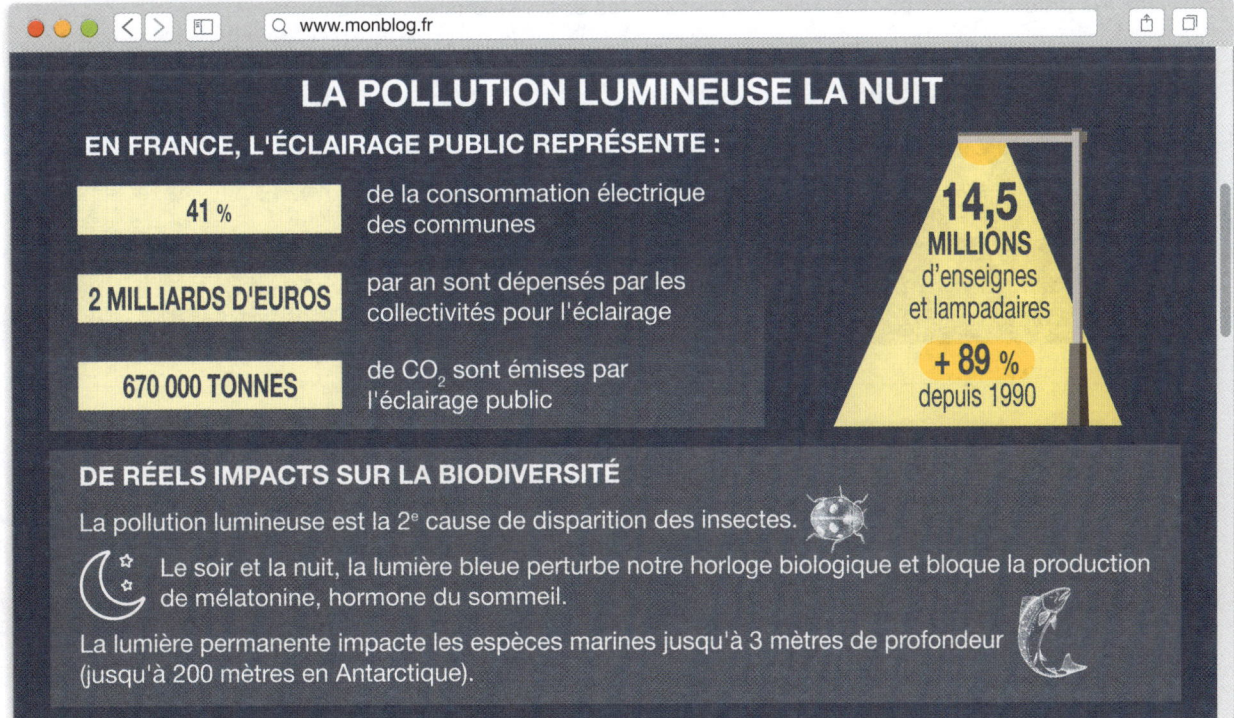

# UNITÉ 3 — Leçon 10 : Alerter le public sur un risque

## COMPRENDRE

**1** 🎧 16 **Écoutez la chronique radio et répondez aux questions.**

**Ex. :** Quel est le thème de la chronique radio ?
→ La chronique radio traite de la consommation d'eau cachée dans les aliments.

a. Comment la chroniqueuse explique-t-elle le concept d'« eau virtuelle » ?
→ ........................................................................

b. Quel exemple choisit la chroniqueuse pour expliquer ce concept ?
→ ........................................................................

c. Selon la chroniqueuse, sur quoi devrait-on s'interroger ?
→ ........................................................................

d. Pourquoi le commerce de l'eau dans le monde n'est-il pas visible ?
→ ........................................................................

e. Comment la chroniqueuse corrige-t-elle l'expression « eau virtuelle » ?
→ ........................................................................

f. Comment peut-on résumer le concept d'eau virtuelle ?
→ ........................................................................

## VOCABULAIRE

### L'eau, la chaleur, l'alimentation (2)

**2 Écrivez les légendes des photos avec les mots et les expressions suivants :**

un océan • la sécheresse • la viande rouge • un camion-citerne • des précipitations diluviennes • les légumineuses

**Ex. :** la viande rouge

a. ........................................

b. ........................................

c. ........................................

d. ........................................

e. ........................................

LEÇON **10**

# ◀ L'eau, la chaleur, l'alimentation (2), les expressions

**3** 🎧 17 **Écoutez les mots et les expressions. Soulignez le sens correct.**

**Ex. :** un(e) spécialiste des changements climatiques • <u>un(e) spécialiste de l'étude du cycle de l'eau</u>

a. une très forte chaleur • une grande sécheresse
b. arroser des cultures avec de l'eau • se transformer en gaz pour un liquide
c. une élévation des températures pendant plusieurs jours • le réchauffement de l'océan
d. le volume d'eau total présent sur la Terre • la description des mouvements de l'eau sur la Terre
e. l'eau nécessaire à la production et au transport des produits • l'eau qui se trouve sous la surface de la Terre
f. un lieu où on vend les produits d'une région • un aliment dont la production a eu lieu près de chez soi
g. Il reste encore beaucoup d'efforts à faire. • Il est important de faire des économies.
h. On arrive très près du but qu'on s'est fixé. • Les voitures peuvent accélérer à la fin de leur trajet.

# ◀ La manifestation

**4 Complétez le témoignage de Sanaa avec les mots suivants :**

~~la convention citoyenne~~ • des flyers • alerté • les décideurs • une mobilisation • se mobilisent • des préparatifs

> Témoignage
>
> ## Manifestation pour le climat
>
> Je vais aller aujourd'hui à la manifestation pour le climat. Après **la convention citoyenne**, on a cru que _____ allaient enfin réagir pour proposer des lois importantes en faveur du climat. Quelle déception ! Les spécialistes ont déjà beaucoup _____ les gouvernements. S'ils avaient été écoutés, il y a cinquante ans, des décisions auraient pu être prises, et nous n'en serions pas là ! Mais ce n'est pas le cas et c'est pour ça qu'il y a aujourd'hui _____ importante. Nous avons fait _____, et nous allons distribuer _____ aux gens pour qu'ils _____ aussi lors des prochaines rencontres.

# ◀ L'eau, la chaleur, l'alimentation (2), la manifestation

➕ **5 Lisez les phrases. Entourez le mot ou l'expression qui convient.**

**Ex. :** Pour limiter la consommation d'eau, il faudrait que l'on diminue notre **canicule** • **manifestation** • (**alimentation carnée**)

a. Afin de préserver la ressource en eau, il est recommandé de manger **des légumineuses** • **de la viande rouge** • **des produits importés d'autres pays**.
b. Si nous avions écouté la conférence **des décideurs** • **de l'hydrologue** • **des citoyens**, nous connaîtrions beaucoup mieux le cycle de l'eau.
c. Cela fait longtemps que les spécialistes **salinifient** • **évaporent** • **alertent** sur le réchauffement climatique.
d. J'ai compris que la notion **d'eau verte** • **d'eau cachée** • **de précipitations diluviennes** désigne l'eau qui se trouve dans le sol.
e. S'il n'y a plus de distribution d'eau dans les villes, nous serons obligés d'utiliser des **mobilisations** • **conventions citoyennes** • **camions-citernes** pour nous approvisionner.
f. À l'avenir, nous devrions privilégier la consommation de **produits locaux** • **décideurs** • **préparatifs**.
g. **La manifestation** • **L'agriculture intensive** • **La vague de chaleur** nécessite une consommation d'eau trop importante par rapport aux ressources disponibles.

trente-sept **37**

# Unité 3 — Leçon 10 : Alerter le public sur un risque

## GRAMMAIRE

### L'hypothèse (1)

**6** Associez pour faire une hypothèse sur le présent.

a. Si tous les humains consommaient autant d'eau que nous,
b. Si tout le monde va manifester,
c. Si nous allions écouter cette hydrologue,
d. La consommation de viande rouge diminuerait rapidement,
e. Les décideurs prendraient en compte les problèmes écologiques
f. Si la notion d'eau cachée était mieux connue de tous,
g. Si tu termines à temps les flyers,
h. Le gouvernement suivrait les propositions de la convention citoyenne pour le climat

1. si nous étions plus nombreux à manifester.
2. s'il y avait moins d'enjeux économiques.
3. les gens sélectionneraient leurs achats selon ce critère.
4. il n'y aurait déjà plus de ressources.
5. nous pourrons les distribuer à la manifestation.
6. nous serions informés sur les conséquences de la dernière canicule.
7. si tout le monde adoptait une alimentation végétarienne.
8. le gouvernement verra qu'il y a une vraie mobilisation des citoyens.

**7** Conjuguez les verbes pour faire des hypothèses sur le passé comme indiqué.

Ex. : Si nous **avions écouté** (écouter) les spécialistes du climat, nous **aurions pu** (pouvoir) éviter des catastrophes naturelles.

**Conséquence non réalisée dans le passé :**

a. Si on _____ (diffuser) plus tôt les conclusions des études sur l'alimentation carnée, les gens _____ (déjà modifier) leur régime alimentaire.
b. Si la sécheresse _____ (ne pas s'abattre) sur ma région, je _____ (ne pas m'intéresser) au cycle de l'eau.
c. Si nous _____ (savoir) que l'agriculture intensive détruisait autant les sols, nous _____ (choisir) d'acheter des produits bio et locaux plus tôt.
d. Si je/j' _____ (lire) avant cet article sur les conditions de production de la viande rouge, je _____ (devenir) végétarien depuis longtemps.

**Conséquence non réalisée dans le présent :**

e. Si les gens _____ (recevoir) ces flyers, ils _____ (comprendre) l'enjeu de la manifestation.
f. Si on _____ (donner) la parole aux hydrologues plus tôt, nous _____ (mieux être) informés sur l'eau cachée.
g. Si tout le monde _____ (limiter) sa consommation d'eau, nous _____ (ne pas avoir) besoin d'appeler un camion-citerne.
h. Si les décideurs _____ (reprendre) les propositions de la convention citoyenne, nous _____ (ne pas aller) à la manifestation.

**8** 🎧 18 Écoutez. Entendez-vous une hypothèse sur le présent ou sur le passé ? Cochez la réponse correcte.

|  | Ex. | a. | b. | c. | d. | e. | f. | g. |
|---|---|---|---|---|---|---|---|---|
| Hypothèse sur le présent | ✓ | | | | | | | |
| Hypothèse sur le passé | | | | | | | | |

# COMMUNIQUER

**9** Suite à la manifestation pour le climat, vous écrivez un post sur un forum. Vous expliquez ce que vous attendez de cette mobilisation.

En France

Manifestation pour le climat

Aujourd'hui, samedi

**10** Vous commentez cette infographie sur l'eau. Enregistrez-vous.

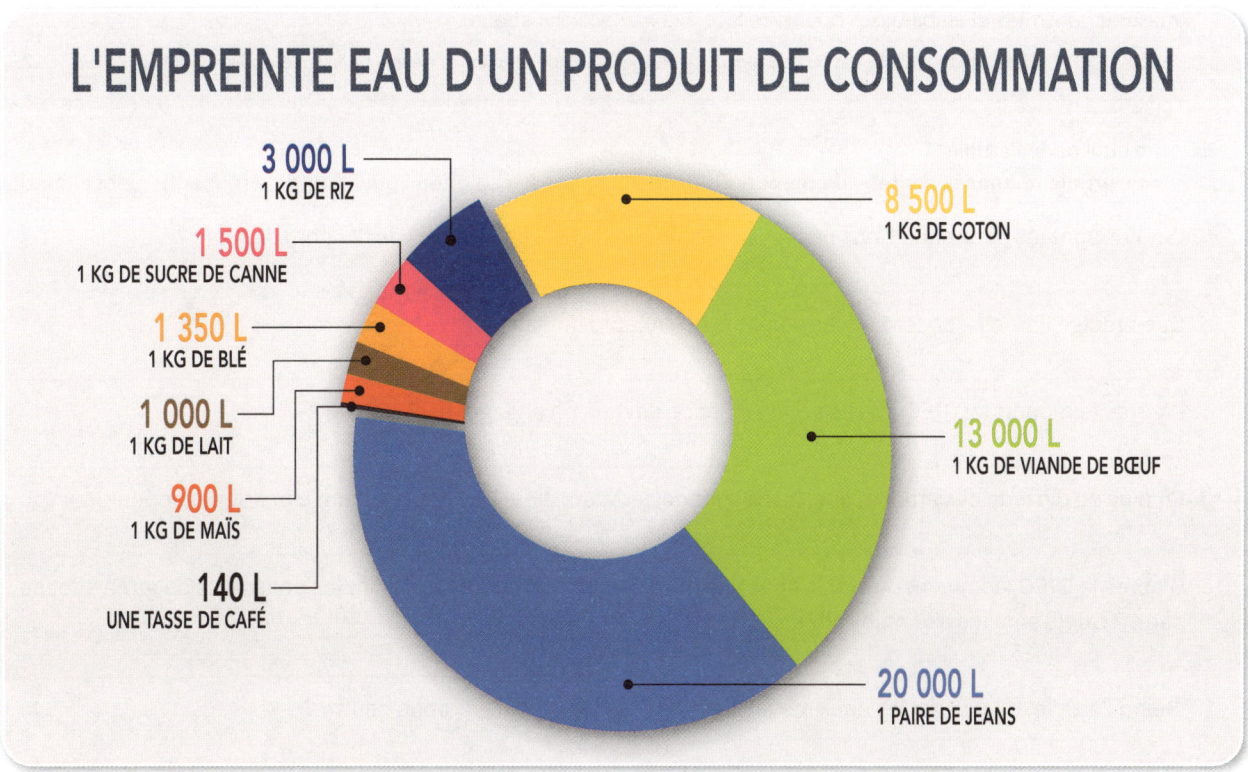

L'EMPREINTE EAU D'UN PRODUIT DE CONSOMMATION

- 3 000 L — 1 KG DE RIZ
- 1 500 L — 1 KG DE SUCRE DE CANNE
- 1 350 L — 1 KG DE BLÉ
- 1 000 L — 1 KG DE LAIT
- 900 L — 1 KG DE MAÏS
- 140 L — UNE TASSE DE CAFÉ
- 8 500 L — 1 KG DE COTON
- 13 000 L — 1 KG DE VIANDE DE BŒUF
- 20 000 L — 1 PAIRE DE JEANS

# Leçon 11 Proposer des solutions

## COMPRENDRE

**1** Lisez l'article et répondez aux questions.

### ENVIRONNEMENT

#### Les points clés du rapport du GIEC

En 2022 est paru le nouveau rapport du GIEC qui étudie les scénarios de baisse de réduction des gaz à effet de serre pour limiter le changement climatique et expose notamment les moyens d'action.

*Quels sont les points à retenir du rapport du GIEC ?*

Si l'on veut espérer respecter les objectifs de l'Accord de Paris, il faut agir aujourd'hui et de manière radicale, dans tous les secteurs de la vie quotidienne. Quant aux scénarios de limitation du réchauffement à + 1,5 °C ou + 2 °C, il sera très difficile de les respecter au cours du 21e siècle si nous n'agissons pas efficacement avant 2030. Le GIEC considère nécessaire, en particulier, de fermer rapidement une partie des infrastructures d'extraction de gaz, charbon, pétrole, qui produisent de l'énergie fossile. Les estimations montrent en effet que si nous les exploitons toutes jusqu'à leur fin de vie, nous dépasserons sans nul doute le seuil de 1,5 °C.

*Des solutions pour limiter le réchauffement climatique*

Les émissions de gaz à effet de serre doivent être réduites de près de 50 % d'ici 2030 et de 80 % d'ici 2040 par rapport à 2019 pour limiter la hausse des températures à 1,5 °C, et l'ensemble des gaz à effet de serre sont à prendre en compte, en l'occurrence le méthane. Avec un pouvoir de réchauffement de l'atmosphère trente fois supérieur à celui du $CO_2$, le méthane est en effet le deuxième gaz à effet de serre le plus important. La réduction des émissions de méthane est donc un levier majeur et très efficace dans la lutte contre le changement climatique. En outre, changer nos habitudes et adopter un mode de vie plus sobre par exemple en limitant notre consommation et nos déplacements nous permettrait de réduire nos émissions de 40 % à 70 % d'ici 2050. Par ailleurs, pour atteindre la neutralité carbone planétaire, il est indispensable d'opérer une réelle transition entre les énergies fossiles et les énergies bas-carbone, et de développer des surfaces de captage et de stockage du $CO_2$, comme les plantations d'arbres.

En définitive, les décideurs politiques doivent prendre la mesure de l'urgence, s'emparer du sujet et adopter des mesures concrètes et ambitieuses pour faire face à la menace climatique.

D'après Carbone 4 « Rapport du groupe III du GIEC : Les points clés » d'Hélène Chauviré et Louise Badoche, 25 avril 2022.

**Ex. :** De quoi parle l'article ?
→ L'article résume le contenu du rapport du GIEC et expose les solutions pour limiter le réchauffement climatique.

a. Quelles sont les deux conditions nécessaires pour respecter les objectifs de l'Accord de Paris ?

→ ................................................................

b. Que précise l'article concernant les objectifs de l'Accord de Paris ?

→ ................................................................

c. D'après le rapport du GIEC, quelle action efficace devrait-on engager d'ici 2030 ?

→ ................................................................

d. En plus du dioxyde de carbone, quel gaz à effet de serre accélère le réchauffement climatique, et pourquoi ?

→ ................................................................

e. D'après le GIEC, comment pouvons-nous individuellement contribuer à réduire les émissions de gaz à effet de serre ? Quels sont les exemples cités ?

→ ................................................................

f. Selon l'article, quels sont les deux moyens pour passer à un bilan carbone neutre ?

→ ................................................................

# LEÇON 11

## VOCABULAIRE

### Les sources d'énergie

**2** Écrivez la légende des photos avec la source d'énergie qui convient.

**Ex. :** l'énergie fossile

a. _____

b. _____

c. _____

### Les sources d'énergie, les transports

**3** Associez les mots et les expressions à leur définition.

a. les gaz à effet de serre
b. le méthane
c. le stockage du carbone
d. une mobilité douce
e. une voiture hybride
f. le dioxyde de carbone
g. l'énergie bas-carbone
h. l'essence

• 1. moyen de déplacement à faible consommation d'énergie et donc peu polluant.
• 2. véhicule associant un moteur électrique et un moteur à essence.
• 3. énergie produite à faible émission de $CO_2$.
• 4. carburant produit à partir du pétrole.
• 5. nom complet du $CO_2$.
• 6. capacité à retenir le $CO_2$ présent dans l'atmosphère.
• 7. gaz produit de manière biologique dans l'élevage intensif.
• 8. gaz présents dans l'atmosphère qui retiennent la chaleur.

### Les actions

**4** Complétez le post de Clara avec les mots suivants :

l'émission • l'extraction • limitation • la plantation • préconisations • la réduction • isolation • l'électrification • sobriété

> Que faudrait-il faire pour réduire l'émission de gaz à effet de serre ?
>
> Voici quelques _____ qui concernent notre vie quotidienne. Dans le domaine de l'habitat, il faudrait agir pour une meilleure _____ des murs et du toit pour éviter le gaspillage d'énergie. Par ailleurs, dans nos villes, _____ d'arbres contribuerait à _____ de la quantité de $CO_2$ présent dans l'air. Dans le même temps, il faudrait accepter que la vitesse autorisée sur les routes fasse l'objet d'une _____ , privilégier _____ des voitures et les mobilités douces. Nous devons agir rapidement pour stopper _____ des matières fossiles. Enfin, individuellement, nous devrions faire preuve de _____ , c'est-à-dire consommer moins pour éviter de gaspiller les ressources naturelles.

# Leçon 11 Proposer des solutions

## GRAMMAIRE

### Le discours rapporté

**5** 🎧 19 **Écoutez et cochez l'objectif de la phrase.**

|  | Ex. | a. | b. | c. | d. | e. | f. | g. |
|---|---|---|---|---|---|---|---|---|
| Résumer, synthétiser | ✔ | | | | | | | |
| Exprimer un conseil | | | | | | | | |
| Décrire un point de vue | | | | | | | | |

**6 Complétez les phrases avec le verbe qui convient. Conjuguez les verbes.**

~~estimer~~ • souligner • préconiser • suggérer • évoquer • se pencher • considérer

**Ex. :** Dans son livre, la spécialiste du climat *estime* important d'investir de façon urgente et massive dans les énergies éolienne et solaire.

a. Nous _____ de relever l'objectif de réduction des émissions de gaz à effet de serre à l'horizon 2030.
b. J'ai lu le rapport 2022 du GIEC qui _____ l'accélération plus rapide que prévu de l'élévation des températures.
c. Un philosophe _____ un changement complet de notre vision du développement.
d. Les experts _____ nécessaire de faire le choix de la sobriété.
e. Le conseil municipal _____ sur les mesures à prendre pour limiter la consommation d'énergie dans notre quartier.
f. De plus en plus de scientifiques _____ l'importance de réviser les indicateurs actuels.

### Les connecteurs pour organiser son discours (1)

**7 Complétez les phrases avec les connecteurs suivants :**

~~par exemple~~ • quant aux • mais aussi • comme • en effet • à la fois • par ailleurs • notamment • en somme

**Ex. :** Il est nécessaire d'agir dès maintenant dans sa vie quotidienne, *par exemple* en baissant le chauffage dans les logements.

a. La mobilisation en faveur de la lutte contre le réchauffement climatique devra s'intensifier, _____ pour accélérer la prise de conscience des décideurs politiques, _____ pour inciter les gens à modifier leur mode de vie.
b. On se demande si les résolutions prises dans les conférences internationales sont utiles, _____ elles ne sont pas suivies de décisions fortes en faveur du climat.
c. Le rapport des experts insiste sur les actions pour limiter les déchets, _____ la réduction du gaspillage alimentaire.
d. Une ville _____ Nantes a fait de l'écologie une priorité depuis quelques années.
e. Il faut continuer à rechercher de nouvelles énergies bas-carbone. _____ énergies solaire et éolienne, il s'agit de les développer davantage puisque nous en maîtrisons la technique.
f. J'ai lu entièrement cet article, _____ l'auteur nous incite à prendre des décisions radicales dès maintenant.
g. L'émission des gaz à effet de serre continue à progresser dans le monde, _____ la biodiversité se dégrade à un rythme inquiétant.

## COMMUNIQUER

**8** Vous commentez sur votre blog une citation de l'astrophysicien Aurélien Barrau.

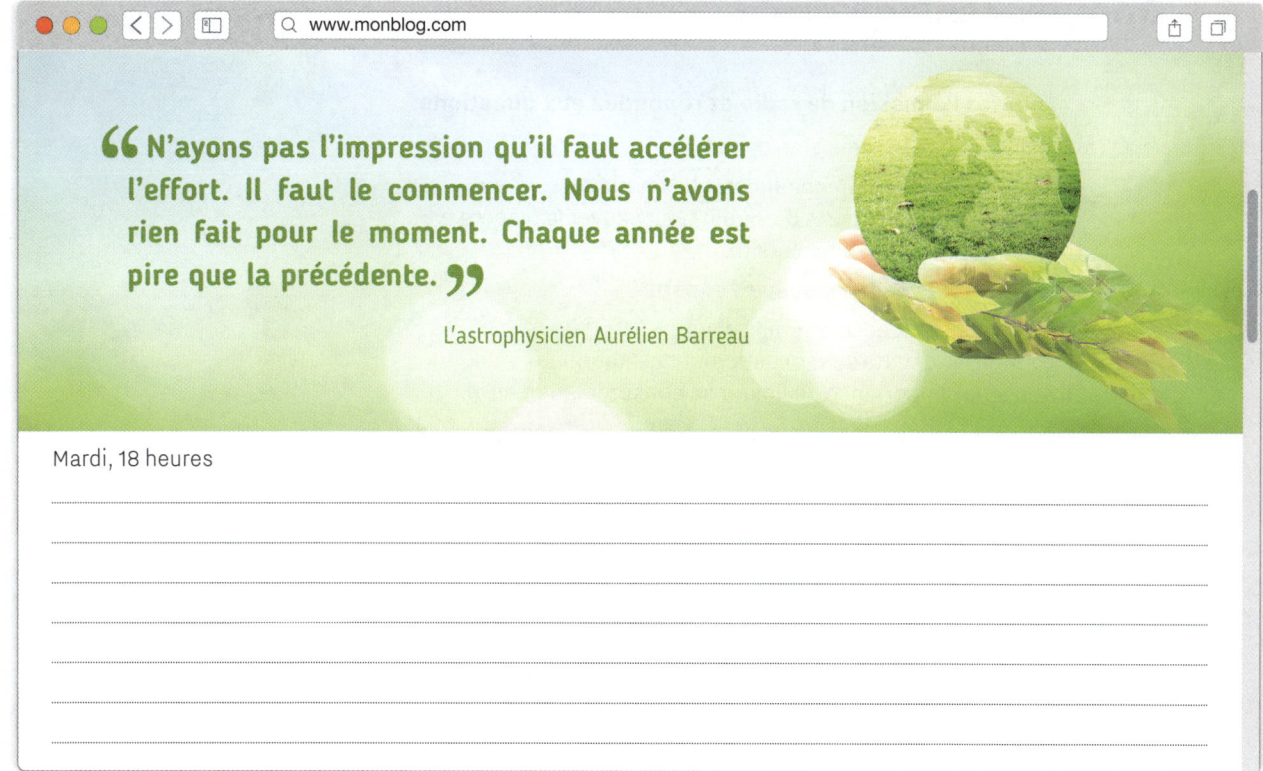

> " N'ayons pas l'impression qu'il faut accélérer l'effort. Il faut le commencer. Nous n'avons rien fait pour le moment. Chaque année est pire que la précédente. "
>
> L'astrophysicien Aurélien Barreau

Mardi, 18 heures

**9** Qu'évoquent pour vous ces deux photos ? Enregistrez-vous.

## PHONÉTIQUE

### L'oralité et la grammaire de l'oral

**10** 🎧 20 Lisez la transcription et écoutez l'interview. Soulignez les différences entre l'écrit et l'oral. Puis relisez le texte avec les marques de l'oralité. Enregistrez-vous.

*Alors qu'est-ce qu'on peut faire pour améliorer la situation ?*

Je ne sais pas, je pense qu'il y a beaucoup de choses, d'abord, ce n'est pas difficile de baisser la température à la maison, il n'y a pas de problème pour se chauffer un peu moins. Et puis, il me semble qu'on peut réduire notre consommation d'eau, qui est sans doute trop importante. Voilà, ce que je peux dire sur ça.

LEÇON **11**

quarante-trois 43

# BILAN

## 🎧 Compréhension orale  10 points

**1** 🎧 21 **Écoutez l'émission de radio et répondez aux questions.**

a. Quel est le thème de l'émission de radio ?   *1 point*
  ☐ L'état des lieux sur le réchauffement climatique.
  ☐ Les solutions des experts du climat pour sauver la planète.
  ☐ La dégradation de la biodiversité.

b. Que pense le président du groupe d'experts ?   *1 point*
  ☐ Il estime qu'il est encore temps d'agir.
  ☐ Il évoque les dégâts du réchauffement climatique.
  ☐ Il souligne l'importance de limiter sa consommation en eau.

c. Pourquoi les énergies fossiles génèrent-elles une importante pollution ?   *1 point*
  ☐ Parce qu'elles créent beaucoup de déchets lors de leur transport.
  ☐ Parce qu'elles sont responsables d'un tiers des émissions de gaz à effet de serre.
  ☐ Parce qu'elles consomment beaucoup d'eau au moment de leur extraction.

d. Que préconisent les experts pour compenser l'abandon des énergies fossiles ?   *2 points*
  ☐ Ils suggèrent de limiter vraiment notre consommation d'énergie.
  ☐ Ils évoquent l'importance d'arriver à la neutralité carbone.
  ☐ Ils considèrent nécessaire d'utiliser des énergies bas-carbone.

e. Comment peut-on arriver à la neutralité carbone ?   *2 points*
  ☐ Il suffit de développer les énergies renouvelables.
  ☐ Il est nécessaire d'organiser le captage du $CO_2$.
  ☐ Il faut supprimer tous les gaz à effets de serre.

f. Que suggèrent par ailleurs les experts pour limiter le réchauffement climatique ?   *2 points*
  ☐ Il faut faire appel à la responsabilité de chacun pour utiliser les énergies renouvelables.
  ☐ Il faut que les individus agissent sur tous les aspects de leur vie quotidienne.
  ☐ Il faut que les entreprises adaptent les espaces de travail.

g. En somme, que peut-on conclure des dernières recommandations des experts ?   *1 point*
  ☐ Les pouvoirs publics doivent prendre des décisions rapidement.
  ☐ Le public n'est pas encore assez informé des solutions qui existent.
  ☐ Les solutions sont très difficiles à mettre en œuvre aujourd'hui.

## 💬 Production orale  10 points

**2** **À partir de cette infographie sur les risques environnementaux, vous exposez la situation sur la pollution numérique.**

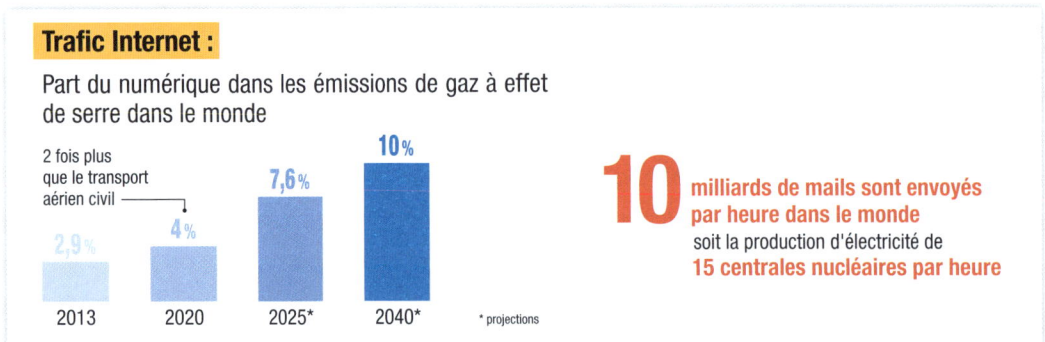

# Compréhension écrite  10 points

**3** Lisez l'article et cochez *Vrai* ou *Faux*. Justifiez votre réponse avec une phrase de l'article.

**ALTERNATIVES**

## La décroissance, seule solution pour sauver la planète ?

Comme son nom l'indique, la décroissance est le contraire de la croissance, ce concept économique fondé sur le développement sans fin des richesses et des ressources matérielles ou naturelles. Selon Nicholas Georgescu-Roegen, économiste et mathématicien américain des années 60, la croissance infinie est impossible à maintenir sur une planète aux ressources limitées. Il souligne l'importance de revoir le rôle de producteur/consommateur de l'humain, qui ne doit pas s'épanouir par le matériel ou la croissance, mais en respectant des dimensions biologiques, philosophiques, culturelles et spirituelles.

Comme on pourrait s'y attendre, la décroissance exige un changement de vie radical. Mais pas si extrême que cela quand on s'inscrit déjà dans une démarche zéro déchet ou qu'on consomme les denrées de son propre potager. Si nous étions tous mobilisés pour fabriquer nos propres produits ménagers ou d'hygiène, nos meubles, cultiver nos fruits et légumes dans notre jardin ou cuisiner notre pain, la décroissance serait en marche ! D'ailleurs, beaucoup de personnes agissent déjà en ce sens à travers le monde. Pour parvenir à une décroissance généralisée, les économistes proposent plusieurs pistes, comme la taxation des produits les moins écologiques, une fiscalité verte, le recyclage des produits…

Malheureusement, il semblerait qu'un tel changement prenne du temps, et que la volonté des plus grands se fasse désirer… En définitive, à nous donc d'entamer notre transition : vivons mieux avec moins !

a. L'article présente plusieurs pistes pour sauver la planète.   ☐ Vrai  ☐ Faux
Justification : _____   *1 point*

b. D'après l'article, la décroissance est un mouvement né en opposition à la production et à la consommation excessives.   ☐ Vrai  ☐ Faux
Justification : _____   *1 point*

c. Selon l'article, la décroissance est un concept très récent.   ☐ Vrai  ☐ Faux
Justification : _____   *2 points*

d. L'économiste Nicholas Georgescu-Roegen estime impossible que les humains puissent être heureux sans consommer.   ☐ Vrai  ☐ Faux
Justification : _____   *2 points*

e. L'article souligne l'impossibilité aujourd'hui d'appliquer le mode de vie de la décroissance.   ☐ Vrai  ☐ Faux
Justification : _____   *2 points*

f. Finalement, d'après l'article, sans les décideurs politiques, la décroissance sera impossible à appliquer.   ☐ Vrai  ☐ Faux
Justification : _____   *2 points*

# Production écrite  10 points

**4** Vous lisez ce post sur un forum. Êtes-vous d'accord ? Pourquoi ? Vous répondez.

**Marilou44** : La disponibilité de l'eau pourrait devenir une question majeure si on continue à consommer autant. Oui, nous consommons beaucoup d'eau sans le savoir… et il serait temps de prendre en compte notre « empreinte eau » dans notre mode de vie et notre alimentation.

# Leçon 13 — Expliquer une évolution

## COMPRENDRE

**1** 🎧 22 **Écoutez la chronique et répondez aux questions.**

a. Quel titre convient le mieux à la chronique ?
☐ Les difficultés de la langue française.
☐ Les évolutions de l'orthographe française.
☐ Les contradictions de la grammaire française.

b. Comment écrivait-on avant la création de l'Académie française ?
☐ On imitait l'orthographe des auteurs.
☐ On écrivait librement, sans contrainte.
☐ On se basait sur la prononciation des mots.

c. Pourquoi décida-t-on de créer l'Académie française ?
☐ Pour exercer un pouvoir sur la population.
☐ Pour imposer les origines latines de la langue.
☐ Pour harmoniser la langue et son orthographe.

d. Pourquoi l'orthographe imposée est-elle arbitraire ?
☐ Parce qu'elle présente plusieurs contradictions.
☐ Parce qu'elle est influencée par plusieurs langues.
☐ Parce qu'elle ne respecte pas toujours l'étymologie des mots.

e. En plus du latin et du grec, quelles sont les trois langues qui ont principalement influencé le français ?
→ _____

f. Pourquoi peut-on dire que le français était la langue de l'élite au 19ᵉ siècle ?
→ _____

g. Selon le chroniqueur, quel est actuellement le principal obstacle à la simplification de l'orthographe ?
→ _____

## VOCABULAIRE

### ◖ La langue (1)

**2** Complétez l'article avec les mots et les expressions suivants. Faites les transformations nécessaires.

~~dialecte~~ • enrichissement • enseignement • francisation • langue régionale • patois • diversité

> En 1794, l'Abbé Grégoire voulut abolir les **dialectes** parlés dans les différentes régions françaises. Conscient que le français était peu répandu dans certains milieux et que les _____ locales dominaient, l'Abbé Grégoire fit une enquête sociologique. Il se rendit dans les écoles des monastères, afin de connaître les langues d'_____ et il parcourut le pays pour observer l'usage du français sur le territoire. Son enquête lui permit de conclure que seul un français sur cinq utilisait la langue nationale et que de nombreux _____, essentiellement utilisés à l'oral, dominaient. L'homme de lettres décida alors de rédiger un rapport sur la nécessité et les moyens d'universaliser l'usage du français. L'argument de la _____ était selon lui un moyen d'unifier la nation. En effet, pour lui, la _____ des langues ne présentait pas un _____ mais un obstacle à la compréhension des lois du pays et donc « au bonheur social et à l'égalité ».

# LEÇON 13

## Le conflit

**3** Associez les mots à leur définition.

a. la délation • • 1. Surveillance clandestine, secrète.
b. l'espionnage • • 2. Fait de faire cesser un mouvement par la violence.
c. un hussard • • 3. Acte de dénoncer, de trahir.
d. une infanterie • • 4. Démolir, abattre, détruire un bâtiment ou une organisation.
e. un missionnaire • • 5. Ensemble de troupes combattantes à pied.
f. le refoulement • • 6. Action de faire reculer une personne, un groupe.
g. la répression • • 7. Ancien soldat de cavalerie.
h. démanteler • • 8. Personne chargée de répandre la foi.
i. éliminer • • 9. Écarter, faire disparaître.

## Registre familier

**4 a.** Entourez les mots et les expressions du registre familier.

**b.** Utilisez les expressions familières dans une phrase à l'oral puis écrivez la phrase dans le registre standard.

snob  en avoir marre
en avoir ras-le-bol       être au goût       saluer

**Ex. :** « Il gagne un pognon fou depuis qu'il a créé son entreprise. »
→ Il gagne beaucoup d'argent depuis qu'il a créé son entreprise.

→ ................................................................................................................................
→ ................................................................................................................................

## GRAMMAIRE

## Le passé simple

**5** 🎧 23 Écoutez et cochez les phrases au passé simple.

|  | Ex. | a. | b. | c. | d. | e. | f. |
|---|---|---|---|---|---|---|---|
| Passé simple | ✓ |  |  |  |  |  |  |

**6** Lisez les phrases. Remplacez les verbes au passé composé par un verbe au passé simple.

**Ex. :** On a créé l'Organisation internationale de la francophonie en 1970.
→ On créa l'Organisation internationale de la francophonie en 1970.

a. Le Premier ministre a publié un rapport sur l'enseignement des langues régionales.
→ ................................................................................................................................

b. En 1980, l'Académie française a accueilli Marguerite Yourcenar, la première femme.
→ ................................................................................................................................

c. Erik Orsenna a fait un discours très remarqué lors d'une conférence.
→ ................................................................................................................................

d. Nous avons choisi d'inscrire nos enfants dans des classes bilingues.
→ ................................................................................................................................

e. Les élèves ont eu des difficultés pour s'adapter à la nouvelle orthographe.
→ ................................................................................................................................

# Leçon 13 — Expliquer une évolution

**7** Conjuguez les verbes au passé simple.

Ex. : Les linguistes se réunirent (se réunir) pour rendre leurs conclusions.

a. La langue française _____ (s'enrichir) de mots de langues étrangères.
b. Le français _____ (devenir) la seule langue officielle du Québec en 1974.
c. Les élèves _____ (avoir) des difficultés à s'adapter à la nouvelle orthographe.
d. Jules Ferry _____ (instituer) la gratuité de l'école primaire.
e. L'enseignement laïc _____ (promouvoir) l'utilisation du français dans les campagnes.
f. Les linguistes _____ (utiliser) le premier dictionnaire de l'Académie française.
g. Les élèves _____ (apprendre) la langue française dans les écoles de la République.

## Les marqueurs temporels (2)

**8** Complétez les phrases avec les marqueurs temporels suivants :

jusqu'à ce que • depuis • avant que • lorsque • dès que • avant de • depuis que

Ex. : Les enfants parlaient la langue de leur région à l'école jusqu'à ce que le français soit imposé.

a. _____ publier l'intégralité de son dictionnaire, l'Académie française faisait paraître des fascicules au Journal officiel.
b. La Commission d'enrichissement de la langue française contribue au rayonnement de la francophonie _____ sa création.
c. Plusieurs commissions ont rendu des rapports _____ la loi relative à la féminisation des noms de métier ne soit appliquée.
d. L'Éducation nationale a proposé des pédagogies adaptées _____ la loi autorisa l'enseignement des langues et des dialectes locaux.
e. _____ l'Organisation internationale de la francophonie a été mise en place en 1970, elle promeut la diffusion de la langue française.
f. _____ on fait entrer un nouveau mot dans le dictionnaire, on a analysé sa présence dans différentes sources au préalable.

## L'infinitif passé

**9** Associez pour faire une phrase.

a. Après s'être enrichi de mots gaulois et romain,
b. Le président a prononcé un discours
c. Après avoir été conçus à Vienne en Autriche,
d. Certains écrivains ont participé à la rédaction du Dictionnaire de l'Académie
e. Le ministre a pris position contre la féminisation des noms de métier
f. Après avoir adopté la loi relative à l'emploi de la langue française,
g. Après avoir été conseiller culturel à l'Élysée,

1. les croissants se sont imposés en France.
2. le français a été influencé par le francique.
3. après avoir rédigé l'Encyclopédie.
4. Erik Orsenna a travaillé auprès du ministre des Affaires étrangères.
5. les sénateurs ont demandé un assouplissement de certains articles.
6. après s'être opposé à la réforme de l'orthographe.
7. après avoir nommé une représentante personnelle de la Francophonie.

**10** Réécrivez les phrases avec *après* + infinitif passé.

Ex. : Les Francs ont conquis le territoire français au 5ᵉ siècle et ont laissé des traces de leur langue, le francique.
→ Après avoir conquis le territoire français au 5ᵉ siècle, les Francs ont laissé des traces de leur langue, le francique.

a. Les Français ont été colonisés par les Vikings en Normandie au 10ᵉ siècle. Ils ont ensuite intégré à la langue française du vocabulaire lié à la mer.
→ 

b. Les Vikings ont d'abord envahi la France puis ils se sont installés en Angleterre où ils ont transmis des mots français.
→ 

c. Les Espagnols ont colonisé l'Amérique centrale et l'Amérique du Sud à partir du 15ᵉ siècle et ont rapporté de nouveaux produits tels que le chocolat et de nouveaux mots pour les nommer.
→ 

d. À la Renaissance, les Français se sont passionnés pour l'art italien et ont par là même adopté les termes relatifs à ce domaine.
→ 

e. La langue française s'est enrichie du verlan et elle a bénéficié des apports des nouveaux mots des réseaux sociaux.
→ 

## COMMUNIQUER

**11** Pour la Journée internationale de la francophonie, vous décidez de poster un commentaire sur votre blog. Vous présentez les différentes étapes de l'adoption du français au Québec à l'aide d'une frise chronologique.

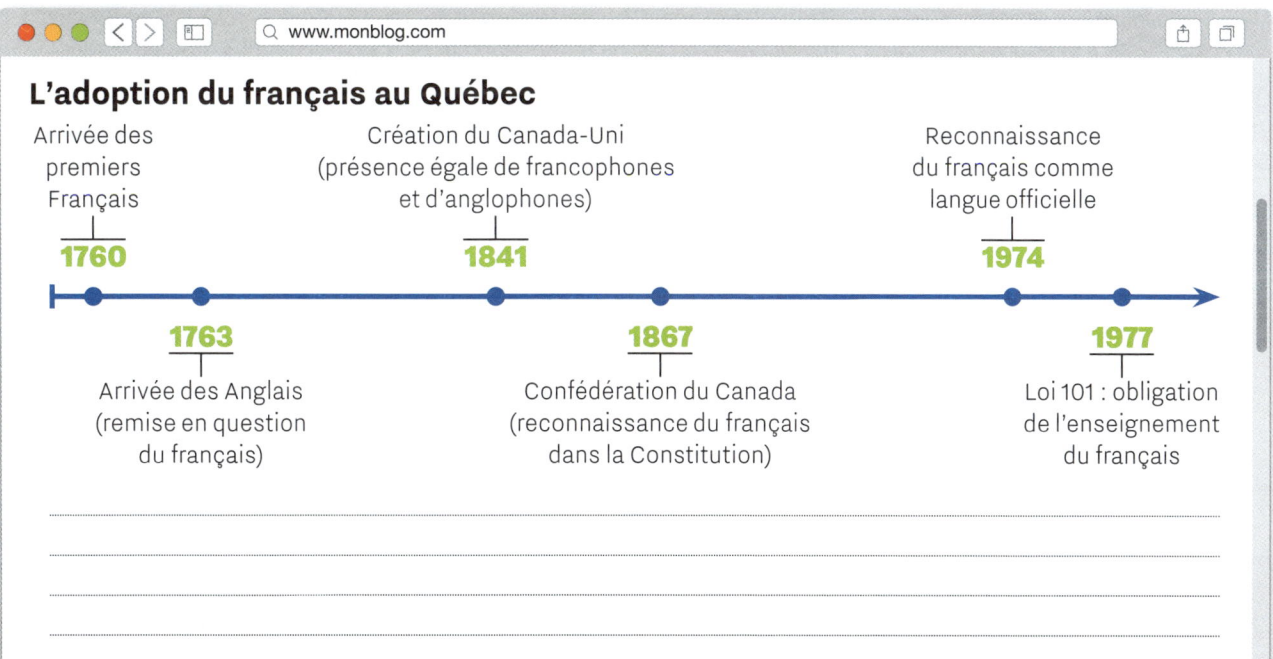

**12** Dans son livre coécrit avec Bernard Cerquiglini, *Les mots immigrés*, Erik Orsenna imagine que les mots du français issus des langues étrangères se mettent en grève. Cherchez des mots que le français a empruntés à votre langue ou à d'autres langues et imaginez la scène. Racontez-la à l'oral. Enregistrez-vous.

# UNITÉ 4 — Leçon 14 : Adapter son registre

## COMPRENDRE

**1** Lisez l'article et cochez *Vrai* ou *Faux*. Justifiez votre réponse avec une phrase de l'article.

---

**Paris Paname magazine**

### Qu'est-ce que les mots de la rue ont à nous dire ?

Que ce soit dans le métro, dans la rue, sur les réseaux sociaux, à la radio dans les morceaux de rap, il nous est tous arrivé de nous trouver nez à nez avec des jeunes dont on ne comprenait pas grand-chose à la conversation. Outre les emprunts aux langues étrangères, les jeux avec la langue sont nombreux.
À l'image du verlan des années 90 et de ses « meuf », « keum », « reum », « reup » – comprenez *femme*, *mec*, *mère*, *père*, toujours en vigueur actuellement. Cet argot s'est largement démocratisé et a encore évolué permettant d'enrichir la langue française ces trente dernières années.

### Comprendre les origines

Plutôt que de condamner cette nouvelle façon de communiquer, il est intéressant de se pencher sur ses origines. Le terme « wesh » par exemple, issu de la culture hip-hop que l'on retrouve dans certaines chansons dès les années 90, a des origines arabes algériennes. Le sens de ce terme largement employé en Algérie, par exemple dans l'expression « Wesh rak » *(Comment vas-tu ?)* diffère légèrement au Maroc. Ainsi « Wesh kliti ? » signifie *Est-ce que tu as mangé ?* en Algérie et *Qu'est-ce que tu as mangé ?* au Maroc. L'évolution est étonnante puisqu'en France, ce terme finit par être largement employé par la nouvelle génération pour ponctuer les phrases, saluer... jusqu'à entrer dans le dictionnaire en 2009 !

### ... et se tenir à la page !

Parce que tout va très vite dans la langue de la rue ! Certaines expressions présentes dans le dictionnaire sont déjà largement dépassées voire complètement ringardes[1]. Ainsi, le terme *lose* – prononcez la « louze » – issu de l'anglais, traduction de « se perdre » : *c'est la lose, j'ai passé tout le week-end avec ma mifa (j'ai passé tout le week-end en famille, ce n'était pas très amusant)* est de moins en moins utilisé au profit de « avoir le seum », issu de l'arabe. Les mots de la rue empruntent de nouvelles sonorités venues d'ailleurs qui montrent combien le français est une langue en perpétuelle évolution... et nous *on kiffe*[2] !

1. rindard(e) : démodé(e) – 2. kiff : mot d'origine arabe qui signifie « s'amuser, aimer ».

---

**Ex. :** Selon l'article, les mots de la rue s'entendent partout. ☑ Vrai ☐ Faux
Justification : *Que ce soit dans le métro, dans la rue, sur les réseaux sociaux, à la radio dans les morceaux de rap...*

a. Les mots de la rue viennent essentiellement des langues étrangères. ☐ Vrai ☐ Faux
Justification : _____

b. D'après l'article, le verlan n'est plus vraiment utilisé par les jeunes. ☐ Vrai ☐ Faux
Justification : _____

c. L'auteur de l'article invite à accepter les nouveaux mots de la rue. ☐ Vrai ☐ Faux
Justification : _____

d. Le terme « wesh » s'est enrichi de nouveaux sens en français. ☐ Vrai ☐ Faux
Justification : _____

e. Selon l'article, les nouveaux mots sont victimes de phénomènes de mode. ☐ Vrai ☐ Faux
Justification : _____

f. L'auteur de l'article a un point de vue mitigé sur cette nouvelle langue. ☐ Vrai ☐ Faux
Justification : _____

LEÇON **14**

## VOCABULAIRE

### La langue (2)

**2 Complétez l'article avec les mots suivants. Faites les transformations nécessaires.**
~~populaire~~ • argot • popularisation • verlan

Le français **populaire** s'est enrichi auprès des populations de banlieue depuis les années 80. Le phénomène a pris naissance avec le _____, qui a donné naissance à des termes encore couramment utilisés aujourd'hui tels que « remps » pour parents ou « meuf » pour femme. L'_____ se développe également à partir de langues étrangères comme l'espagnol (« amigo » pour ami) et surtout l'arabe (« beleck », « kiffer »...). Il est à noter que leur _____ vient essentiellement du monde de la chanson et des réseaux sociaux.

### Registre familier

**3** 🎧 24 **Écoutez les phrases et cochez le registre utilisé.**

|          | Ex. | a. | b. | c. | d. | e. | f. | g. |
|----------|-----|----|----|----|----|----|----|----|
| soutenu  |     |    |    |    |    |    |    |    |
| courant  | ✔   |    |    |    |    |    |    |    |
| familier |     |    |    |    |    |    |    |    |

**4 Complétez les phrases avec les termes familiers suivants. Plusieurs réponses sont possibles.**
~~en mode~~ • boloss • mec • charclo • chelou • meuf • keum • vénère • tout de go

**Ex. :** Franchement, c'était pas sympa, t'as passé toute la soirée à faire le gars **en mode** hyper sûr de toi.

a. Le _____ il croit que tout le monde va adorer sa chanson alors qu'aujourd'hui y a que le rap qui marche.

b. J' suis _____ on m'a demandé de réécrire ma copie à cause des fautes.

c. Il a croisé une _____ dans la rue qui portait des sandales, il fait trois degrés, elle est dingue !

d. Tu as vu un peu ta tenue ? Il y a même des tâches sur ton jean. Franchement, on dirait un _____ !

e. Ce mec est un peu _____. Il passe son temps à utiliser des mots qu'on comprend pas.

f. Il croit que tout le monde va voter pour lui, quel _____ !

g. J'ai un pote qui m'a proposé son phone pour 200 balles, je lui ai acheté _____.

### Les nouveaux mots du monde professionnel, registre familier

**5 Réécrivez l'annonce dans un registre courant.**

> T'es étudiant, t'as pas de job et tu veux te faire un peu de pognon ? Perds pas ton temps et envoie-nous ton CV ! Nous sommes une jeune start-up dynamique qui disrupte le secteur du marketing depuis plusieurs mois. T'as sans doute déjà vu nos affiches dans le tromé. On est partout ! Et on a besoin de toi pour agrandir notre team. Followe-nous, viens nous voir et deviens acteur d'un secteur les plus bullish !

# Leçon 14 Adapter son registre

## GRAMMAIRE

### Les pronoms compléments

**6** 🎧 25 **Écoutez les phrases et repérez les pronoms employés. Justifiez leur emploi.**
   **Ex. :** pronom *en*, remplace « des romans », accompagne une quantité : « plusieurs ».

   a.
   b.
   c.
   d.
   e.
   f.

**7** **Lisez les phrases. Remplacez les mots soulignés par un pronom pour éviter les répétitions.**
   **Ex. :** Le vocabulaire s'est beaucoup enrichi ces dernières années. Les chanteurs ont contribué à cet enrichissement.
   → Le vocabulaire s'est beaucoup enrichi ces dernières années. Les chanteurs y ont contribué.

   a. Les jeunes sont sensibles aux paroles des rappeurs. Ils utilisent les paroles des rappeurs au quotidien.
   →

   b. On a tendance à croire que les jeunes n'utilisent que des mots issus de l'argot. Or, ils n'utilisent pas plus de mots issus de l'argot que le reste de la population.
   →

   c. D'après les dernières statistiques, la syntaxe évolue peu. Que penses-tu de l'évolution de la syntaxe ?
   →

   d. Il lit souvent de nouvelles expressions dans les romans. Il les note et recherche le sens des expressions pour pouvoir réutiliser les expressions. *(2 pronoms)*
   →

   e. Cette autrice a écrit un livre sur les évolutions de la syntaxe. Elle s'intéresse à l'évolution de la syntaxe depuis des années.
   →

   f. Certains films permettent d'observer l'évolution de la syntaxe. On peut ainsi comparer des films contemporains à d'autres plus anciens.
   →

   g. Je dois admettre que les expressions actuelles ne sont pas toujours progressistes. On retrouve parfois beaucoup de misogynie dans ces expressions.
   →

   h. Les réseaux sociaux ont des incidences à la fois sur le vocabulaire, sur le lexique et sur la syntaxe. C'est lié à l'usage qu'on fait des réseaux sociaux.
   →

## LEÇON 14

**8** Réécrivez l'article en supprimant les répétitions.

> « Le film de banlieue est un genre à part entière depuis les années 90, le cinéma français s'est enrichi de ce genre depuis. De grands réalisateurs se sont illustrés dans le film de banlieue et ils trouvent un public de plus en plus nombreux. Ils mettent en scène la vie des quartiers et c'est ce qui plaît au public. Les personnages sont souvent des figures emblématiques incarnées par les jeunes de banlieue. Ce genre a d'ailleurs propulsé certains jeunes de banlieue sur le devant de la scène. Le décor est souvent le même, des HLM de banlieue. Les films visent à faire connaître les habitants des HLM de banlieue, leur mode de vie, leurs revendications. Ils ont également permis de faire émerger les codes oraux des jeunes de banlieue puisqu'ils empruntent les codes oraux dans les dialogues. »

Le film de banlieue est un genre à part entière depuis les années 90, le cinéma français s'en est enrichi depuis.

## COMMUNIQUER

**9** La chanson, la littérature et le cinéma influencent-ils votre langue ? Vous répondez à la question sur un forum. Vous expliquez les nouveaux mots ou les expressions que ces arts ont apportés (traduisez-les). Donnez des exemples précis.

**10** Choisissez un roman francophone ou de votre pays et faites un résumé en langage courant. Respectez les codes du langage oral. Enregistrez-vous.

# Parler de son rapport au français

## COMPRENDRE

**1** 🎧 26 **Écoutez le micro-trottoir et répondez aux questions.**

**Ex. :** À votre avis, quelle question est posée aux personnes interrogées ?
→ Que représente pour vous la langue française ?

a. Que préfère la première femme dans la langue française ? Qu'associe-t-elle à la langue ?
→ ................................................................

b. De quoi se plaint-elle ?
→ ................................................................

c. Quelle vision le jeune homme a-t-il de la langue française ?
→ ................................................................

d. Que propose-t-il ? Pourquoi ?
→ ................................................................

e. Qu'est-ce que le deuxième homme aime particulièrement dans la langue française ? Donnez un exemple.
→ ................................................................

f. Que pense la dernière personne des règles de grammaire ?
→ ................................................................

## VOCABULAIRE

### ◀ Le corps (2)

**2 Lisez le récit et soulignez les mots qui conviennent.**

L'homme, de sa voix **brisée** • **drue** murmura quelques mots : « J'aurais préféré que tu ne me voies pas comme ça ». Elle devinait la honte qu'il ressentait, ses cheveux **poilus** • **crasseux** et sa chemise **entrouverte** • **perdue** traduisaient son laisser-aller. La jeune femme à la beauté **oculaire** • **charnelle** lui prit la main. Il avait le regard **perdu** • **sourd**. Poussée par une énergie **pulsionnelle** • **visuelle**, elle se décida à parler malgré son extrême **organe** • **pudeur**. Dehors la pluie tombait, **crasseuse** • **drue** et glaciale.

### ◀ Les arts

**3 Complétez le témoignage avec les mots suivants :**
~~couleurs~~ • palette • mélodie • sons • sensations • musicalité • bercer

> Lorsque j'ai découvert la langue française, alors même que je ne la comprenais pas, je l'associais à une multitude de **couleurs**. Je devinais la France et ses paysages mais l'Afrique aussi, le Québec. Toute une _____ d'accents variés. Pour moi, la _____ n'avait pas une source unique mais au contraire, elle provenait du monde entier. J'entendais des _____ qui, mis bout à bout, formaient une _____ qui me faisait voyager. Je me suis longtemps laisser _____ par les voix que j'entendais, au cinéma, au théâtre, à la radio… Pendant mon apprentissage du français, j'ai éprouvé de nouvelles _____, la musique s'est transformée en mots et en nouvelles phrases.

LEÇON **15**

## GRAMMAIRE

### La concordance des temps au passé / Le discours indirect

**4** Transposez les phrases suivantes au passé à partir de l'amorce proposée. Faites la concordance des temps.

**Ex. :** Il pense que la langue française lui a donné une autre vision du monde.
→ Il pensait que la langue française lui avait donné une autre vision du monde.

a. Il espère que ses enfants se familiariseront rapidement avec la langue française.
→ Il espérait _____

b. Atiq Rahimi explique que le français est une langue d'adoption qui lui a donné une certaine liberté pour s'exprimer.
→ Atiq Rahimi a expliqué _____

c. Beaucoup de Français expriment l'attachement qui les lie à leur langue.
→ Beaucoup de Français ont exprimé _____

d. Il envisage d'écrire en français aussitôt qu'il en aura maîtrisé la grammaire.
→ Il a envisagé _____

e. Il ne croit pas que le français soit si compliqué à apprendre.
→ Il ne croyait pas _____

f. Quand elle arrive en France, Laura Alcoba connaît déjà les bases de la langue.
→ Quand elle est arrivée _____

g. Ce livre démontre combien cette auteure s'est approprié la langue française et en maîtrise les subtilités.
→ Ce livre a démontré _____

**5** 🎧 27 Écoutez les témoignages. Transposez-les à l'écrit avec les verbes introducteurs suivants au passé :
~~avouer~~ • annoncer • reconnaître • vouloir savoir • dire • affirmer • demander • se demander • ajouter

**Ex. :** Elle a avoué qu'elle avait découvert le français il y a dix ans seulement et qu'elle était tombée amoureuse de cette langue.

a. _____

b. _____

c. _____

d. _____

e. _____

f. _____

g. _____

cinquante-cinq **55**

# Leçon 15 — Parler de son rapport au français

**6** Rapportez le contenu de la lettre. Variez les verbes introducteurs et faites les transformations nécessaires.

> Cher ami,
>
> Je suis heureux d'être enfin en France. J'ai atterri hier en fin d'après-midi et dès mon arrivée à l'hôtel, j'ai ressenti un véritable sentiment de satisfaction. Comment t'expliquer ? J'ai pris tellement de plaisir à apprendre cette langue que je suis heureux d'en être entouré. Je découvre le mode de vie des Français.
> En ce moment, je suis assis à la terrasse d'un café et je souris de voir passer les Parisiens devant moi. J'observe leur tenue, je les regarde vivre, c'est passionnant !
> J'irai visiter le musée du Louvre et marcher dans les rues. Tu n'imagines pas combien je me réjouis !
> J'ai hâte que tu me rejoignes pour partager cette expérience.
>
> À bientôt,
>
> William

Il a écrit à son ami qu'il était heureux d'être enfin en France. Il lui a expliqué que ......................................................................................................................................................................
..........................................................................................................................................................................................................................................
..........................................................................................................................................................................................................................................
..........................................................................................................................................................................................................................................
..........................................................................................................................................................................................................................................
..........................................................................................................................................................................................................................................

Pour finir, il l'a salué.

## COMMUNIQUER

**7** 🎧 28 Vous entendez un témoignage à la radio. Partagez-vous le point de vue de cette personne ? Vous répondez sur le site de la radio en citant des exemples précis du témoignage. Enregistrez-vous.

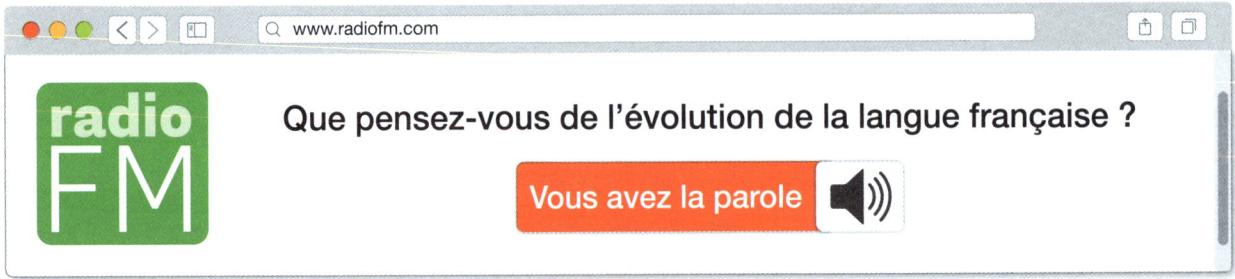

## LEÇON 15

**8** Qu'est-ce qui a changé dans votre rapport à votre langue maternelle depuis que vous apprenez le français ? Vous expliquez ce que représentent ces deux langues pour vous. Vous précisez si l'une d'elles est plus appropriée pour exprimer certaines idées. Justifiez votre point de vue.

**J'apprends le français**

Aujourd'hui, lundi

---

## PHONÉTIQUE

### L'intonation porteuse de sens

**9** 🎧 29 Écoutez et soulignez la phrase que vous entendez. Puis relisez les phrases avec l'intonation. Enregistrez-vous.

**Ex. :** Tu peux reprendre ? Du début ? • <u>Tu peux reprendre du début ?</u>

a. Il a lu tous ces livres ? • Il a lu tous ces livres.
b. Il reviendra tu penses ? • Il reviendra ? Tu penses ?
c. Zoé connaît les paroles. Par cœur ? • Zoé connaît les paroles par cœur.
d. Tu lis ? Souvent ? • Tu lis souvent ?
e. Nous préférons les romans généralement. • Nous préférons les romans, généralement !
f. Il adore… la grammaire française ! • Il adore la grammaire française ?
g. Pourquoi ? Il ne vient pas ? • Pourquoi il ne vient pas ?

# BILAN

## Compréhension orale  10 points

**1** 🎧 30 Écoutez l'interview du linguiste Julien Barret et cochez la réponse correcte.

a. Dans quel contexte Julien Barret est-il invité ?  *1 point*
☐ Pour la sortie d'un livre.
☐ Pour un événement francophone.
☐ Suite à une polémique liée à une réforme.

b. Quelle idée défend-il ?  *2 points*
☐ Le français oral évolue beaucoup.
☐ La langue française doit être protégée.
☐ Le français est en perpétuelle transformation.

c. Quelle tendance des Français mentionne-t-il ?  *2 points*
☐ Leur exigence face à la langue.
☐ Leur méconnaissance des règles.
☐ Le refus de la complexité de la langue.

d. Qu'est-ce qu'il faut le plus protéger selon lui ?  *2 points*
☐ La syntaxe.
☐ La grammaire.
☐ Le vocabulaire.

e. Comment juge-t-il les réformes de l'orthographe ?  *2 points*
☐ Ça répond à une tendance actuelle.
☐ C'est une façon d'abêtir la population.
☐ C'est un retour aux traditions étymologiques.

f. Comme qualifie-t-il les emprunts aux langues étrangères ?  *1 point*
☐ C'est un progrès.
☐ C'est une menace.
☐ C'est un enrichissement.

## Production orale  10 points

**2** Le français est qualifié de « langue vivante ». Vous commentez cette expression et donnez des exemples.

## Production écrite  10 points

**3** La lecture d'œuvres francophones a-t-elle fait évoluer votre vision de la langue française ? Parlez de votre expérience et citez des livres que vous avez lus. Décrivez les émotions que vous avez ressenties et ce que ces livres vous ont apporté.

# BILAN

## Compréhension écrite  10 points

**4** Lisez le discours et cochez *Vrai* ou *Faux*. Justifiez votre réponse avec une phrase du discours.

> La langue française dépasse depuis longtemps l'espace de l'Hexagone. La langue française c'est la francophonie, le français à travers le monde. C'est 44 % de locuteurs en Europe, 34 % en Afrique et dans l'océan Indien, c'est le français de François Cheng, académicien d'origine chinoise, c'est celui de Mohamed Mbougar Sarr, sénégalais, prix Goncourt en 2021, c'est… La liste serait longue. Mais je veux, à l'occasion de ce Salon du livre francophone, saluer la vitalité de notre langue à travers le monde, je veux féliciter la prouesse de nos auteurs venus de l'étranger, de nos auteurs d'outre-France qui savent apporter un nouveau regard sur la littérature et sur notre langue. Nous pouvons être fiers de parler la cinquième langue au monde, vous pouvez être fiers de vous illustrer à travers la maîtrise de cette langue. Quelle justesse, quelle poésie, quelle finesse, quel style vous avez réussi à insuffler et quel bonheur nous avons de découvrir vos écrits dans les rayons de nos bibliothèques !
>
> Nous sommes convaincus que grâce à la littérature, nous nous immergeons dans de nouvelles vies, dans de nouveaux rêves. Ce salon nous offre également l'opportunité de nous plonger dans un, dans de nouveaux mondes. Dans de nouveaux rêves. Ce salon est l'occasion de toutes les rencontres, des conférences avec les auteurs, des cafés littéraires, le programme est dense et nous vous invitons à le consulter si ce n'est déjà fait. Je vous remercie d'être venus aussi nombreux à cette journée d'inauguration. J'espère vivement que la magie de la littérature opérera une fois encore et je ne doute pas que vous saurez y découvrir de belles pépites qui sauront orner vos bibliothèques !
>
> À tous, auteurs, lecteurs, je souhaite que ces trois jours se déroulent sous le signe de la curiosité, de l'aventure et de l'émotion !
>
> Bienvenue à tous !

**a.** Ce discours souhaite mettre à l'honneur des auteurs peu connus. ☐ Vrai ☐ Faux
Justification : _____ 1 point

**b.** Ce discours a été prononcé à l'occasion d'un événement littéraire. ☐ Vrai ☐ Faux
Justification : _____ 1 point

**c.** D'après lui, les auteurs francophones apportent une nouvelle approche du français. ☐ Vrai ☐ Faux
Justification : _____ 1 point

**d.** Il salue avant tout la variété du lexique de ces auteurs. ☐ Vrai ☐ Faux
Justification : _____ 2 points

**e.** Selon ce discours, la littérature donne accès à d'autres univers. ☐ Vrai ☐ Faux
Justification : _____ 2 points

**f.** Le salon propose des rencontres uniquement avec les auteurs. ☐ Vrai ☐ Faux
Justification : _____ 1 point

**g.** Le salon est l'occasion d'acquérir de nouveaux livres. ☐ Vrai ☐ Faux
Justification : _____ 2 points

# Définir des droits et des devoirs

## COMPRENDRE

**1** Lisez la charte et répondez aux questions.

---

**Règlement**

## Les droits et les devoirs des usagers des administrations

### Droit à l'information

Les usagers doivent bénéficier d'une information des dispositifs et des prestations auxquelles ils peuvent prétendre sous forme de plaquettes disponibles en ligne et sur les sites des administrations. Il est indispensable que ces ressources soient facilement accessibles et accompagnées de réponses
5 aux questions que les usagers pourraient poser (FAQ, numéro vert, personnes ressources).

### Droit à la transparence

En cas de rejet de prestation, l'usager doit avoir connaissance des motifs de la décision. Cette dernière doit lui être signifiée par courrier et préciser les délais et les recours possibles pour la personne concernée. Il est impératif que le nom de l'agent ainsi que le service en charge du dossier
10 soient dûment précisés.

### Droit d'accès

Toute personne peut consulter les documents administratifs le concernant sur place après demande écrite. Il est possible également de se faire délivrer des copies aux frais du demandeur.

### Devoirs de l'usager lors d'une demande d'aide

15 L'usager doit impérativement faire connaître sa situation au moment de la demande et en fournir toutes les pièces justificatives. Tout changement de situation impose que l'usager communique l'information à l'organisme payeur.
Toute falsification ou omission peut conduire à des poursuites. Le remboursement de l'ensemble des sommes indûment perçues peut également être exigé.

---

**Ex. :** Quel est l'objet de la charte ?
*Cette charte définit les droits et les devoirs des personnes qui font appel à des administrations.*

a. Comment l'usager peut-il s'informer ?
→ ...........................................................................

b. Par quels moyens l'usager peut-il poser ses questions ?
→ ...........................................................................

c. De quelle manière les usagers prennent-ils connaissance d'un rejet de prestation ?
→ ...........................................................................

d. Le refus d'une prestation est-il définitif ?
→ ...........................................................................

e. Comment l'usager peut-il prendre connaissance des documents administratifs le concernant ?
→ ...........................................................................

f. Quelles sont les conséquences d'une demande de prestation frauduleuse ?
→ ...........................................................................

LEÇON **17**

## VOCABULAIRE

### ◀ La vie en société

**2** Complétez l'article sur les droits entre voisins avec les mots suivants. Faites les transformations nécessaires.

réciprocité • autrui • universel • coexister • interdépendance • résider

> ### Les droits entre voisins
>
> Que ce soit à la ville ou à la campagne, la prise en compte des voisins repose sur un principe de **réciprocité**, en effet, chacun se doit de respecter la tranquillité d'_____. Les règles sont à peu de chose près identiques pour les individus qui _____ dans les maisons individuelles ou dans des habitations collectives et répondent à des principes _____ de bonne entente, l'objectif étant de ne pas causer ni subir de troubles. Parmi les principaux devoirs, le maintien d'un volume sonore raisonnable et un comportement adapté vis-à-vis de ses voisins _____. Cependant, on note que dans les principaux cas de plaintes, une _____ se met en place, les problèmes liés aux nuisances sonores persistantes engendrant généralement des conflits verbaux.

### ◀ Les textes de loi

**3** Associez les textes de loi à leur définition.

a. le préambule
b. la charte
c. la déclaration
d. les articles
e. le traité

- 1. Acte d'un État qui a pour but de faire connaître sa position auprès des autres États.
- 2. Acte juridique par lequel les États établissent des règles et des décisions communes.
- 3. Division d'une loi, d'un traité, d'une charte.
- 4. Introduction, exposé des motifs d'un texte de loi.
- 5. Ensemble de droits et de devoirs propres à un État, à une organisation.

(a → 4)

### ◀ La citoyenneté

**4** Lisez les phrases et entourez le mot ou l'expression qui convient.

**Ex. :** Toute personne qui dispose de droits politiques est considéré comme un (**citoyen**) • ressortissant.

a. **Le citoyen** • **L'individu** se soumet aux lois relatives au droit de vote.
b. Les ressortissants de la communauté européenne se soumettent aux lois **nationales** • **de superposition** dans la mesure où ils dépendent à la fois des droits de leur pays et des conventions européennes.
c. La Déclaration des droits de l'homme définit à la fois les **droits** • **devoirs** individuels et collectifs.
d. Grâce à la Charte des droits fondamentaux, les **citoyens** • **ressortissants** des États membres bénéficient de droits supplémentaires dans la communauté européenne.
e. Les droits **nationaux** • **de superposition** dépendent de l'État d'origine des citoyens.
f. Les citoyens de l'Union européenne jouissent d'un droit de **manifestation** • **pétition**.
g. Tout citoyen a une reconnaissance **juridique** • **législative** propre.

soixante et un **61**

# Unité 5

## Leçon 17 — Définir des droits et des devoirs

### GRAMMAIRE

#### L'obligation

**5** Soulignez la forme correcte dans chaque phrase.

**Ex. :** Il est nécessaire de · Il est impératif que lancer une pétition pour le droit des animaux.

a. **Nous exigeons que** · **Nous devons** réfléchir aux devoirs vis-à-vis d'autrui.
b. Les riverains **veulent que** · **demandent** le maire prenne des décisions fermes pour la commune.
c. **Il est temps d'** · **Il est important qu'** appliquer ce nouveau texte au niveau international.
d. Les institutions **doivent** · **veulent que** les États se mettent d'accord sur un nouveau traité.
e. **Il est important que** · **Il est nécessaire de** les mêmes droits s'appliquent partout.
f. Cette charte **doit** · **exige qu'** être lue par l'ensemble des membres du personnel.
g. **Il est impératif que** · **Il est indispensable de** l'Union européenne légifère sur les droits de ses ressortissants.
h. Chaque citoyen **doit** · **exige** pouvoir jouir de ses droits.

**6** Transformez les phrases avec le sujet entre parenthèses.

**Ex. :** Il est important de connaître ses droits. (chaque citoyen)
→ Il est important que chaque citoyen connaisse ses droits.

a. Il faut être informé des principes des droits nationaux et des droits européens. (les ressortissants)
→

b. Il est indispensable de bien avoir conscience que les droits imposent également des devoirs. (tout le monde)
→

c. Il est impératif de distinguer le domaine législatif du domaine judiciaire. (les citoyens)
→

d. Il faut lire la Déclaration des droits de l'homme et du citoyen de 1795. (tu)
→

e. L'Union européenne exige de réviser les lois nationales concernant l'usage de pesticides. (ses pays membres)
→

f. M. Grégoire demande de prendre en considération ses nouvelles fonctions de maire. (le juge)
→

g. Il est nécessaire d'exercer ses droits en fonction de ses devoirs. (vous)
→

h. Il est temps d'apprendre à vivre ensemble. (nous)
→

#### Le participe présent

**7** 🎧 31  Écoutez et cochez les phrases avec un participe présent.

|  | Ex. | a. | b. | c. | d. | e. | f. |
|---|---|---|---|---|---|---|---|
| Participe présent | ✓ | | | | | | |

## LEÇON 17

**8** Reformulez les phrases avec un participe présent.

**Ex. :** Les personnes qui envoient une demande récrite recevront la charte par e-mail.
→ Les personnes envoyant une demande écrite recevront la charte par e-mail.

a. Puisque l'Allemagne appartient à la communauté européenne, les Allemands bénéficient de droits de superposition.
→ ........................................................................................................................

b. Les personnes qui participent à la réunion d'information obtiendront une attestation pour leur employeur.
→ ........................................................................................................................

c. Il est possible de s'opposer à des lois selon la Constitution qui se réfère à la Déclaration des droits de l'homme.
→ ........................................................................................................................

d. Comme vous êtes naturalisé français, vous devez respecter la Charte des droits et des devoirs du citoyen.
→ ........................................................................................................................

e. Comme chaque citoyen dispose de droits identiques à ceux des autres citoyens, on parle de principe de réciprocité.
→ ........................................................................................................................

f. La Charte des droits et des devoirs du citoyen français est un document qui reprend les principes, les valeurs et les symboles de la France.
→ ........................................................................................................................

## COMMUNIQUER

**9** Vous souhaitez obtenir des renseignements sur les droits au sein de l'Union européenne (études, travail, santé…). Vous complétez le formulaire sur le site de l'UE et vous rédigez votre demande.

**Formulaire de contact**

Prénom

Nom de famille

Adresse électronique

Nationalité

Pays de résidence

Type de demande

**Demande**

**10** Vous avez lu une citation de Cicéron et vous la présentez à un(e) ami(e). Vous l'expliquez et donnez votre opinion à partir d'exemples concrets. Enregistrez-vous.

> « La vie entière est réglée par le devoir ; que vous soyez homme public ou privé, dans le sein de votre maison ou en plein forum, que vous ayez affaire à vous-même ou à votre semblable, vous êtes soumis à des devoirs : si vous les respectez, vous êtes honnête homme ; malhonnête homme si vous les négligez. »
>
> Cicéron

# Leçon 18 — Défendre un engagement

## COMPRENDRE

**1** Lisez l'article de fait divers et cochez *Vrai* ou *Faux*. Justifiez votre réponse avec une phrase de l'article.

### Bas-Rhin

### Des riverains s'opposent à l'abattage d'arbres dans le petit village de Bellefosse

21 décembre 2022

*Un rassemblement inhabituel a eu lieu ce lundi dans le petit village de Bellefosse. Le maire souhaite abattre des chênes centenaires trop encombrants pour les remplacer par des espèces de plus petites tailles. Cette décision a suscité la colère des habitants.*

Des habitants de Bellefosse (Bas-Rhin) se sont mobilisés dans leur commune pendant plusieurs heures. En fin de matinée, une société employée par la municipalité s'est déployée près de l'église pour procéder à l'abattage de quatre chênes sur ordre du maire. Ils ont commencé leur travail en milieu de matinée lorsque des riverains, alertés par les bruits occasionnés par les tronçonneuses, ont décidé de réagir. Révoltés par cette décision dont ils n'avaient pas été informés, ils se sont rapidement déplacés et ont occupé la zone pour empêcher l'abattage des trois autres arbres. Un barrage a été mis en place à l'aide de voitures et d'un tracteur.

Appelées par la mairie, les forces de l'ordre se sont rendues sur place. Après discussion avec différents membres de la municipalité, ils ont constaté qu'aucune communication n'avait été adressée aux habitants de la commune et le maire a dû interrompre temporairement l'opération. Ce dernier n'entend pas pour autant revenir sur sa décision… pas plus que les habitants qui souhaitent faire un recours et lancer une pétition. Pour eux, « toutes les études préalables n'ont pas été menées et les abattages seraient contraires au Code de l'environnement ». Le porte-parole du collectif qui s'est créé menace : « Si les élus persistent, nous irons devant les tribunaux et nous nous ferons entendre ! » L'affaire a fait grand bruit dans les villages environnants et de nombreux citoyens se disent prêts à rejoindre le mouvement.

**Ex. :** Le fait divers oppose des habitants à une municipalité. ☑ Vrai ☐ Faux
Justification : *Des riverains s'opposent à l'abattage d'arbres dans le petit village de Bellefosse.*

a. Le maire a décidé de faire construire un nouveau bâtiment. ☐ Vrai ☐ Faux
Justification : _____

b. Les habitants étaient sur place à l'arrivée de la société d'abattage. ☐ Vrai ☐ Faux
Justification : _____

c. Les riverains ont empêché les ouvriers de faire leur travail. ☐ Vrai ☐ Faux
Justification : _____

d. Des policiers sont intervenus. ☐ Vrai ☐ Faux
Justification : _____

e. Les droits des habitants ont été respectés. ☐ Vrai ☐ Faux
Justification : _____

f. Des actions citoyennes ont été mises en place. ☐ Vrai ☐ Faux
Justification : _____

g. L'affaire a été portée devant la justice. ☐ Vrai ☐ Faux
Justification : _____

# LEÇON 18

## VOCABULAIRE

### Les lieux (1), l'État (2)

**2 Écrivez les légendes des photos avec les mots et les expressions suivants :**

la mairie • les communes environnantes • le domaine • la municipalité • l'Assemblée • la préfecture

**Ex. :** la mairie

a. _____

b. _____

c. _____

d. _____

e. _____

### Les actions citoyennes, les expressions

**3 Complétez les phrases avec les mots et les expressions suivants :**

action collective • marche citoyenne • procédure référendaire • référendum d'initiative citoyenne • collectif • grossir les rangs • revendications

**Ex. :** Les riverains ont décidé de mettre en place une action collective pour s'opposer au projet d'extension de l'autoroute.

a. Les pouvoirs publics ont décidé d'organiser une _____ afin de connaître l'opinion des citoyens.

b. Les manifestations défendent le _____ car ils veulent obliger le gouvernement à entendre les revendications des citoyens.

c. La mobilisation de nombreux syndicats a permis de _____ du mouvement de contestation.

d. Plutôt qu'une manifestation, les organisations ont décidé d'organiser une _____ car ils veulent sensibiliser le public au rôle des pompiers.

e. Les habitants de ce village ont décidé de constituer un _____ pour s'opposer à la construction de nouveaux immeubles dans la commune.

f. Les étudiants sont déterminés à faire entendre leurs _____ auprès de l'université mais aussi du ministère de l'Éducation nationale.

### La justice (2)

**4 🎧 32 Écoutez les définitions et indiquez l'expression correspondante.**

- ☐ a. l'action collective en justice
- ☒ 1 b. l'abrogation d'une loi
- ☐ c. le dépôt de plainte
- ☐ d. les pratiques illégales
- ☐ e. porter atteinte
- ☐ f. des mesures drastique

# Unité 5 — Leçon 18 : Défendre un engagement

## Les expressions

**5** Associez les expressions à leur définition.

a. un coup de projecteur
b. une revendication phare
c. être à la tête
d. grossir ses rangs
e. se prendre en main
f. par ricochet

1. Indirectement.
2. Réclamation principale.
3. S'assumer, se responsabiliser.
4. Fait de rendre visible.
5. Augmenter le nombre.
6. Diriger, être en charge.

(a → 4)

## GRAMMAIRE

### La forme passive

**6** Écrivez les phrases à la forme passive. Faites les transformations nécessaires.

**Ex. :** La mairie a contacté les forces de l'ordre.
→ Les forces de l'ordre ont été contactées par la mairie.

a. Le collectif mettra en place un barrage dans la journée.
→ ................................................................

b. On annonce de nouvelles mesures concernant le projet de loi.
→ ................................................................

c. La tempête a touché de nombreux bâtiments et on compte plusieurs blessés.
→ ................................................................

d. Le juge devrait prendre une décision dans les heures à venir.
→ ................................................................

e. Le maire avait proposé un accord mais les riverains l'ont refusé.
→ ................................................................

f. Un juge va contrôler les lois proposées par le peuple.
→ ................................................................

g. Tous les manifestants connaissent précisément leurs droits.
→ ................................................................

h. Le Premier ministre prononcera une allocution en début d'après-midi.
→ ................................................................

### Les verbes pronominaux de sens passif

**7** 🎧 33 Écoutez. Cochez les phrases à la forme passive.

| | Ex. | a. | b. | c. | d. | e. | f. | g. |
|---|---|---|---|---|---|---|---|---|
| Forme passive | ✓ | | | | | | | |

**8** Reformulez les phrases avec le verbe entre parenthèses.

**Ex. :** On a rappelé à l'ordre le porte-parole du mouvement. (se faire)
→ Le porte-parole du mouvement s'est fait rappeler à l'ordre.

a. On a répandu l'annonce de la mobilisation sur les réseaux sociaux. (se répandre)
→

b. Des membres du collectif ont été embarqués par les forces de l'ordre. (se faire)
→

c. Les policiers auraient été débordés par le nombre de manifestants. (se laisser)
→

d. On a terminé la manifestation place de la République. (se terminer)
→

e. Le candidat a été élu dès le premier tour. (se faire)
→

f. On lit de nombreux commentaires sur le site de la municipalité. (se lire)
→

g. Le gouvernement a été surpris par l'ampleur de la mobilisation. (se laisser)
→

## COMMUNIQUER

**9** Vous décidez de participer à un concours proposé par un site d'information en ligne. Vous choisissez un des titres et vous écrivez un article sur une action citoyenne.

À la Une | Documents | **Concours** | Forum | Archives

**Concours** — **Journalistes en herbe**

Écrivez un article sur une action citoyenne et soumettez-le à la rédaction !

**Au choix :**
- Lutte pour le maintien d'une gare de campagne
- Des électeurs occupent un bureau de vote
- Opération pour sauver des poules de l'abattoir

Les articles sélectionnés seront publiés dans l'édition du 1er janvier !

Envoyez votre article

**10** Vous présentez un mouvement de contestation en France ou dans votre pays. Vous expliquez les revendications des contestataires et vous racontez les étapes de la lutte. Enregistrez-vous.

# UNITÉ 5 — Leçon 19 : S'interroger sur le droit de vote

## COMPRENDRE

**1** 🎧 34 **Écoutez la chronique et répondez aux questions.**

**Ex. :** Quel est l'objectif de la chronique ?
→ Cette chronique a pour objectif d'interroger sur l'intérêt du vote blanc.

a. Quel événement justifie cette chronique ?
→

b. Pourquoi le chroniqueur évoque-t-il le score des petits candidats ?
→

c. À quoi le chroniqueur compare-t-il le nombre de votes blancs ou nuls ?
→

d. Qu'est-ce qu'un vote blanc ?
→

e. À quoi ressemblent les votes nuls ? Citez trois catégories et un exemple pour chacune d'elles.
→

f. D'après le chroniqueur, que disent ces bulletins nuls ?
→

g. Que conseille le chroniqueur au Président de la République ?
→

## VOCABULAIRE

### ◀ Les élections, les expressions

**2** Lisez les phrases. Soulignez le mot ou l'expression qui convient.

**Ex. :** Ce <u>mode de scrutin</u> • taux d'abstention prévoit deux tours si aucun candidat n'obtient la majorité absolue.

a. Le **suffrage** • **candidat** a mené une campagne remarquée.
b. Les élections européennes se sont conclues par un **taux d'abstention** • **mode de scrutin** record.
c. Face à la montée des extrémismes, il a décidé d'opter pour un **profil de mérite** • **vote utile**.
d. Le jugement **majoritaire** • **électoral** repose sur la prise en compte des électeurs indécis.
e. Le vote consiste à glisser **un bulletin** • **une urne** dans **un bulletin** • **une urne**.
f. De nombreux **électeurs** • **candidats** ont refusé de se rendre dans les bureaux de vote.
g. Les **mentions majoritaires** • **modes de scrutin** varient selon le type d'élection.
h. Le **profil de mérite** • **vote par correspondance** permettrait de faire la synthèse des mentions obtenues par chaque candidat.
i. Certains électeurs reprochent aux candidats d'utiliser **la langue de bois** • **le profil de mérite**.

## LEÇON 19

### L'opinion politique

**3** Écrivez sous chaque candidat l'expression correspondant au suffrage obtenu :

opinion nuancée • rejet • adhésion totale

0,7 %
Rémi Duhamel
a. ................

96,8 %
Maïté Meschenmoser
b. ................

27,1 %
Roselyne Simpson
c. ................

## GRAMMAIRE

### La comparaison

**4** Lisez les phrases. Entourez la structure comparative qui convient.

**Ex. :** En Suisse, le vote est associé à un droit **ainsi qu'** • **comme si** à un devoir.

a. Les élections de ces dernières années ont démontré que les Français se mobilisaient **de plus en plus** • **de pire en pire** au dernier tour.

b. Les jeunes affichent **moins** • **moins de** convictions dans leurs devoirs de citoyens.

c. **Autant** • **Plus** mes grands-parents ne manquaient jamais d'aller dans leur bureau de vote, **autant** • **moins** je dois pousser mes enfants.

d. Certains citoyens se comportent **comme si** • **ainsi que** les élections n'avaient pas d'incidences sur la vie politique.

e. Il semble que le gouvernement soit **de plus en plus** • **de mieux en mieux** apprécié par les citoyens.

f. On pourrait mettre en place le jugement majoritaire **comme si** • **plutôt qu'** imposer le vote comme un devoir.

g. Ce candidat est satisfait de son score car il est bien **mieux** • **meilleur** qu'au suffrage précédent.

h. Il faudrait réformer le système de vote **de même qu'** • **comme si** on devrait envisager de nouvelles actions pour mobiliser les jeunes.

**5** Complétez les phrases avec les structures comparatives suivantes :

~~autant… autant…~~ • de même que • de pire en pire • moins… moins… • plutôt que • comme si • plus… moins…

**Ex. :** *Autant* je trouve que c'est une bonne chose d'avoir beaucoup de candidats *autant* j'aimerais que leurs programmes soient plus variés.

a. Les jeunes s'engagent dans des associations ................ d'aller voter.

b. L'abstention atteint des chiffres records. C'est ................ . Il est temps qu'on envisage un autre mode de scrutin !

c. Il est important qu'on prenne en considération tous les suffrages exprimés, ................ les votes nuls ou blancs.

d. ................ les élections avancent, ................ j'ai envie de regarder les débats. Tous les candidats pratiquent la langue de bois !

e. On nous propose un nouveau mode de scrutin ................ ce n'était déjà pas assez compliqué.

f. ................ les électeurs se déplaceront dans les bureaux de vote, ................ les résultats seront fiables.

# Leçon 19 S'interroger sur le droit de vote

## ( Le superlatif

**6** Observez le résultat des statistiques. Écrivez les phrases à l'aide des éléments proposés et en utilisant un superlatif. Faites les transformations nécessaires.

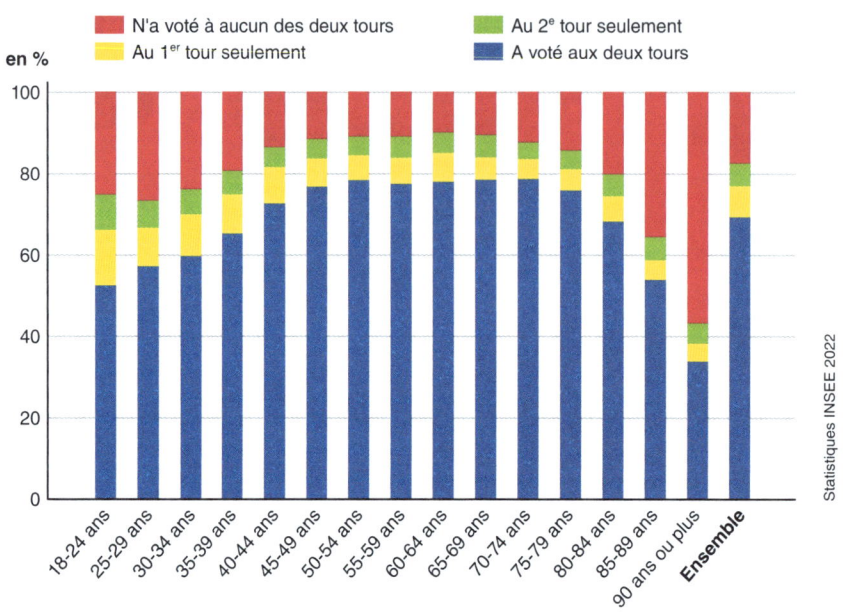

**Ex. :** voter • – → D'après ces statistiques, c'est la catégorie des 90 ans ou plus qui a le moins voté.

a. voter aux deux tours • + → ........................................................

b. se déplacer pour voter • 1er tour • + → ........................................................

c. votants • – → ........................................................

d. taux de participation • bon • + → ........................................................

e. proportion de votants au 1er tour seulement • élevé • + → ........................................................

## ( Les formes impersonnelles

**7** Exprimez votre opinion avec les structures suivantes. Plusieurs réponses sont possibles.

il est insensé • il est anormal • il est difficile • il est évident • il est inadmissible • il n'est pas certain • il est discutable • il est normal

**Ex. :** Les citoyens ne vont pas toujours voter.
→ Il est insensé que les citoyens n'aillent pas toujours voter.

a. Un nouveau mode de scrutin sera mis en place dans quelques mois.
→ ........................................................

b. Nous avons le choix entre plusieurs candidats.
→ ........................................................

c. Les résultats ne font pas apparaître le vote blanc et nul aujourd'hui.
→ ........................................................

d. Les citoyens aimeraient se prononcer plus régulièrement sur des questions de société.
→ ........................................................

e. Les candidats devraient être plus proches de leurs électeurs.
→ ........................................................

LEÇON **19**

## COMMUNIQUER

**8** Vous lisez un post sur la réforme du système de vote. Vous y répondez dans le forum. Vous exprimez votre opinion sur ce sujet.

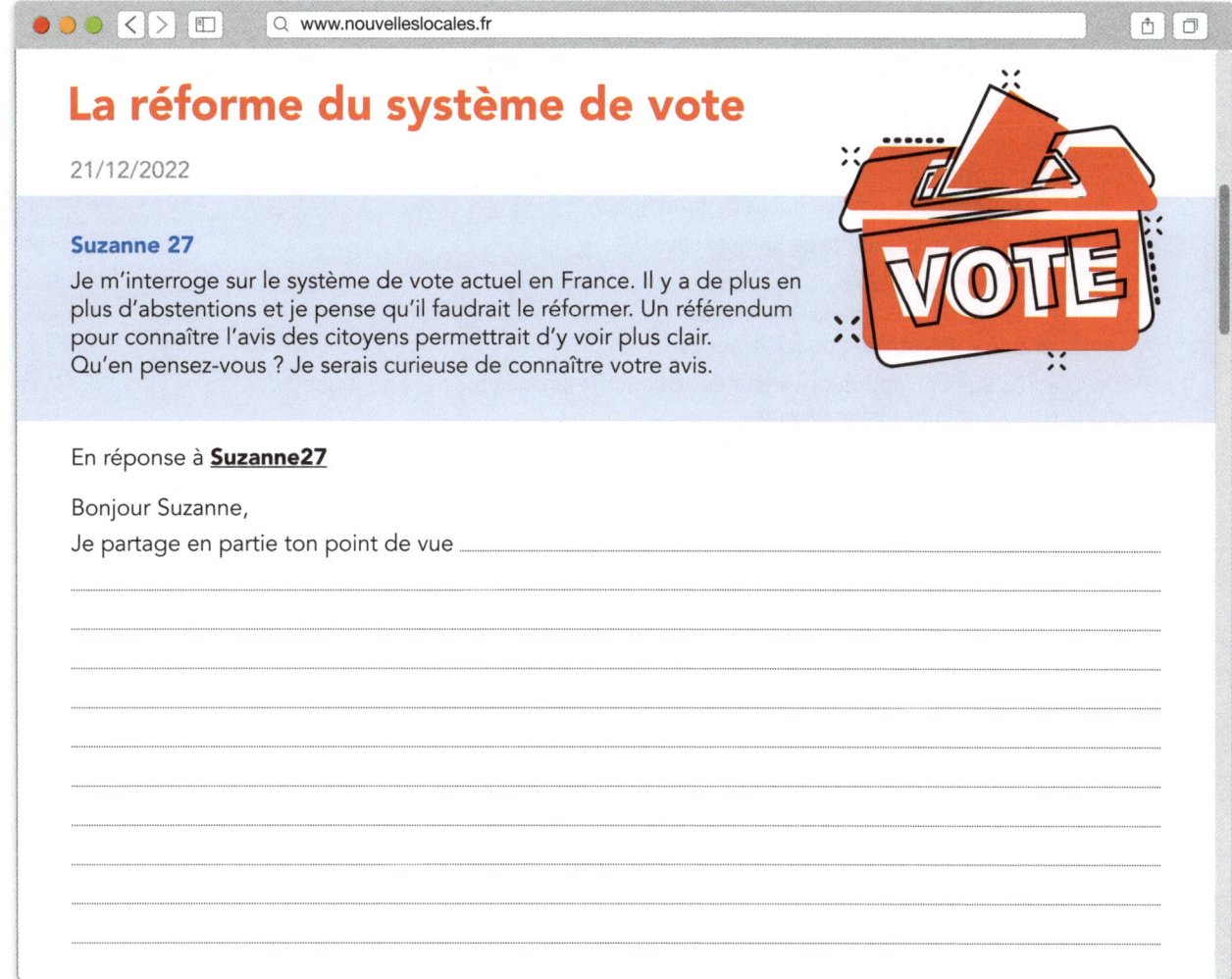

**9** Vous souhaitez sensibiliser les plus jeunes à l'intérêt d'aller voter. Vous enregistrez un message pour leur décrire l'intérêt du vote et les inciter à se rendre dans les urnes.

## PHONÉTIQUE

### Les enchaînements

**10** 🎧 35 Écoutez. Entendez-vous un enchaînement vocalique ou consonantique ? Cochez la réponse correcte.

|  | Ex. | a. | b. | c. | d. | e. | f. | g. | h. |
|---|---|---|---|---|---|---|---|---|---|
| Enchaînement vocalique | ✓ | | | | | | | | |
| Enchaînement consonantique | | | | | | | | | |

soixante et onze 71

# BILAN

## Compréhension orale  10 points

**1** 🎧 36 Écoutez l'entrevue à la radio et cochez la réponse correcte.

a. Quel est le thème de l'entrevue ?  *1 point*
  ☐ L'engagement en politique.
  ☐ L'apprentissage de la citoyenneté.
  ☐ Le fonctionnement des conseils municipaux.

b. Quelle est la particularité de Samuel Lecerf ?  *2 points*
  ☐ Il est membre d'un parti politique.
  ☐ Il fait partie d'un conseil municipal.
  ☐ Il anime des ateliers pour les jeunes.

c. D'après Samuel, pourquoi les jeunes se sentent-ils éloignés de la politique ?  *2 points*
  ☐ Car ils ont une vision négative.
  ☐ Car ils manquent d'informations.
  ☐ Car ils ne se sentent pas concernés.

d. Comment Valérie Cortes voit-elle les jeunes ?  *2 points*
  ☐ Ils sont très individualistes.
  ☐ Ils ne font pas confiance aux autres jeunes.
  ☐ Ils ne veulent pas se confronter aux adultes.

e. Quel est le lieu idéal pour toucher les jeunes selon les invités ?  *1 point*
  ☐ Les réseaux sociaux.
  ☐ Les plateformes d'échanges.
  ☐ Leurs établissements scolaires.

f. Qu'est-ce qui est important pour impliquer les jeunes selon Samuel Lecerf ?  *1 point*
  ☐ De les réunir dans des collectifs.
  ☐ De leur proposer des actions concrètes.
  ☐ De leur faire prendre conscience de leur rôle.

g. Qu'est-ce qui influence la vision de la politique chez les jeunes ?  *1 point*
  ☐ Leur entourage direct.
  ☐ Les jeunes du même âge.
  ☐ Les échecs de certaines politiques.

## Production orale  10 points

**2** Certaines communes proposent à des jeunes de faire partie du conseil municipal dès l'âge de 10 ans. Que pensez-vous de cette initiative ? Estimez-vous qu'elle influence positivement l'apprentissage de la citoyenneté ? Enregistrez-vous.

## Production écrite  10 points

**3** Vous venez d'apprendre que le maire de votre ville souhaite réaménager le centre-ville. Il propose un premier projet de mise en place de pistes cyclables et un second de piétonisation du secteur. Vous écrivez une lettre pour donner votre avis sur ces deux projets et pour poser des questions sur une éventuelle concertation des habitants.

# Compréhension écrite  10 points

**4** Lisez la lettre et cochez *Vrai* ou *Faux*. Justifiez votre réponse avec une phrase de la lettre.

---

### Lettre ouverte à Monsieur le Maire

Mirmeille, le 22 octobre 2022

**Objet : Préserver le parc de la Fusée (projet de parking)**

Monsieur le Maire,

Nous avons été informés de votre projet d'aménagement d'un parking sur l'actuelle aire de jeu du square Allende dénommée usuellement « le parc de la Fusée ». Nous souhaitons que vous révisiez votre décision, et, pour ce faire, nous avons créé un collectif s'opposant à la transformation de ce lieu.

Vous avez affirmé que tous les riverains avaient approuvé ce projet de transformation or, aucune consultation publique n'a été proposée à ce jour. Des arguments rejetant cette construction vous ont d'ailleurs été présentés lors du dernier conseil municipal.

Nous tenons à contester les détails de votre projet qui, selon vous, ne devrait pas affecter la fréquentation du parc pour enfants. Il est évident que, outre l'aire de jeu prévue pour les enfants, plusieurs parties sont consacrées à des activités sportives comprenant à la fois un terrain de pétanque et deux tables de tennis de table. Permettez-nous donc de vous signaler que si le parking n'empiétera pas sur l'aire de jeux pour enfants à proprement parler, cela conduira à une redéfinition des espaces. Par conséquent, les deux dernières parties du parc seront supprimées comme en témoignent les plans que nous avons pu consulter. Par ailleurs, vous affirmez que ce parking serait justifié par le « besoin de contenir le flux des véhicules de riverains et des touristes ». Ce n'est pas prendre en compte les places de stationnement présentes aux abords du parc. À travers la construction de ce parking, vous encouragez l'utilisation de la voiture (plus de pollution, plus de bruit…) qui représentera un réel danger pour les enfants qui fréquentent le parc. Nous souhaitons, à travers la création de ce collectif, attirer votre attention sur les enjeux environnementaux de notre ville. Aussi, nous vous prions de bien vouloir engager un dialogue constructif avec les habitants de la ville préoccupés par la préservation d'un cadre de vie agréable.

Veuillez recevoir, Monsieur le Maire, l'expression de nos respectueuses salutations.

Arnaud Mauser, au nom du collectif *Notre ville, nos enfants, notre santé*.

---

a. La lettre s'oppose à la construction d'un parking. ☐ Vrai ☐ Faux
Justification : _____ 1 point

b. Le projet a été approuvé en conseil municipal. ☐ Vrai ☐ Faux
Justification : _____ 1 point

c. Le réaménagement du lieu toucherait plusieurs installations. ☐ Vrai ☐ Faux
Justification : _____ 1 point

d. Le collectif a eu accès à des documents officiels. ☐ Vrai ☐ Faux
Justification : _____ 1 point

e. La municipalité plaide pour une amélioration de la circulation. ☐ Vrai ☐ Faux
Justification : _____ 2 points

f. Le collectif estime que cet argument est recevable. ☐ Vrai ☐ Faux
Justification : _____ 2 points

g. Pour les membres du collectif, les problèmes qui se posent sont essentiellement environnementaux. ☐ Vrai ☐ Faux
Justification : _____ 2 points

# Leçon 21 — Améliorer un espace de vie

## COMPRENDRE

**1** Lisez l'article et répondez aux questions.

*Santé et technologie*

### Les robots qui aident les personnes âgées peuvent-ils remplacer l'humain ?

Ils s'appellent Nao, Paro ou Cutii. Ces robots humanoïdes, déjà présents dans certains établissements de soins, pourraient-ils devenir les aidants à domicile de demain ? Un responsable associatif et une scientifique donnent leur avis.

**« Allons-nous nous en servir pour nous donner bonne conscience ? »**
Yann Lasnier, Délégué général de l'association *Les Petits Frères des pauvres*

Il faut rester extrêmement prudent quant à l'utilisation de ces appareils connectés. Nous considérons que le maintien en vie n'est pas le maintien dans la vie. Certes, un robot est capable d'assister votre parent âgé et de lui rappeler qu'il doit boire ou prendre ses médicaments. Mais rien ne remplacera la visite d'un soignant, d'une aide à domicile ou d'un proche, venu le vérifier. Nous connaissons l'importance cruciale du contact humain, le face à face, les gestes, les regards. Par ailleurs, qu'allons-nous faire de ces outils ? Parce que justement ils sont utiles, allons-nous nous en servir pour nous donner bonne conscience ? Il est vrai que, grâce à un appareil connecté, nous pourrons veiller de loin sur notre parent âgé. Ainsi rassurés, n'allons-nous pas, faute de temps, en profiter pour remettre à plus tard notre visite ? Ce n'est pas du robot dont il faut se méfier mais de l'utilisation que nous allons en faire. C'est à la société dans son ensemble de s'interroger sur la meilleure façon de prendre en charge nos aînés : quelle place voulons-nous pour eux ? Et quel rôle accorder à ces nouvelles technologies dans leur vie ?

**« Les robots complètent la prise en charge. »**
Maribel Pino, docteur en psychologie et ergonomie cognitive, directrice du Broca Living Lab

Pour nous, la question éthique est centrale. Voilà pourquoi nous mesurons depuis plus de dix ans l'intérêt de la robotique sur un plan pratique, en conditions réelles au domicile ou à l'hôpital, mais aussi son acceptabilité et son adaptabilité. Nous l'étudions comme n'importe quelle autre intervention psychosociale : quel est le but de cet outil ? Qu'apporte-t-il aux patients ? Les robots ne remplacent pas la présence humaine, celle des soignants ou des proches : ils visent à compléter leur surveillance. Certains permettent de contacter plus facilement les parents et les proches, plus des visites. D'autres sont programmés dans le but de stimuler la personne âgée en lui proposant une activité (jeu de mémoire, exercice physique). Ils sont donc un moyen supplémentaire de veiller au bien-être du patient. Ils favorisent aussi, les interactions. Les personnes expriment leurs émotions, s'adressent à lui comme à un animal de compagnie. Cependant, ça s'arrête là. Il y a du discernement chez nos patients, comme dirait l'un d'eux : « Oui… Enfin bon, on ne peut pas discuter ! » Finalement, ces robots ressemblent surtout à des smartphones adaptés aux personnes âgées. Pourquoi les en priver ?

D'après *LEFIGARO.fr*, Aurore Aimelet, « Les robots qui aident les personnes âgées peuvent-ils remplacer l'humain ? », 25 octobre 2022.

**Ex. :** Que propose l'article ?
→ Deux avis de spécialistes sur la question des robots comme solution pour les soins à domicile des personnes âgés.

a. Quelle est la question centrale posée dans cet article ?
→ ...........................................................................

b. D'après Yann Lasnier, à quoi peut servir un robot ?
→ ...........................................................................

c. Quelles sont les limites de l'utilisation d'un robot pour Yann Lasnier ?
→ ...........................................................................

d. Finalement que craint Yann Lasnier ?
→ ...........................................................................

e. Comment Maribel Pino voit-elle l'utilisation du robot ?
→ ...........................................................................

f. D'après Maribel Pino, quelle est la différence principale entre le robot et l'humain ?
→ ...........................................................................

# LEÇON 21

## VOCABULAIRE

### La technologie

**2** Lisez les phrases. Soulignez le mot ou l'expression qui convient.

Ex. : <u>Une interaction</u> • Une boucle • Un système de commande est une relation qui se développe entre deux objets.

a. **Une fonctionnalité** • **Une boucle** • **L'électronique** est un programme informatique qui se répète et permet à un robot d'agir.

b. **Une machine** • **Un moteur** • **Un capteur** détecte des informations de l'environnement physique et les transmet.

c. **Un système de commande** • **Un écran tactile** • **Une machine** réagit au contact des doigts.

d. Un robot **humanoïde** • **compagnon** • **rudimentaire** a moins de fonctionnalités qu'un robot perfectionné.

e. **Une fonctionnalité** • **Une machine** • **La robotique** répond à une fonction déterminée d'un système électronique ou informatique.

f. **Une boucle** • **Une interface** • **Un moteur** permet l'échange d'information entre deux systèmes informatiques.

g. **Un capteur** • **La technique** • **Une machine** est un objet qui réalise des tâches en autonomie.

h. **La robotique** • **Une interaction** • **Une interface** est l'étude, la conception et la réalisation des robots.

### Le corps (3)

**3** Légendez la photo.

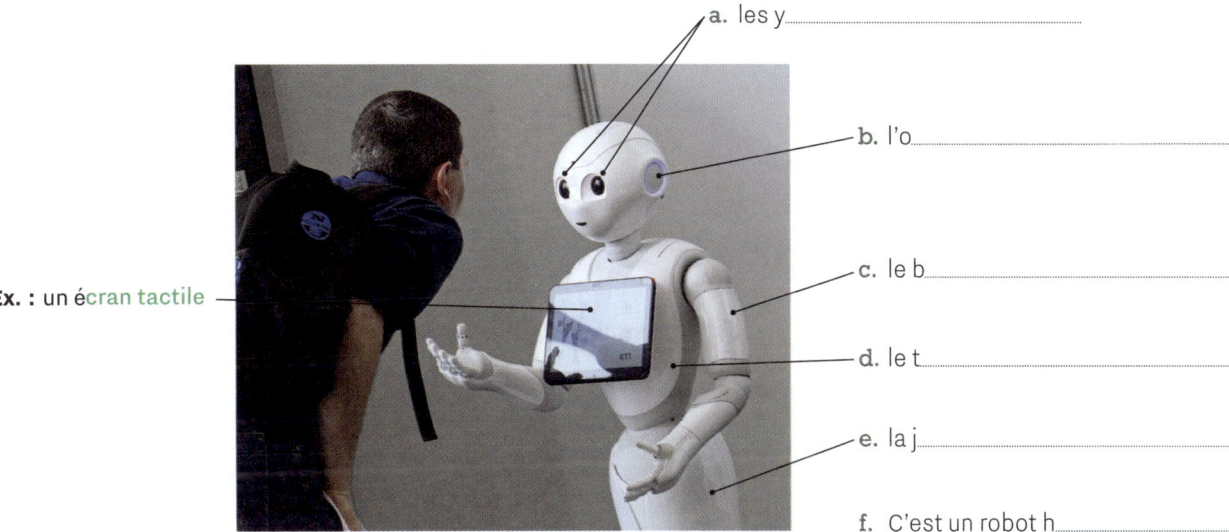

a. les y_____
b. l'o_____
c. le b_____
d. le t_____
e. la j_____
f. C'est un robot h_____

Ex. : un écran tactile

### La psychologie (1), l'aide à la personne, l'âge (1)

**4** Complétez l'article avec les mots et les expressions suivants :

<s>seniors</s> • vieillissement • un appui • aidants • compagnon • signaler • cognitivement • le maintien • âgées • assister • le troisième âge • soulager • surveillance • veillant • fonctionnalités

C'est important de trouver des solutions pour aider les seniors dans leur vie quotidienne. Les robots peuvent constituer _____ pour les proches en _____ sur elles. La technologie permet aujourd'hui de _____ la tâche des _____. En effet, les robots disposent de _____ leur permettant d'_____ les personnes âgées et de _____ des problèmes. Ils deviendront nécessaires dans le futur à cause du _____ de la population, et ils auront la vertu de prolonger _____ à domicile des personnes _____. En plus des tâches ménagères et de _____, le robot _____ pourra proposer des activités dans le but de stimuler _____ les personnes. C'est sans doute une solution d'avenir pour _____.

# Leçon 21 — Améliorer un espace de vie

## GRAMMAIRE

### Les constructions verbales

**5** Complétez les phrases avec *de* ou *à*. Faites les transformations nécessaires.

Ex. : Les scientifiques vont continuer à développer les fonctionnalités des robots.

a. Les robots aident les personnes âgées _____ rester indépendantes plus longtemps.
b. Le service hospitalier a proposé _____ soulager les soignants grâce à la robotique.
c. Le robot humanoïde permet _____ remplacer un humain pour les tâches simples.
d. Les seniors apprécient _____ avoir de la compagnie pour parler.
e. Les chercheurs en psychologie encouragent les personnes âgées _____ garder une activité intellectuelle.
f. Le robot compagnon a appris _____ assister les seniors dans leur vie quotidienne.
g. Les psychologues recommandent _____ maintenir les personnes âgées à leur domicile.
h. La recherche contribue _____ développer la qualité des interfaces des humanoïdes.

**6** Mettez les mots dans l'ordre pour faire une phrase.

Ex. : ne peut pas • Un soignant • sur • une personne âgée • veiller • nuit et jour.
→ Un soignant ne peut pas veiller sur une personne âgée nuit et jour.

a. développement • La science • s'intéresse • au • des robots compagnons. • des fonctionnalités
→ _____

b. aux • La recherche • besoins • s'adapte • liés • vieillissement de la population. • au
→ _____

c. un être • comme • humain. • Ce robot • se comporte
→ _____

d. ont cherché • les compétences d'interaction. • Les scientifiques • développer • à
→ _____

e. sur • les personnes âgées • Grâce aux robots, • à domicile. • peuvent compter • une présence permanente
→ _____

f. le développement • à • sur • une conférence passionnante • de la robotique. • J'ai participé
→ _____

g. la technologie • Ce spécialiste • les personnes âgées dans le futur. • en • pour • croit • assister
→ _____

### Le but

**7** 🎧 37 Écoutez et cochez l'objectif de la phrase.

|  | Ex. | a. | b. | c. | d. | e. | f. | g. | h. |
|---|---|---|---|---|---|---|---|---|---|
| Exprimer une intention ou un objectif | ✓ | | | | | | | | |
| Dire ce qu'on ne souhaite pas | | | | | | | | | |
| Préciser la manière d'atteindre un objectif | | | | | | | | | |

## LEÇON 21

**8 Lisez les phrases. Entourez l'expression qui convient.**

**Ex. :** Les recherches scientifiques **visent à** · de façon que · dans le but de développer des fonctionnalités très performantes chez les robots compagnons.

a. Les activités cognitives sont indispensables **en vue de** · de peur de · de sorte que stimuler les personnes âgées.

b. L'interface est très simple dans l'espoir de · **de manière à ce que** · de façon à les gens puissent l'utiliser sans difficulté.

c. Ce robot humanoïde assure les tâches ménagères de peur de · **pour que** · dans l'espoir de les accidents au domicile diminuent.

d. Il faut se préoccuper de la charge de travail des aides à domicile afin de · de crainte que · **de sorte que** le métier ne soit plus attractif.

e. La robotique a **pour but de** · de peur de · dans l'espoir de développer des systèmes de commande simples à utiliser.

f. La technique des capteurs s'améliore de peur que · **de sorte que** · de façon à les interfaces soient de plus en plus sophistiquées.

g. Les personnes âgées sont en demande d'aide à domicile en vue de · de manière à · **de peur de** devoir perdre leur indépendance.

## COMMUNIQUER

**9 Vous commentez ces images sur votre blog.**

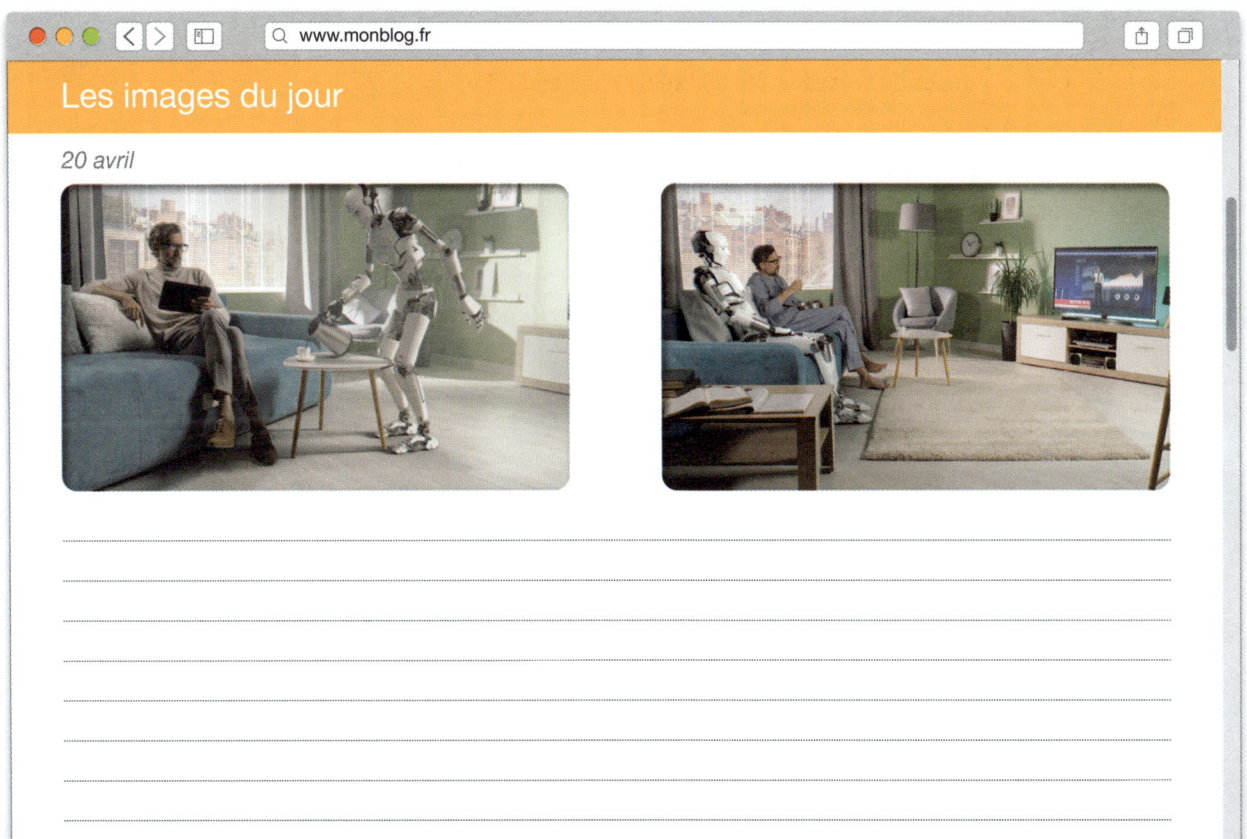

**10 Êtes-vous d'accord avec cette affirmation ? Pourquoi ? Enregistrez-vous.**

> D'après certains spécialistes, les robots les moins anthropomorphes seraient plus faciles à accepter : on sait qu'il ne s'agit pas d'humain, ils n'en ont ni l'apparence, ni les fonctionnalités.

# UNITÉ 6 — Leçon 22 : Prendre position sur les rencontres virtuelles

## COMPRENDRE

**1** 🎧 38 **Écoutez la chronique radio et répondez aux questions.**

**Ex. :** Quel est le débat proposé par la chronique radio ?
→ La chronique propose de s'interroger sur la valeur de l'amitié sur les réseaux sociaux et la façon de s'y faire des amis.

a. Quel est le premier argument formulé contre les amitiés sur les réseaux sociaux ?
→ ............................................................

b. Selon la chroniqueuse, pourquoi la notion d'amitié semble-t-elle faussée sur les réseaux sociaux ?
→ ............................................................

c. Selon Antonio Casilli, quelles sont les conséquences si on accepte un ami en ligne ?
→ ............................................................

d. D'après Anne Dalsuet, quel est l'effet négatif des réseaux sociaux sur nos comportements ?
→ ............................................................

e. Quels sont les avantages des réseaux sociaux selon Will Reader ?
→ ............................................................

f. Quelle valeur accorde la chroniqueuse aux rencontres nées sur les réseaux sociaux ?
→ ............................................................

g. Quelles conditions sont évoquées finalement pour qu'une relation de confiance puisse naître sur les réseaux sociaux ?
→ ............................................................

## VOCABULAIRE

### Les relations sociales et amoureuses (2)

**2 Associez les mots et les expressions à leur définition.**

a. un(e) conjoint(e) • • 1. Faire exister ou vivre ensemble.
b. fédérer • • 2. Une relation solide comme avec un frère ou une sœur.
c. une connaissance • • 3. Chose ou personne exceptionnelle, difficile à trouver.
d. un écueil • • 4. Quelqu'un qu'on connaît mais qui n'est pas proche.
e. un lien fraternel • • 5. Retrouver une relation agréable avec quelqu'un après une dispute.
f. se réconcilier • • 6. Un réseau de relations.
g. la perle rare • • 7. Rassembler autour d'un projet commun.
h. un maillage • → • 8. Le mari ou la femme de quelqu'un qui est marié.
i. unir • • 9. Un obstacle ou une difficulté.

LEÇON 22

# Les expressions

**3** 🎧 39 **Écoutez et cochez l'expression de même sens.**

Ex. : ☐ être déçu par quelqu'un
☑ avoir un coup de foudre
☐ oublier des événements

a. ☐ prendre une chaise pour s'asseoir dessus
☐ devenir ami avec quelqu'un
☐ créer une relation stable avec quelqu'un

b. ☐ inviter des gens à une fête
☐ mettre à l'aise des gens inconnus
☐ casser une fenêtre pour entrer dans une maison

c. ☐ continuer une relation avec quelqu'un
☐ donner ses coordonnées à quelqu'un
☐ avoir des amis en commun

d. ☐ chercher à rencontrer des gens
☐ se marier
☐ se faire un(e) ami(e)

# Les relations sociales et amoureuses (2), les qualités et les défauts (3), les expressions

**4** **Complétez le témoignage de Garance avec les mots et les expressions suivants :**

un cercle d'amis • égocentrisme • les réseaux • altruiste • pesante • asseoir sa confiance • durables • gardé le contact • restée en contact • nouer des relations

> Quand j'étais étudiante, j'avais **un cercle d'amis** très proches. Après, quand j'ai commencé à travailler dans une autre région, je suis _____ avec eux, mais on se voyait moins. Un jour, je me suis inscrite sur un site pour _____ et me faire des amis autour de chez moi. J'ai rencontré une fille qui avait l'air sympa, mais elle parlait surtout d'elle, elle était peu _____. On m'avait dit que sur _____, il y avait beaucoup d'_____, et bien, c'est vrai ! Du coup, cette relation est devenue _____, et je n'ai pas _____. Je pense que les rencontres en ligne ne sont pas la meilleure façon d'_____ et de créer des amitiés _____.

## GRAMMAIRE

# Les pronoms relatifs composés

**5** **Associez pour faire une phrase.**

a. Il est devenu adepte des relations en ligne
b. Lucas est un ami très cher,
c. C'est une spécialiste des rencontres virtuelles
d. J'ai écouté des podcasts,
e. Les réseaux sociaux sont des outils utiles,
f. Ce sont des connaissances
g. Il m'a recommandé ce site de rencontres
h. L'altruisme est une valeur

• 1. grâce auxquels on peut garder facilement le contact avec ses amis.
• 2. à laquelle je tiens beaucoup.
• 3. avec qui j'aime beaucoup discuter.
• 4. sans lesquelles il se sent très seul.
• 5. pour lesquelles je ne compte pas.
• 6. au sujet desquelles elle s'est intéressée lors de ses études.
• 7. à partir duquel il a noué des relations durables.
• 8. dans lesquels des internautes racontent leurs expériences.

# Prendre position sur les rencontres virtuelles

**6** Complétez les phrases avec les pronoms relatifs composés suivants :

dans lesquelles • sur lesquels • grâce à qui • auquel • à cause duquel • à quoi • contre lequel • à laquelle

**Ex. :** On a étudié les communautés en ligne *dans lesquelles* on retrouve des personnes ayant les mêmes opinions.

a. Il faudrait faire un sondage _____ répondraient des gens ayant l'expérience des rencontres en ligne.

b. L'enquête _____ je participe concerne les relations virtuelles.

c. Il a rencontré une nouvelle amoureuse _____ il a retrouvé la joie de vivre.

d. La volonté de ne montrer que ses qualités est un écueil _____ il est difficile de se faire de vrais amis.

e. L'amitié durable est ce _____ je tiens le plus.

f. Les réseaux sociaux peuvent créer un sentiment de solitude _____ il faut lutter.

g. Je me suis constitué un cercle d'amis _____ je peux compter.

**7** 🎧 40 Écoutez les phrases. Entendez-vous un pronom relatif composé ? Cochez la phrase et écrivez le pronom relatif composé entendu.

|  | Ex. | a. | b. | c. | d. | e. | f. | g. | h. |
|---|---|---|---|---|---|---|---|---|---|
| Présence d'un pronom relatif composé | ✓ | | | | | | | | |
| Pronom relatif composé entendu | auquel | | | | | | | | |

**8** Faites une seule phrase avec un pronom relatif composé.

**Ex. :** Voici mon avatar en ligne. J'ai donné à mon avatar un faux nom.
→ Voici mon avatar en ligne auquel j'ai donné un faux nom.

a. Les relations en ligne se développent de plus en plus. À cause de ces relations, je n'ai pas toujours été heureux.
→ _____

b. C'est un spécialiste qui a étudié les réseaux sociaux. Il a beaucoup écrit sur les réseaux sociaux.
→ _____

c. La dimension sociale nous attire sur les réseaux. Nous sommes tous attachés à cette dimension sociale.
→ _____

d. J'ai rencontré en ligne une amie. J'ai fait beaucoup de confidences à cette amie.
→ _____

e. Faire partie d'une communauté en ligne peut devenir une addiction. Il est très difficile de résister à cette addiction.
→ _____

f. Les amis très chers sont peu nombreux. Je pense à ces amis très chers.
→ _____

g. La solitude est une souffrance. Les promesses des sites de rencontres prospèrent sur cette souffrance.
→ _____

h. L'ethnocentrisme des communautés virtuelles est un sujet. Adama qui a des origines multiculturelles s'est beaucoup intéressé à ce sujet
→ _____

## LEÇON 22

**9** Complétez les phrases avec le pronom relatif simple ou composé qui convient.

**Ex. :** C'est un cercle d'amis de l'université auquel je tiens beaucoup.

a. Il va rencontrer la jeune fille _____ il a noué une relation en ligne.
b. Tu te demandes qui est la perle rare _____ tu tomberas amoureux ?
c. Elle a brisé la glace dès le moment _____ nous nous sommes rencontrés.
d. Vous vous êtes réconcilié avec les amis _____ vous avez connu votre conjointe.
e. Je m'intéresse aux rencontres en ligne _____ j'ai déjà beaucoup écrit.
f. On peut commencer une relation en ligne _____ nous apporte une amitié durable.

## COMMUNIQUER

**10** Vous participez à un forum sur Internet. Répondez à la question.

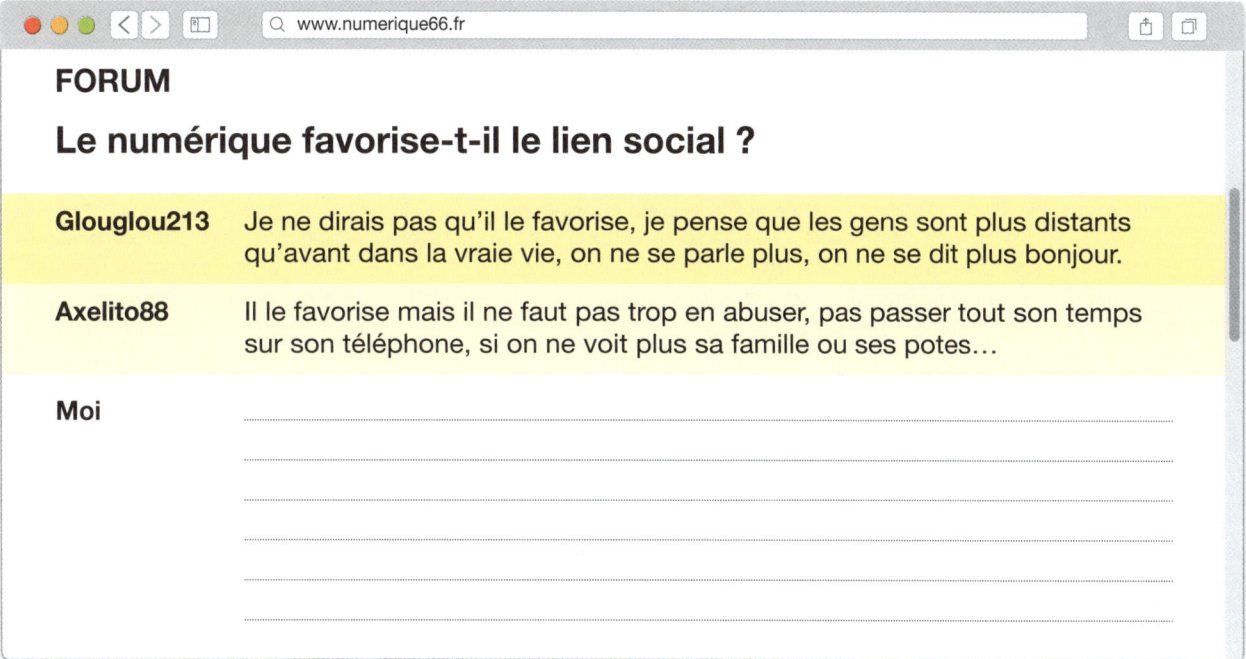

FORUM
**Le numérique favorise-t-il le lien social ?**

**Glouglou213** — Je ne dirais pas qu'il le favorise, je pense que les gens sont plus distants qu'avant dans la vraie vie, on ne se parle plus, on ne se dit plus bonjour.

**Axelito88** — Il le favorise mais il ne faut pas trop en abuser, pas passer tout son temps sur son téléphone, si on ne voit plus sa famille ou ses potes…

**Moi** — _____

**11** Vous commentez cette photo sur les réseaux sociaux. Enregistrez-vous.

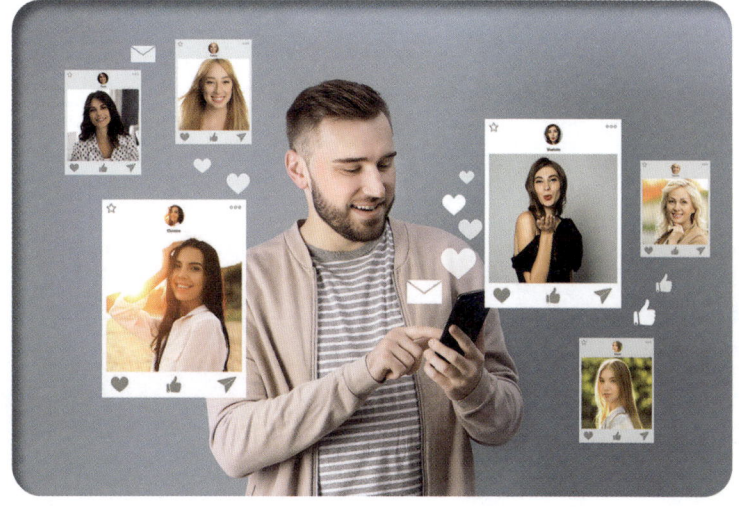

# Imaginer de nouveaux mondes

**Leçon 23**

## COMPRENDRE

**1** Lisez l'article et répondez aux questions.

🔵 www.technopointe.fr

### Tout savoir sur le métavers

Le métavers, qu'est-ce que c'est ? D'où vient ce concept futuriste ? Voici quelques éléments-clés.

**La définition du terme**
Né de la fusion entre le mot « meta* » et « univers », le métavers se définit comme un espace virtuel collectif et partagé. Ce concept vise à créer une réalité virtuelle physique. Il est vu comme le successeur d'Internet par la majorité des acteurs économiques dans le secteur des technologies et associe réalité augmentée et espaces virtuels.

5 **L'origine de ce concept et ses interprétations dans le temps**
Cette technologie va beaucoup plus loin que la réalité virtuelle. Celle-ci existe depuis plusieurs années et se compose de personnages fictifs, animés par l'intelligence artificielle (IA). Le monde virtuel ne constitue pas un univers meta, mais plutôt un univers fictif créé pour le divertissement. Le métavers, lui, rassemble à la fois les jeux vidéo, les réseaux sociaux, l'e-commerce, des mondes immersifs en 3D, mais aussi des places de marché. Il faut le com-
10 parer à l'arrivée d'Internet dans les années 80. À cette époque, il était très difficile d'imaginer ce qu'Internet serait en 2020 et quels usages on en ferait. C'est la même chose pour le métavers. Alors que cette technologie vise à devenir une économie fonctionnelle et un monde collaboratif et connecté, son évolution et son utilisation dans les vingt prochaines années restent encore abstraites. Et à la question de savoir s'il représente un danger pour nous, individus, et notre société, il est encore trop tôt pour le dire.

15 **Quelles sont ses limites ?**
Cette réalité virtuelle offre une expérience plus réaliste dans le monde numérique. Elle permet d'accéder à un contenu riche et à des talents plus variés, réduit les coûts liés aux déplacements et aux transactions et augmente considérablement les données. Cependant, elle ne peut reproduire les interactions sociales et les rencontres fortuites qui se produisent lorsque les gens se réunissent dans des espaces physiques. Bien que le métavers
20 puisse offrir et élargir l'accès à certaines activités comme les événements en direct, l'art numérique et les avatars, il ne remplacera jamais notre désir fondamental d'interaction avec d'autres personnes. Les espaces qu'il propose seront donc utilisés comme compléments à la vie réelle et ils ne pourront pas remplacer la réalité physique humainement nécessaire.

D'après Etudestech.com, « Tout savoir sur le metaverse », 14 avril 2023.

*meta : préfixe grec qui signifie « qui dépasse, qui va plus loin ».

**Ex. :** Quel est l'objectif de l'article ?
→ Cet article présente ce qu'est le métavers, son origine et ses limites.

a. D'après l'article, comment les acteurs économiques perçoivent-ils le métavers ?
→ ................................................................

b. En quoi le concept de métavers est-il différent de la réalité virtuelle ?
→ ................................................................

c. D'après l'article, à quoi va servir le métavers ?
→ ................................................................

d. Pourquoi l'auteur de l'article compare-t-il le métavers avec l'arrivée d'Internet ?
→ ................................................................

e. Quelle est la position de l'auteur concernant le danger du métavers pour les humains ? Pourquoi ?
→ ................................................................

f. D'après l'article, quelle est la principale limite du métavers ?
→ ................................................................

# VOCABULAIRE

## La psychologie (2)

**2 a. Complétez la grille à l'aide des définitions.**

1. Qui dure longtemps.
2. Maladie dont le symptôme principal est une grande tristesse.
3. Rendre plus fort ou plus violent.
4. Organe situé dans la tête qui sert à penser.
5. Blessé, mécontent.
6. Niveau le plus élevé d'une douleur ou d'un sentiment.
7. Action de se donner volontairement la mort.

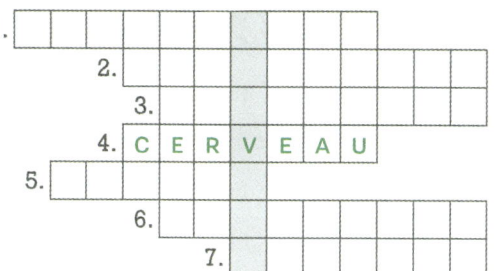

4. C E R V E A U

**b. Cochez la définition du mot formé dans les cases grises.**

1. ☐ Capacité de l'esprit à juger des choses.
2. ☐ Défaut d'une personne ou du fonctionnement d'un système.
3. ☐ Acquisition de connaissances.

## L'informatique

**3 Lisez les phrases. Entourez le mot ou l'expression qui convient.**

Ex. : Les (archives) • clés USB seront conservées dans un serveur sécurisé.

a. Grâce à **ma clé USB** • **mes données**, j'ai pu enregistrer l'ensemble des fichiers.
b. Dans mon ordinateur, les **archives** • **bugs** sont bien classées.
c. Mon disque dur est maintenant trop limité pour enregistrer l'ensemble des **données** • **codes**.
d. Le **serveur** • **crash** informatique que j'ai à la maison me permet de travailler plus vite.
e. J'ai pu accéder à mon compte grâce à un **code** • **serveur** donné par le site.
f. À cause du **crash** • **disque dur** de mon ordinateur, tous les fichiers informatiques ont été perdus.
g. J'ai pu copier mes photos sur une **clé USB** • **donnée**.
h. Il n'a pas pu se connecter sur le site aujourd'hui à cause d'un **bug** • **code** de la plateforme.

## La psychologie (2), l'appréciation, les expressions

**4 Complétez l'article avec les mots et les expressions suivants :**

~~paroxysme~~ • vertigineuses • pointé du doigt • perdre la notion du temps et de l'espace • des garde-fous • cerveau • paradis artificiel • dépression

> Le métavers est un monde parallèle où nos expériences et nos émotions peuvent être poussées à leur **paroxysme**. En effet, imaginez une réalité débarrassée de tout élément négatif, une sorte de _____, dans lequel vous pouvez vous promener comme dans le monde réel. Le risque, c'est de _____ parce qu'on évolue dans un autre monde, avec des sensations _____ ! Est-ce que notre _____ sera capable de supporter le passage rapide d'un monde à un autre ? Les spécialistes ont déjà _____ les risques de _____ . Il est certain qu'il sera nécessaire de protéger les individus, de mettre _____ pour que cette « réalité immersive » ne se substitue pas au monde réel.

# Leçon 23 — Imaginer de nouveaux mondes

## GRAMMAIRE

### Les reprises pronominales et nominales

**5** 🎧 41 **Écoutez et associez avec la suite de la phrase.**

- ☐ a. ces notions devraient être clarifiées par les spécialistes.
- ☐ b. Ou est-ce que ce sera impossible de supporter psychologiquement leurs effets ?
- ☐ c. d'autres pourraient en sortir choquées.
- ☐ d. Mais, celle-ci est en train de se développer rapidement.
- ☐ e. Ces problèmes pourraient être la cause de suicides ou de fortes dépressions.
- [1] f. Il est encore difficile d'imaginer celui-ci aujourd'hui.
- ☐ g. la mienne est résolument négative.

**6 Lisez les phrases. Soulignez le pronom ou le nom qui convient.**

**Ex. :** Les casques de réalité virtuelle nous proposent une immersion dans un autre monde. On ne sait pas encore si **celui-ci** · **le** · **le sien** sera proche de la réalité ou non.

a. Dans le métavers, on peut créer un avatar. Il est possible de **ce concept** · **ceci** · **le** faire complètement différent de soi.

b. C'est comme tous les progrès techniques, on peut **eux** · **les** · **ceux-ci** redouter ou au contraire s'en réjouir.

c. Toutes les facettes du métavers ne sont pas encore exploitées, **ça** · **celle-ci** · **ces mondes** dépasse notre capacité d'imagination.

d. Les investissements dans le métavers ont été vertigineux en 2021, mais **leur** · **d'autres** · **cela** seront encore nécessaires dans l'avenir.

e. Il manque une réflexion éthique autour de ces questions. Les philosophes devraient s'emparer de **ce sujet** · **le sien** · **celui-ci**.

### La cause

**7 Complétez les phrases avec les mots et les expressions suivants :**

grâce à · sous prétexte que · puisque · par · fascinés · du fait qu' · en raison de · suite à

**Ex. :** Nous avons réparé le programme informatique grâce à notre connaissance du code.

a. Serons-nous capables de supporter l'immersion dans un autre monde que notre réalité quotidienne ................................................ nos limites psychologiques ?

b. ................................................ par les progrès technologiques, certains oublient de se poser des questions éthiques.

c. Les entreprises investissent des millions dans ces technologies ................................................ crainte d'être dépassées dans la course au progrès numérique.

d. ................................................ ce reportage sur le métavers, nous avons longuement discuté des avantages et des dangers de son développement.

e. Les promoteurs du métavers ont toujours un discours positif ................................................ la technologie est forcément un progrès dans nos vies.

f. ................................................ on peut accéder au métavers quand on veut, il n'y a plus de frontière entre le réel et le virtuel.

g. Je n'adhère pas à l'idée de me promener dans le métavers, ................................................ les risques psychologiques commencent à être connus.

LEÇON **23**

## COMMUNIQUER

**8** Sur votre blog, vous commentez cette photo sur la réalité virtuelle.

**9** Vous commentez cette définition du métavers et vous donnez votre opinion. Enregistrez-vous.

> Le métavers, cet inframonde social où l'on pourrait visiter un musée, organiser une réunion ou faire ses achats en réalité virtuelle, serait selon ses défenseurs l'aboutissement ultime du web et de ses promesses interactives. Pour ses détracteurs, il s'agit d'une menace de confusion dangereuse entre réel et virtuel.
>
> La Méthode scientifique, France Culture, 27 octobre 2021.

## PHONÉTIQUE

### L'accent d'insistance

**10** 42 Écoutez l'extrait d'une émission de radio et soulignez les mots mis en relief. Puis à votre tour, lisez le texte en respectant les mots mis en relief. Enregistrez-vous.

Les réseaux sociaux en général, et Twitter en particulier, sont devenus aujourd'hui un espace public mondial. Une partie de l'information, du débat politique et même de la diplomatie se passe aujourd'hui sur Twitter, à l'heure où certains prédisent en effet sa mort, je crois que c'est le bon moment pour se demander plus généralement quel est l'impact des réseaux sociaux sur nos démocraties.

# UNITÉ 6 — BILAN

## Compréhension orale  10 points

**1** 🎧 43 **Écoutez la chronique radio et répondez aux questions.**

a. Quel est le thème de la chronique radio ? *1 point*
- ☐ Les progrès technologiques de l'information.
- ☐ La transformation de notre vie sociale par le numérique.
- ☐ Nos nouvelles habitudes de vie avec les réseaux sociaux.

b. Pourquoi le chroniqueur dit-il que la connaissance est une « affaire publique » ? *1 point*
- ☐ Parce qu'il y a une grande tradition d'information de la part des scientifiques.
- ☐ Parce que la connaissance n'appartient à personne.
- ☐ Parce que l'ouverture des frontières favorise la circulation de l'information.

c. Selon lui, en quoi les technologies numériques changent-elles notre accès à la connaissance ? *1 point*
- ☐ L'accès à la connaissance se fait par des groupes ou des réseaux que nous connaissons bien.
- ☐ Les technologies numériques nous donnent la capacité d'être informé tout le temps.
- ☐ Il n'y a plus besoin de faire de longues recherches pour accéder à la connaissance.

d. Quelles sont les conséquences de ce nouveau mode d'accès à la connaissance évoquées dans la chronique ? *1 point*
- ☐ Nous recevons trop de nouvelles pour pouvoir nous intéresser à tout.
- ☐ Les gens deviennent dépendants des flux d'information.
- ☐ Les informations qui nous parviennent sont sélectionnées pour nous plaire.

e. Pourquoi le chroniqueur parle-t-il de « grande menace pour la démocratie » ? *2 points*
- ☐ Parce que les gens sont de mieux en mieux informés.
- ☐ Parce que nous n'avons plus accès à des opinions contraires aux nôtres.
- ☐ Parce qu'il y a une exigence de plus en plus forte envers les nouvelles technologies.

f. Quel autre changement important est mentionné à la fin de la chronique ? *2 points*
- ☐ Il est de plus en plus difficile d'interagir avec d'autres personnes.
- ☐ Les machines sont capables de prendre la parole et de s'exprimer.
- ☐ On n'a plus d'espace pour parler de ses désirs personnels.

g. Quelle est finalement la question posée par cette chronique radio ? *2 points*
- ☐ Comment le fait que des machines puissent parler change-t-il notre rapport à la parole ?
- ☐ Quelles seront les conséquences du développement des robots qui se comportent comme des humains ?
- ☐ Va-t-on pouvoir conserver notre part d'humanité dans un monde dominé par la technologie ?

## Production orale  10 points

**2** Vous participez à une conférence sur les liens virtuels. Vous commentez ce dessin. Enregistrez-vous.

## Production écrite  10 points

**3** À votre avis, quelles sont les opportunités offertes par les nouvelles technologies ? Et quelles sont les menaces qu'elles font peser sur l'avenir ?

# Compréhension écrite 10 points

**4** Lisez l'article et cochez *Vrai* ou *Faux*. Justifiez votre réponse avec une ou plusieurs phrase(s) de l'article.

---

### L'amour en ligne résiste-t-il au temps ?

**La multiplication des sites de rencontres, le développement des applications qui rendent le contact immédiat et facile à distance conduisent à s'interroger sur l'évolution de la relation amoureuse. L'amour virtuel est-il possible ? Voici quelques éléments de réflexion sur un phénomène qui prend de l'ampleur.**

#### La rencontre sans contrainte de temps et de lieu

Ces dernières années, les temps sociaux se sont énormément réduits. Le rythme des échanges s'accélère. Les espaces de paroles et les moments de détente se réduisent, et nous sommes tous soumis à la culture de l'immédiateté. Dans le même temps, le développement des nouveaux moyens de communication a profondément modifié les relations humaines en supprimant la nécessité du face à face. Chacun est désormais joignable à n'importe quel moment et en n'importe quel lieu, grâce à son téléphone et à Internet. La transformation de notre rapport au temps et la facilité avec laquelle nous pouvons désormais entamer et rompre une conversation ne se limitent plus au champ de l'amical et envahissent désormais les relations amoureuses, pourtant naturellement conditionnées à la rencontre physique et à des temps de découverte progressive de l'autre.

#### Une relation qui reste irréelle

La rencontre amoureuse conduit à une idéalisation de l'être aimé qui est perçu comme parfait, parfait pour soi s'entend. Cette phase, si elle est nécessaire et bien agréable, peut cependant devenir un écueil au développement d'un lien durable entre les deux partenaires. Au début, l'espace amoureux n'est ni tout à fait réel, ni tout à fait imaginaire, il se situe au milieu, entre les ressentis et les émotions entre les deux inconscients. Ensuite, le principe de réalité, c'est-à-dire l'évolution du couple vers la réalité quotidienne permet à chacun de se libérer de la fusion, de retrouver ses propres intérêts, de répondre à ses besoins, tout en construisant avec l'autre un espace commun fait de tendresse, de soutien et de compromis. L'amour virtuel renforce obligatoirement la nature irréelle de la relation et risque ainsi de maintenir les partenaires dans une idéalisation de l'autre. Ce risque se trouve accentué par l'image donnée de soi que chacun peut transformer comme il le veut par une simple modification de son profil.

---

a. L'article propose une analyse de l'évolution des relations amoureuses aujourd'hui. ☐ Vrai ☐ Faux
Justification : _____ *1 point*

b. D'après l'article, la technologie nous permet de prendre notre temps pour choisir des amis ou nos partenaires amoureux. ☐ Vrai ☐ Faux
Justification : _____ *2 points*

c. Grâce à la technologie, la relation amoureuse peut se développer au rythme de chacun. ☐ Vrai ☐ Faux
Justification : _____ *2 points*

d. L'article souligne une contradiction entre le temps nécessaire aux rencontres et nos modes de vie. ☐ Vrai ☐ Faux
Justification : _____ *1 point*

e. D'après l'article, les deux étapes d'une rencontre amoureuse sont d'abord l'idéalisation de l'être puis le principe de réalité. ☐ Vrai ☐ Faux
Justification : _____ *2 points*

f. L'écueil au développement d'une relation amoureuse en ligne reste la capacité à multiplier les rencontres. ☐ Vrai ☐ Faux
Justification : _____ *2 points*

# UNITÉ 7 — Leçon 25 : Décrire une manière d'apprendre

## COMPRENDRE

**1** 🎧 44 **Écoutez l'émission de radio et répondez aux questions.**

**Ex. :** Quel est le sujet de l'émission de radio ?
→ C'est une émission qui parle des avantages de faire la classe à l'extérieur.

a. Quand et où a commencé cette pratique pédagogique ?
→ _____

b. D'après l'enseignante, qu'est-ce que les enfants apprécient ?
→ _____

c. Quel exemple de travail à l'extérieur cite l'enseignante ?
→ _____

d. D'après l'enseignante, quels sont les avantages de cette façon d'apprendre ?
→ _____

e. Pourquoi la journaliste dit-elle que ce sont des systèmes complémentaires ?
→ _____

f. Quel est l'avis de Moïna Fauchier-Delavigne sur ce sujet ?
→ _____

g. Selon Moïna Fauchier-Delavigne, ce type d'enseignement est bénéfique dans quels domaines ? Citez-en quatre.
→ _____

## VOCABULAIRE

### ◀ Les caractéristiques

**2 Complétez les légendes des dessins.**

 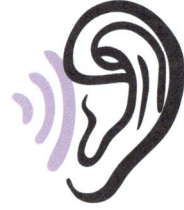 

**Ex. :** le v<u>isuel</u>     a. l'a _ _ _ _ _ _     b. le k _ _ _ _ _ _ _ _ _ _ _ _

### ◀ Les aptitudes (1), les documents et objets pour apprendre, les lieux (2)

**3 Entourez le mot ou l'expression de sens proche.**

**Ex. :** à l'extérieur → en classe • (en plein air) • à la maison

a. une affiche → un poster • un livre • un dessin
b. un casse-tête → un accident • un jeu de patience • un travail d'écriture
c. un graphique / un diagramme → une représentation visuelle • un dessinateur • une quantité
d. un modèle → une histoire • un stylo • un exemple
e. un surligneur → un marqueur • un cahier • un tableau
f. doué(e) → heureux/heureuse • enthousiaste • brillant(e)

LEÇON **25**

# L'apprentissage (1)

**4 Lisez les phrases. Soulignez le mot ou l'expression qui convient.**

**Ex. :** Il est nécessaire <u>d'évaluer</u> · de donner · de faire des liens notre travail en classe.

a. Marcello a réussi son examen oral : il a pu parler sans **écouter** · **consulter** · **écrire** ses notes.

b. Une personne avec un profil kinesthésique est souvent habile pour **assembler** · **programmer** · **rechercher** les pièces d'un casse-tête.

c. Un jeune enfant peut apprendre beaucoup en **retenant** · **manipulant** · **réfléchissant** des objets.

d. J'ai beaucoup de mal à apprendre par cœur, c'est difficile pour moi de **mémoriser** · **chercher** · **deviner** des connaissances.

e. Je ne peux pas aller à la conférence mardi. Peux-tu **mémoriser** · **écouter** · **prendre des notes** pour moi ?

f. Pendant son épreuve d'examen, Sonia a dû **préparer** · **résumer** · **dessiner** un long texte.

g. Une approche différente permettrait de prendre en compte les capacités de réflexion des enfants et leur **affect** · **connaissance** · **intelligence**.

h. Pour obtenir ce diplôme, il a fallu **entendre** · **résoudre** · **retenir** beaucoup de connaissances théoriques.

# Les caractéristiques, la pédagogie, en classe

**5 Complétez l'article avec les mots suivants :**

~~profil d'apprentissage~~ · kinesthésique · pauses · connaissances · visuel · segmentation · consignes · approche · disciplines · sessions · auditif

### Pédagogie   Conseils

Pour aider les enfants à apprendre, il est recommandé de connaître leur **profil d'apprentissage**. Certains ont un profil _____, ils retiendront plus facilement des informations sonores, d'autres ont un profil _____, ils mémoriseront plutôt à partir de graphiques et de notes écrites. D'autres encore apprendront en manipulant des objets, ceux-là ont un profil _____. On peut aussi proposer une _____ globale de l'apprentissage. Les _____ sont souvent cloisonnées, mais il n'y a que des avantages à transmettre des _____ sans _____.

Enfin, on doit organiser des _____ de classe en respectant le rythme des enfants, avec des _____ régulières, et s'adapter au niveau des élèves, avec des _____ simples.

# Les expressions

**6 🎧 45 Écoutez et cochez l'expression de même sens.**

**Ex. :** ☐ parler très fort
☐ lire une histoire à quelqu'un
☑ dire les mots qu'on lit

a. ☐ faire des activités d'apprentissage avec enthousiasme
☐ mémoriser en étant capable de répéter sans erreur
☐ retenir un grand nombre de connaissances

b. ☐ se faire mal aux mains en tombant
☐ avoir un petit accident
☐ être accessible facilement

quatre-vingt-neuf **89**

# UNITÉ 7

## Leçon 25 — Décrire une manière d'apprendre

### GRAMMAIRE

#### ◀ Les doubles pronoms

**7** 🎧 46 **Écoutez et soulignez la phrase correspondante.**

Ex. : <u>Le professeur les y a apportées.</u> • Le professeur les lui a apportées. • Le professeur lui en a apporté.

a. Je le lui lis ? • Je la lui lis ? • Je la leur lis ?

b. Montre-le-lui ! • Montre-lui-en ! • Montre-le-leur !

c. Vous les y avez amenés ? • Vous leur en avez amené ? • Vous les lui avez amenés ?

d. Peux-tu la lui expliquer ? • Peux-tu me les expliquer ? • Peux-tu me l'expliquer ?

e. Ne lui en donnez pas. • Ne les lui donnez pas. • Ne leur en donnez pas.

f. Demande-le-leur ! • Demande-lui-en ! • Demande-la-lui !

g. Tu les écoutes y jouer ? • Tu les écoutes le jouer ? • Tu les écoutes en jouer ?

**➕ 8 Transformez les phrases en remplaçant les mots soulignés par deux pronoms compléments.**

Ex. : J'ai demandé <u>à Sheila</u> <u>son avis sur la sortie de classe</u>.
→ Je le lui ai demandé.

a. Donne suffisamment <u>de temps</u> <u>à tes étudiants</u> pour faire des pauses entre les exercices.
→ _____

b. J'aime emmener <u>mes élèves</u> <u>à l'extérieur</u> pour faire des activités de plein air.
→ _____

c. Tu préfères qu'on <u>t'</u>explique <u>le problème</u> grâce à un diagramme ?
→ _____

d. Je n'ai pas eu besoin de présenter <u>cette notion</u> <u>aux enfants</u>.
→ _____

e. J'ai apporté <u>des surligneurs</u> <u>à Paul</u> pour l'aider à mémoriser sa leçon.
→ _____

f. Ne surchargez pas <u>vos élèves</u> <u>d'informations</u> !
→ _____

g. Il écoute <u>ses élèves</u> parler <u>de leur profil d'apprentissage</u>.
→ _____

#### ◀ Les propositions relatives (à l'indicatif ou au subjonctif)

**9** 🎧 47 **Écoutez. Cochez l'objectif de la phrase.**

|  | Ex. | a. | b. | c. | d. | e. | f. | g. | h. |
|---|---|---|---|---|---|---|---|---|---|
| Décrire la réalité | | | | | | | | | |
| Exprimer un fait incertain | ✔ | | | | | | | | |
| Exprimer la restriction | | | | | | | | | |

## LEÇON 25

**10** Associez pour faire une phrase correcte.

a. Répéter à voix haute est pour moi la seule façon
b. Les parents veulent choisir l'école
c. Ces élèves adorent cette approche pédagogique
d. L'éducation intégrale propose des activités
e. Ces pédagogues sont les premiers
f. As-tu écouté cette conférence
g. Erwan est le meilleur élève
h. Nous ne connaissons aucune école

1. qui se soient intéressés au profil d'apprentissage des enfants.
2. qui ait jamais fréquenté l'école.
3. qui prenne en compte le profil d'apprentissage de leur enfant.
4. qui parle de l'école en plein air ?
5. qui leur demande de réfléchir à partir de leurs observations.
6. où les enfants se soient autant épanouis.
7. qui me permette de retenir des notions.
8. qui sont très appréciées par les enfants.

## COMMUNIQUER

**11** Vous lisez l'opinion d'une enseignante sur la classe en plein air. Êtes-vous d'accord avec elle ? Pourquoi ? Écrivez un commentaire sur votre blog.

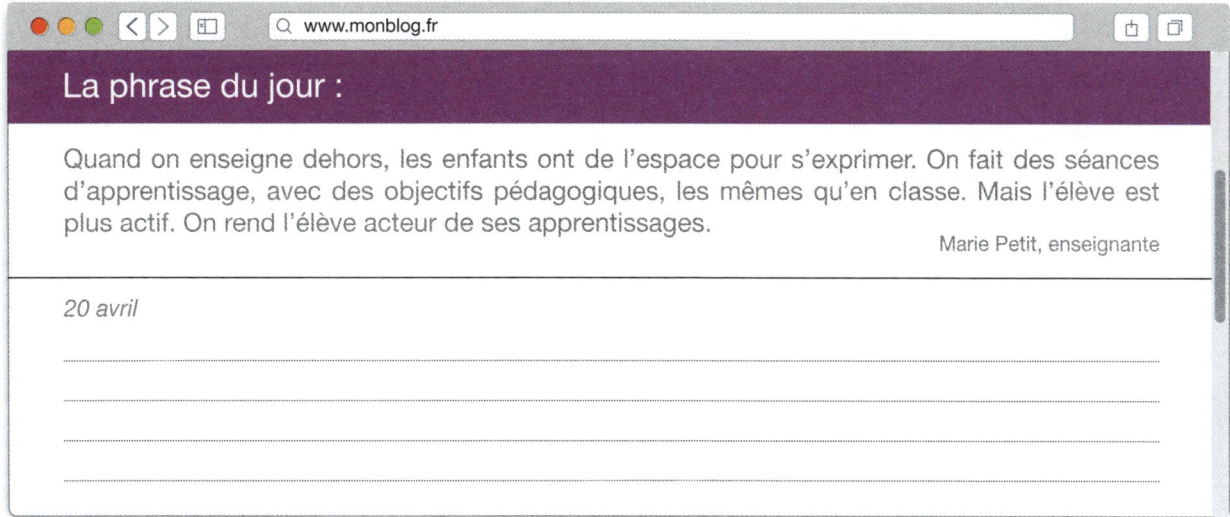

**La phrase du jour :**

Quand on enseigne dehors, les enfants ont de l'espace pour s'exprimer. On fait des séances d'apprentissage, avec des objectifs pédagogiques, les mêmes qu'en classe. Mais l'élève est plus actif. On rend l'élève acteur de ses apprentissages.

Marie Petit, enseignante

*20 avril*

**12** Vous commentez cette infographie sur les profils d'apprentissage. Enregistrez-vous.

# Leçon 26 — Commenter des inégalités

**UNITÉ 7**

## COMPRENDRE

**1** Lisez l'article et répondez aux questions.

### En France, selon l'INSEE, l'ascenseur social n'est pas en panne

**Selon une étude novatrice, 70 % des enfants de parents modestes grimpent dans l'échelle des revenus.**

Une étude originale, publiée par l'Institut national de la statistique et des études économiques (INSEE), le 19 mai, tord le cou à l'idée que la France serait « le » pays de la reproduction des inégalités sociales. Les statisticiens ont, pour la première fois, comparé le revenu 2018 d'adultes de 28 ans à ceux de leurs parents, dix ans plus tôt, pour mesurer la mobilité des ressources entre générations. « Les revenus des parents influencent fortement ceux des enfants, mais sont loin de les déterminer entièrement », écrivent les auteurs.

Parmi les enfants de parents défavorisés appartenant aux 20 % des ménages les plus modestes, un quart font tout de même partie à 28 ans des 40 % des ménages les plus aisés et « 12 % ont une mobilité très ascendante et rejoignent les 20 % les plus riches ». En élargissant le point de vue, l'étude constate que 70 % des enfants de parents modestes gagnent mieux leur vie qu'eux. À l'autre extrémité du tableau, 15 % des enfants de parents aisés ont une mobilité descendante et se retrouvent, à 28 ans, parmi les 20 % des ménages les plus modestes.

Selon l'INSEE, ceux qui ont le plus de chances d'améliorer leurs revenus comparés à ceux de leurs parents sont plutôt des hommes, habitant l'Ile-de-France et dont l'un des parents est diplômé du supérieur. Les enfants d'immigrés ont, eux, une mobilité ascendante plus forte que la moyenne, de 15 % contre 10 %. Plusieurs facteurs pourraient y contribuer : ils résident plus généralement dans les grandes villes et des territoires dynamiques offrant davantage d'opportunités d'emplois ; leurs parents ont investi plus intensivement dans leur éducation… L'étude bat en brèche une autre idée reçue, en faisant le constat que la mobilité ascendante est identique, à 19 %, en Seine-Saint-Denis, le département le plus pauvre de France, et dans les Hauts-de-Seine, le plus riche. […]

« Cette étude novatrice de l'INSEE montre que l'ascenseur social n'est pas en panne, se félicite Louis Maurin, directeur de l'Observatoire des inégalités. Que le modèle social à la française est efficace et que prétendre le contraire en ne pointant que ses défaillances, car il y en a, donne des arguments à ceux qui veulent le défaire. »

Isabelle Rey-Lefebvre, *Le Monde*, 2 juin 2022.

**Ex. :** Quel est le sujet de l'article ?
→ Cet article présente une étude de l'INSEE sur la reproduction des inégalités sociales.

a. À votre avis, que signifie « l'ascenseur social » mentionné dans le titre de l'article ?
→

b. D'après l'article, quelle est la proportion d'enfants de parents modestes qui, à l'âge adulte, gagnent plus que leurs parents ?
→

c. Que dit l'article sur l'évolution des enfants de parents aisés ?
→

d. Selon l'étude de l'INSEE, quel groupe de personnes a le plus de chances d'améliorer ses revenus ?
→

e. D'après l'article, pourquoi les enfants d'immigrés ont-ils une mobilité ascendante plus forte ?
→

f. Selon l'étude, quelle conclusion peut-on tirer de la comparaison entre deux départements français ?
→

g. Pourquoi dit-on finalement que « l'ascenseur social n'est pas en panne » ?
→

## LEÇON 26

# VOCABULAIRE

## Le sport (1), la société (1), les compétences

**2** Associez les mots à leur définition.
- a. l'adversité
- b. benjamin(e)
- c. l'émancipation
- d. un entraînement
- e. un(e) émigré(e)
- f. l'endurance
- g. s'astreindre
- h. l'effort

- 1. Concentration des forces afin d'atteindre un but.
- 2. Personne qui a quitté son pays et qui s'est installée dans un autre.
- 3. S'obliger à faire quelque chose.
- 4. Action de se libérer d'une dépendance ou d'une domination.
- 5. Capacité à résister à la fatigue ou à la souffrance.
- 6. Situation de quelqu'un qui subit de nombreuses difficultés.
- 7. Jeune sportif/sportive dans la catégorie des 10-11 ans.
- 8. Préparation d'un(e) sportif/sportive pour une compétition.

(a → 6)

## Le sport (1), la société (1), les compétences, les expressions

**3** Lisez les phrases. Entourez le mot ou l'expression qui convient.

**Ex. :** J'ai un examen aujourd'hui, je ne pourrai pas participer à **l'entraînement** · l'émancipation.

a. C'est une grande athlète : elle a été **triple championne** · **benjamine** aux Jeux olympiques.
b. Elle est très compétente, sa présence ici est **légitime** · **amateure**.
c. Il faut se protéger pendant les entraînements pour ne pas **s'astreindre** · **se blesser**.
d. Pour gagner de la confiance en lui, il a dû **s'abîmer** · **s'affirmer** dans ses études.
e. Les entraînements quotidiens exigent de **la rigueur** · **l'adversité**.
f. Tu es fatigué, c'est normal tu t'es **senti à l'aise** · **donné à fond** dans la compétition.
g. Je suis reconnue dans ce sport, mais j'ai eu du mal à **m'astreindre** · **prendre ma place**.
h. Il a dû se battre contre **l'adversité** · **l'endurance** pour arriver à ce niveau d'excellence.

## Les proportions, les chiffres

**4** 🎧 48 Écoutez et cochez l'expression de même sens.

**Ex. :** ☐ plus d'un quart
☑ environ 30 %
☐ la majorité

a. ☐ environ 40 %
☐ moins d'un quart
☐ plus de la moitié

b. ☐ les trois quarts
☐ un petit nombre
☐ environ la moitié

c. ☐ presque tout le monde
☐ environ 50 %
☐ plus d'un tiers

d. ☐ le nombre de
☐ la proportion de
☐ la majorité d'

e. ☐ un pourcentage
☐ un petit nombre
☐ une minorité

# UNITÉ 7 — Leçon 26 : Commenter des inégalités

## La société (1), les études, les chiffres

**5** Complétez l'article avec les mots et les expressions suivants :

~~disparités~~ • s'est accrue • sous-estimer • le capital culturel • données • s'affirmer • le taux • s'élève • bagage culturel • codes • émigré

**Éducation**

### Études et origines sociales

Dans les grandes écoles, il y a de fortes **disparités** selon l'origine sociale des étudiants. Il existe des _____ précises sur ce sujet. La proportion d'enfants d'ouvriers _____ pendant plusieurs années, mais aujourd'hui _____ reste stable, il ne _____ plus. Il faut prendre en compte que _____ n'est pas le même pour un enfant d' _____ ou un enfant d'ouvrier que pour un enfant de cadre. Souvent ces jeunes n'ont pas les _____ pour savoir comment se comporter. Il ne faut pas _____ leur manque de _____ qui peut conduire à de vraies difficultés pour _____ .

## GRAMMAIRE

### L'accord du verbe avec les fractions et les pourcentages

**6** 🎧 49 Écoutez les phrases. Mettent-elles en valeur le groupe ou l'individu ? Cochez la réponse correcte.

|            | Ex. | a. | b. | c. | d. | e. | f. | g. |
|------------|-----|----|----|----|----|----|----|----|
| Le groupe  |     |    |    |    |    |    |    |    |
| L'individu | ✓   |    |    |    |    |    |    |    |

**7** Complétez les phrases selon les indications.

Mise en valeur du groupe :

**Ex. :** Un quart des élèves du lycée technique **continue** (continuer) à l'université.

a. Un tiers des élèves _____ (obtenir) un diplôme d'ingénieur.
b. Parmi les étudiants de l'université, seulement 11 % _____ (être issu) de parents ouvriers.
c. Plus de la moitié des diplômés de master _____ (venir) de familles de cadres.

Mise en valeur des individus :

d. 64 % des élèves des écoles normales supérieures _____ (avoir) des parents cadres supérieurs.
e. Seulement 16 % des enfants d'ouvriers _____ (arriver) au niveau master.
f. 60 % des bacheliers _____ (poursuivre) leurs études à l'université.
g. La quasi-totalité des élèves de terminale _____ (réussir) le baccalauréat.

**+8** Lisez les phrases. Conjuguez les verbes au présent.

**Ex. :** Les trois-quarts des enfants d'ouvriers **obtiennent** (obtenir) un diplôme de l'université.

a. Une majorité des élèves _____ (venir) de familles de cadres.
b. La plupart des enfants de cadres _____ (faire) des études supérieures.
c. Les deux tiers des enfants d'ouvriers _____ (réussir) le baccalauréat.
d. La majorité des étudiants _____ (pouvoir) entrer dans une filière technologique.
e. Plus de la moitié de la classe _____ (être) issue de l'immigration.

## COMMUNIQUER

**9** Vous commentez cette infographie sur les inégalités dans l'enseignement supérieur. Enregistrez-vous.

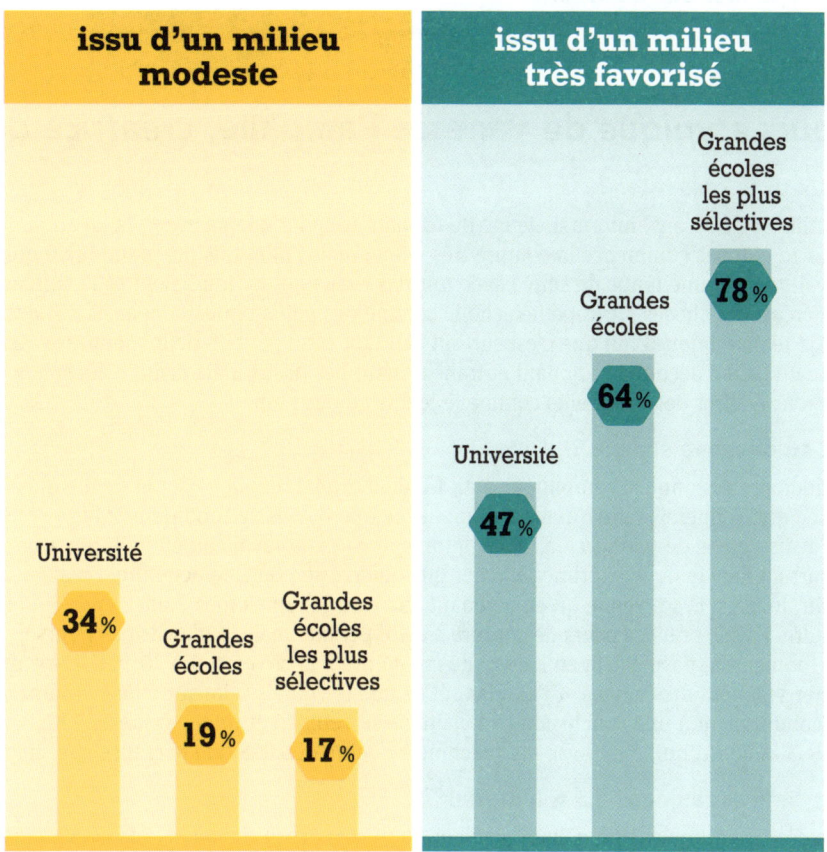

**10** Vous lisez une brève sur la lutte contre les inégalités. Vous postez un commentaire.

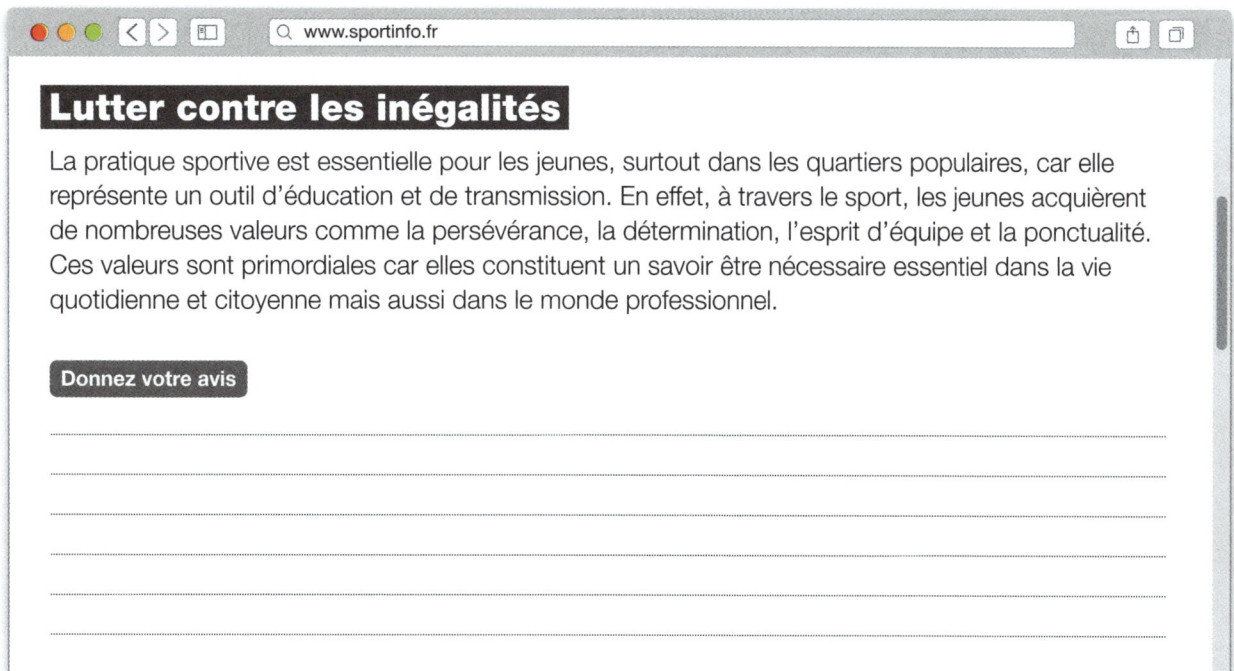

# Parler d'un parcours atypique

## COMPRENDRE

**1** Lisez l'article et répondez aux questions.

### Le parcours atypique de Vanessa Pamphile, créatrice de mode

**Vanessa, peux-tu te présenter ?**

Je suis une Antillaise de 39 ans, informaticienne de formation, qui a une passion : la création de vêtements et d'accessoires Je n'ai pas commencé la couture très jeune, mais j'admirais ma grand-mère qui cousait, et ma tante qui pouvait réaliser une tenue de soirée avec tous les tissus qui lui tombaient sous la main. Il est vrai que toute jeune, je créais des choses à très petite échelle comme des petits bijoux. J'ai aussi fait des chapeaux pour le carnaval, et je réalise aujourd'hui que c'est surtout pendant cette période de ma jeunesse que j'ai réellement exprimé ma créativité, en découpant, nouant et transformant des tissus mais jusqu'à 2019, je n'avais jamais pensé que j'allais un jour réaliser des vêtements comme je le fais aujourd'hui.

**Comment es-tu devenue styliste ?**

Après une période professionnelle compliquée, j'ai décidé d'arrêter, de me poser et de me questionner. Je me suis demandé ce que j'aimerais faire qui me passionne, ce que j'avais au fond de moi qui me permettrait de m'exprimer. J'avais l'envie de partager un savoir-faire mais aussi je savais qu'en moi, il y avait un potentiel ! Je ressentais surtout l'envie de m'exprimer et créer quelque chose pour me détendre. En avançant dans mon questionnement, je me suis souvenue qu'en revenant aux Antilles après mes études en 2008, je m'étais acheté une machine à coudre, j'avais pris des cours de couture à cette période mais je n'avais pas poursuivi de projet précis. Pourtant, à ce moment-là, j'avais déjà eu l'envie de me mettre à la création. En 2019, j'ai pris du temps pour réfléchir, écouter vraiment mes envies et j'ai mis tout ce que je voulais faire sur papier. Toutes les réponses à mes questions me conduisaient à une conclusion très claire : « Je veux créer une marque de vêtements à mon image selon mon style. » Aujourd'hui, c'est avec ma machine à coudre de 2008 que je réalise mes créations !

**Est-ce que styliste est aujourd'hui ton métier ?**

J'ai fait des études scientifiques, afin d'être ingénieur ou prof de math. Le monde de la mode n'était pas du tout dans mes perspectives, ni dans ma tête quand j'étais au lycée. Et puis mon père répétait tout le temps qu'il fallait trouver un travail pour être indépendant, il fallait d'abord avoir un salaire ! Il était donc nécessaire d'étudier et il n'y avait pas de place pour la mode… jusqu'à ce qu'un jour je décide de m'y mettre et d'écouter vraiment mes envies !

**Quels sont tes projets pour le futur ?**

Ce que je voudrais vraiment, c'est que mes créations soient portées lors d'un défilé en Martinique et en Guadeloupe afin de faire connaître mon style, mais aussi dans la Caraïbe anglophone, et pourquoi pas au Canada ou aux États-Unis.

**Ex. :** Quel est le sujet de l'article ?
→ **Il présente le parcours atypique de la styliste antillaise Vanessa Pamphile.**

a. Quel est le parcours de Vanessa Pamphile ?
→ ................................................................

b. Que faisait Vanessa Pamphile quand elle était jeune ?
→ ................................................................

c. Quelle révélation a eue Vanessa Pamphile ?
→ ................................................................

d. Pourquoi Vanessa Pamphile a-t-elle fait des études scientifiques ?
→ ................................................................

e. Qu'aimerait Vanessa Pamphile dans l'avenir ?
→ ................................................................

# LEÇON 27

## VOCABULAIRE

### La mode (2), les spectacles

**2** Lisez les phrases. Entourez le mot ou l'expression qui convient.

Ex. : Pour sortir en soirée, elle adore mettre des **bas-résille** · essayages.

a. Ce mannequin est très célèbre, il est sur **la couverture** · **le défilé** du magazine *Vogue*.
b. Je suis allée **au défilé** · **à la collection** de mode, j'ai vu des vêtements magnifiques.
c. Cette robe semble un peu petite, il faudra faire **une plume** · **un essayage**.
d. C'est un artiste qui crée des vêtements, il a toujours été passionné par la **couture** · **première**.
e. Chaque année, les créateurs de mode proposent **un essayage** · **une collection** en hiver et en été.
f. Ce théâtre propose une **revue** · **collection** de qualité avec des danseurs et des chanteurs talentueux.
g. Jean-Paul Gaultier est connu grâce à des robes extraordinaires avec des **revues** · **seins coniques**.
h. Tu es invité à la **première** · **couverture** du défilé de ce nouveau créateur ?

### Les aptitudes (2), l'apprentissage (2)

**3** Complétez la grille de mots-croisés à l'aide des définitions.

a. Savoir ou expérience professionnel(le) qui peut être valorisé(e).
b. Action de découvrir une chose cachée.
c. Qui n'aime pas l'effort (familier).
d. Capacité naturelle pour exercer une activité ou un art.
e. Examen technique par une personne qualifiée.
f. Très mauvais élève.
g. Document officiel de l'école qui présente régulièrement les résultats scolaires.
h. Partie des mathématiques.

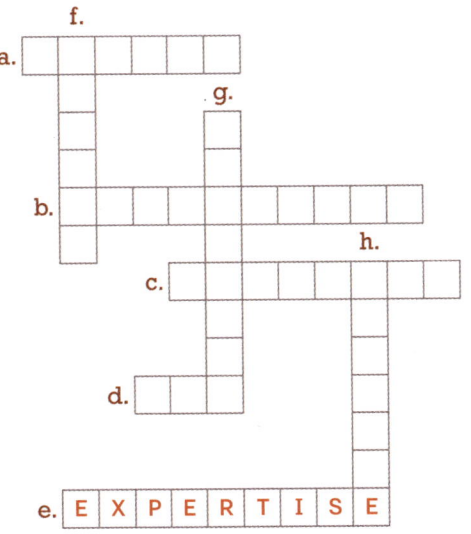

e. E X P E R T I S E

### L'apprentissage (2), les certifications, les domaines, les expressions

**4** Complétez le témoignage de Lorna avec les mots et les expressions suivants :

~~ressources humaines~~ · acquis · un master · licence · certificat · doctorat · candidate · obtenir · notes · diplôme · contrat d'apprentissage · mal au crâne

> J'ai commencé à travailler jeune dans une entreprise, au service des **ressources humaines**. Je n'avais aucun diplôme, même pas un _____ scolaire. Après plusieurs années, j'avais des _____ professionnels et j'ai passé une VAE. J'ai pu _____ un _____ , au niveau de la _____ . Ensuite, j'ai décidé d'être _____ pour faire _____ de management en ressources humaines à l'université. J'ai pu bénéficier d'un _____ pour continuer à travailler en entreprise. J'ai eu de très bonnes _____ , alors j'ai voulu poursuivre par un _____ , mais c'était trop difficile pour moi de travailler en même temps. J'avais tout le temps _____ , alors j'ai abandonné.

# UNITÉ 7 — Leçon 27 : Parler d'un parcours atypique

## GRAMMAIRE

### Les accords particuliers du participe passé

**5** Lisez les phrases. Accordez les participes passés si nécessaire.

Ex. : Elles se sont vu**es** devenir cheffes d'entreprises.

a. Tes amis se sont demandé………… s'ils devaient passer une VAE.
b. Elle s'est entendu………… prétendre qu'elle avait un très bon niveau.
c. L'actrice s'est vu………… prêter une robe de grand créateur.
d. Ils se sont découvert………… une passion pour la mode.
e. Les mannequins qui sont présenté………… au défilé portaient des seins coniques.
f. Cette étudiante s'est entendu………… féliciter par la directrice du stage.
g. Elles se sont fait………… des idées sur la durée des études.

**6** 🎧 50 Écoutez et écrivez le participe passé entendu dans la colonne du tableau qui convient.

| | Accord du participe passé | Non-accord du participe passé |
|---|---|---|
| Ex. | | vu |
| a. | | |
| b. | | |
| c. | | |
| d. | | |
| e. | | |
| f. | | |
| g. | | |
| h. | | |

**+7** Réécrivez le témoignage au passé composé.

> **Témoignage**
>
> Cette année à l'université, les problèmes se succèdent. Les étudiants de master de gestion se trouvent confrontés à des difficultés. Leurs professeurs se demandent comment les évaluer. Les étudiants s'entendent dire que leurs bulletins de l'année passée n'étaient pas bons. Une des étudiantes, Aziza, se donne un an pour améliorer son niveau, mais les autres ne se sentent pas capables de refaire une année d'études. Ils se laissent exposer les avantages d'un stage de rattrapage et finalement certains se voient l'accepter. Deux autres filles se promettent de convaincre leurs professeurs de les laisser continuer leurs études.

Cette année à l'université, les problèmes se sont succédé. …………

## COMMUNIQUER

**8** Vous avez entendu une opinion sur les parcours professionnels atypiques. Vous la commentez sur votre blog. Vous dites si vous êtes d'accord ou pas et pourquoi.

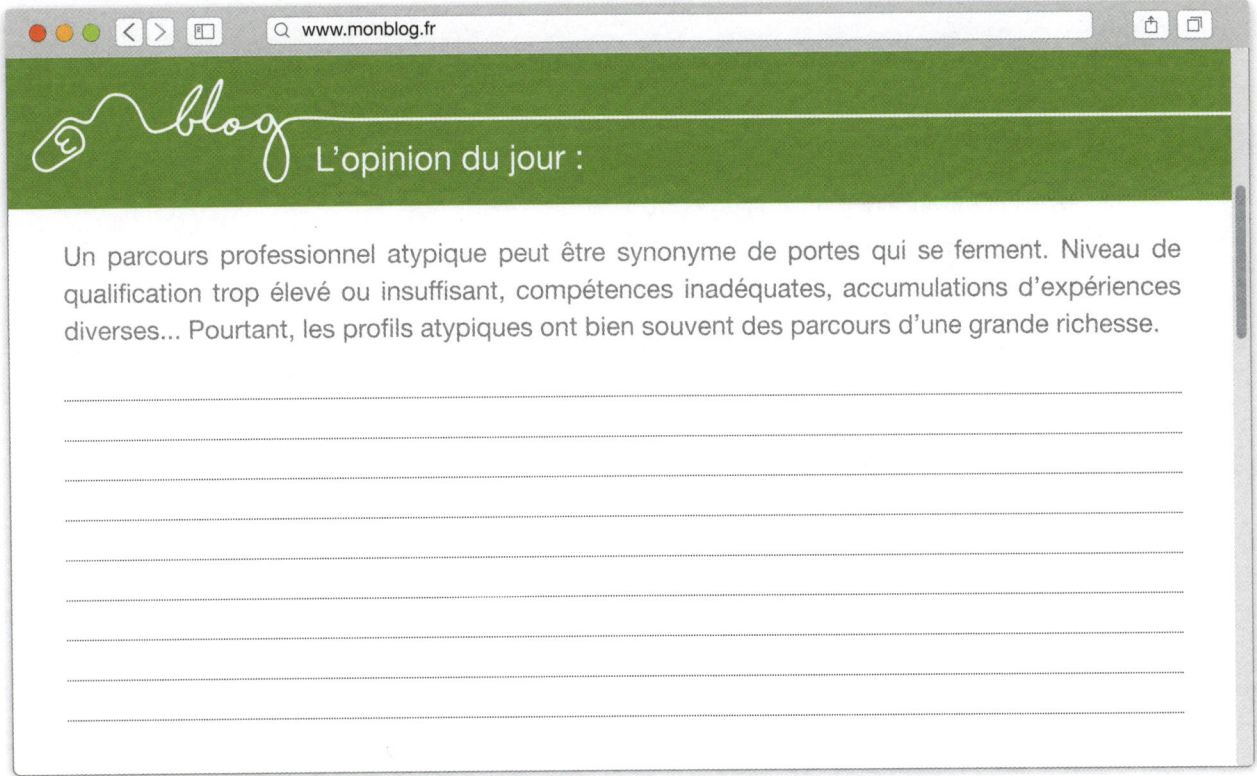

**L'opinion du jour :**

Un parcours professionnel atypique peut être synonyme de portes qui se ferment. Niveau de qualification trop élevé ou insuffisant, compétences inadéquates, accumulations d'expériences diverses... Pourtant, les profils atypiques ont bien souvent des parcours d'une grande richesse.

**9** Vous lisez ce témoignage sur une VAE. Qu'en pensez-vous ? Enregistrez-vous.

■ **Témoignage** ■

**Karim S.** Je travaille dans le domaine des nouvelles technologies et des systèmes d'information. J'ai obtenu un titre professionnel de Concepteur développeur d'applications par la VAE. Cela a changé beaucoup de choses, on me valorise plus, et ça, c'est une fierté, parce que je peux intégrer une grande société.

## PHONÉTIQUE

### ◀ Le [ə] prononcé ou muet ?

**10** 🎧 51 Écoutez les phrases et barrez les [ə] surlignés qui ne sont pas prononcés. Puis relisez les phrases en respectant la prononciation. Enregistrez-vous.

**Ex. :** Je le ferai demain !

a. Ce diplôme, je veux pas le passer !
b. Je suis un mauvais élève, je me le dis souvent.
c. Il se peut que je sorte du système scolaire.
d. Je me prépare pour un examen.
e. Je te demande pas ton avis.
f. Il me le dit pas !

# BILAN

## Compréhension orale — 10 points

**1** 🎧 52 Écoutez la présentation et répondez aux questions.

a. De quelle façon commence la présentation ? — *1 point*
☐ Elle donne un point de vue sur l'école.
☐ Elle présente des témoignages d'étudiants.
☐ Elle nous invite à réfléchir à d'autres façons d'enseigner.

b. À quoi sert le dispositif décrit ? — *1 point*
☐ Il sert à se spécialiser dans une voie scientifique.
☐ Il propose une deuxième chance pour faire des études.
☐ Il permet de valoriser une expérience professionnelle.

c. Quel est le plus important pendant le parcours proposé ? — *1 point*
☐ Prendre son temps pour réfléchir à ce qu'on veut faire.
☐ Travailler beaucoup pour obtenir un diplôme intéressant.
☐ Réussir son année pour pouvoir partir à l'étranger.

d. Que font les étudiants pendant un an ? — *1 point*
☐ Ils s'entraînent pour passer des concours d'écoles.
☐ Ils préparent une valorisation de leurs acquis professionnels.
☐ Ils étudient et travaillent en même temps.

e. Quelles sont les motivations des étudiants ? — *2 points*
☐ Ils espèrent évoluer dans leur carrière professionnelle.
☐ Ils souhaitent être accompagnés pour savoir ce qu'ils veulent faire.
☐ Ils veulent partir étudier ou travailler à l'étranger.

f. Quel est le principal atout de ce parcours ? — *2 points*
☐ Les étudiants développent des compétences d'endurance et d'effort.
☐ Les étudiants apprennent à mieux se connaître.
☐ Les étudiants atteignent un meilleur niveau d'études.

g. Finalement, quel est le point de vue des étudiants sur le parcours ? — *2 points*
☐ Ils pensent que le parcours développe la confiance en soi.
☐ Ils souhaitent continuer ce parcours l'année suivante.
☐ Ils se sentent mieux organisés pour affronter la vie professionnelle.

## Production orale — 10 points

**2** Vous commentez ce point de vue sur le système scolaire actuel. Enregistrez-vous.

> Que l'on soit en France ou à l'étranger, le système scolaire tel qu'il existe au fil du temps ne convient pas à tous les profils d'enfants ou adolescents. Il y a des enfants parfois tout à fait intelligents et intéressants, mais qui ne parviennent pas à rentrer dans les cases de l'Éducation nationale. Certains ont besoin de plus de temps pour s'y faire, d'autres d'un enseignement plus libre, certains ne peuvent pas supporter l'immobilité…

## Production écrite — 10 points

**3** D'après vous, quels sont les grands défis de l'école dans les prochaines années ?

## Compréhension écrite  10 points

**4** Lisez l'article et cochez *Vrai* ou *Faux*. Justifiez votre réponse avec une ou plusieurs phrase(s) de l'article.

### En deux mots

#### Pourquoi ces nuls à l'école ont-ils réussi ?

Vous êtes peut-être cette personne qui connaît des difficultés à l'école, voire qui se trouve en situation d'échec scolaire, et donc une personne qui n'aime pas beaucoup l'école. La première chose que vous devez savoir c'est que chacun apprend différemment. Cela veut dire que votre façon d'apprendre est différente de celle de vos camarades de classe, différente de celle de vos professeurs, différente de celle de vos parents.

Prenons l'exemple d'Albert Einstein. Savez-vous qu'il détestait apprendre par cœur, il n'aimait ni l'histoire, ni la géographie, ni la littérature, ni même les langues étrangères. Il ne retenait absolument rien. D'ailleurs, il disait qu'il n'avait aucune mémoire, surtout pour les mots et les textes. Et Albert Einstein avait un autre problème à l'école : il n'aimait ni l'ordre, ni l'autorité, ce qui rendait difficile pour lui d'apprécier l'école. Le jeune Albert Einstein avait besoin de comprendre le « pourquoi » des choses, tout ce qu'il apprenait devait avoir du sens pour lui. Il avait besoin de manipuler, d'expérimenter.

Prenons un autre exemple : Louis Renault, le fondateur du célèbre constructeur automobile du même nom. Louis Renault, pour être motivé à apprendre, avait besoin de voir le côté pratique et utile de chaque chose. Il était motivé pour expérimenter, manipuler, et non pour apprendre par cœur des connaissances.

La deuxième chose que vous devez savoir et connaître, c'est qu'il y a des personnes qui ont une façon d'apprendre qui correspond bien au système scolaire classique, et d'autres qui ont une façon d'apprendre qui correspond moins voire pas du tout au système scolaire. Ces élèves-là décrochent et se retrouvent en échec scolaire. C'était le cas d'Albert Einstein et de Louis Renault. Le jeune Albert Einstein était loin d'être brillant à l'école, et il s'y est pris à plusieurs fois pour réussir son bac. Quant à Louis Renault, lui, il était vraiment allergique à l'école. Il ne voyait aucune utilité à apprendre le français, les maths, la physique ou les langues étrangères. Mais tous les deux avaient parfaitement conscience de la façon dont ils apprenaient le mieux, c'est ce qui leur a permis de ne jamais perdre la motivation à apprendre, mais à apprendre dans un système autre que le système scolaire classique, qui leur correspondait mieux.

*D'après la chaîne de Jean-François Michel, Apprendre à apprendre.*

a. L'article propose une description de parcours atypiques. ☐ Vrai ☐ Faux
Justification : _____
*1 point*

b. D'après l'article, tout le monde a le même profil d'apprentissage. ☐ Vrai ☐ Faux
Justification : _____
*1 point*

c. Selon l'article, Albert Einstein était capable de mémoriser certaines disciplines. ☐ Vrai ☐ Faux
Justification : _____
*1 point*

d. D'après l'article, Albert Einstein avait un profil d'apprentissage kinesthésique. ☐ Vrai ☐ Faux
Justification : _____
*2 points*

e. Selon l'article, Louis Renault n'était motivé par rien quand il était jeune. ☐ Vrai ☐ Faux
Justification : _____
*2 points*

f. D'après l'article, Albert Einstein et Louis Renault se sont finalement adaptés au système scolaire. ☐ Vrai ☐ Faux
Justification : _____
*2 points*

g. Finalement, selon l'article, on peut réussir si on connaît sa façon d'apprendre. ☐ Vrai ☐ Faux
Justification : _____
*1 point*

# Unité 8 — Leçon 29 : Expliquer des tendances professionnelles

## COMPRENDRE

**1** Lisez l'article et répondez aux questions.

### Emploi

### Les tendances auxquelles les entreprises devraient s'adapter en 2023

Un récent sondage a permis de voir se détacher quelques tendances que les entreprises devront prendre en compte si elles veulent rester attractives.

**1**
On observe aujourd'hui un écart persistant entre la demande des employeurs et l'offre de candidats, accentué notamment par le vieillissement de la population. Toutefois, si les employeurs réduisent leurs besoins en matière d'embauche, en redéfinissant certaines fiches de poste par exemple, ils pourraient se satisfaire de cette situation.

**2**
5 La pandémie ayant imposé le travail à distance, plusieurs rapports montrent qu'aujourd'hui les offres d'emploi proposant ces modalités de travail sont plus nombreuses. Les entreprises qui recherchent exclusivement des emplois sur site sont alors désavantagées, les travailleurs souhaitant en majorité travailler à domicile.

**3**
Tout d'abord, la rémunération reste un facteur déterminant pour les demandeurs d'emploi. Les
10 employeurs proposant des emplois moins bien rémunérés devront faire des efforts pour attirer les demandeurs d'emploi.

**4**
Outre la rémunération, les trois principaux avantages qui intéressent le plus les demandeurs d'emploi sont les soins de santé, les régimes de retraite et les congés payés. Par ailleurs, la culture d'entreprise se révèle aujourd'hui être un aspect essentiel. À ce titre, les employés exigent un plus
15 grand bien-être plaidant pour une plus grande flexibilité ainsi qu'une amélioration des conditions de travail (open space, réduction du nombre et de la longueur de réunion…).

D'après *Culture RH*, janvier 2023.

**Ex. :** Dans quel contexte l'article a-t-il été écrit ?
→ L'article a été écrit suite à une étude statistique sur les exigences des salariés.

a. Comment explique-t-on la différence entre l'offre et la demande en matière d'embauche ?
→ ................................................................................................................

b. Quel conseil donne le journaliste pour faire face à la pénurie de main-d'œuvre ?
→ ................................................................................................................

c. D'après l'article, quelle est la raison de l'émergence du télétravail ?
→ ................................................................................................................

d. Comment le journaliste explique-t-il que le télétravail se soit maintenu ensuite ?
→ ................................................................................................................

e. En plus du salaire, quels sont les deux éléments que les salariés prennent en compte dans une entreprise ?
→ ................................................................................................................

f. Pourquoi peut-on dire que les salariés sont de plus en plus exigeants sur le temps de travail ?
→ ................................................................................................................

LEÇON **29**

**2** Relisez l'article et associez les titres aux paragraphes.
   a. Une offre limitée de main-d'œuvre → paragraphe 1
   b. Des exigences salariales plus fortes → paragraphe ........
   c. Le bonheur et le bien-être comme facteur de motivation → paragraphe ........
   d. Le maintien du télétravail → paragraphe ........

## VOCABULAIRE

### Les anglicismes (professions) (1)

**3** Associez les professions équivalentes.

   a. un(e) manager
   b. un(e) community manager
   c. un(e) traffic manager
   d. un(e) UX designer

   1. Un(e) concepteur/conceptrice de parcours utilisateurs.
   2. Un(e) expert(e) d'Internet et du marketing.
   3. Un(e) responsable.
   4. Un(e) responsable des réseaux.

### Le monde professionnel

**4** Complétez l'offre d'emploi avec les mots et les expressions suivants :
collaborateur/collaboratrice • flexibilité • bac + 5 • évolution de carrière • formation • indépendant(e) • pont

> **Assistant architecte h/f**
>
> Cabinet d'architecture reconnu dans le département de la Gironde, nous sommes à la recherche de notre futur(e) **collaborateur/collaboratrice** dans le cadre de notre développement. Fort(e) d'une ................ d'architecte de niveau ................, vous bénéficiez de 2 ans d'expérience dans le domaine. Doué(e) d'une grande ................ et capable d'être ................ dans votre travail, vous participerez à des projets pluridisciplinaires faisant le ................ entre architecture, urbanisme et paysagisme. ................ rapide.
>
> **Basé à Bordeaux**
> **Salaire :** 34 000 – 42 000 euros + RTT + télétravail
> **Contrat en CDI** (3 mois d'essai)

### Le monde professionnel, les expressions

**5** Associez les expressions à leur définition puis employez ces expressions dans une phrase.

   a. apporter sa pierre à l'édifice
   b. passer un cap
   c. prendre le large
   d. donnant-donnant
   e. quitter son emploi

   1. Démissionner.
   2. Participer à un projet.
   3. Demande de contrepartie à un service.
   4. Traverser une épreuve difficile.
   5. S'en aller, s'enfuir.

   a. Ce travail collaboratif est une pleine réussite, Colette est fière d'avoir apporté sa pierre à l'édifice.
   b. ................
   c. ................
   d. ................
   e. ................

# Leçon 29 — Expliquer des tendances professionnelles

## GRAMMAIRE

### Les indéfinis

**6** Complétez les phrases avec les indéfinis suivants :

~~n'importe quoi~~ • chacun • chaque • d'autres • certaines • quelques-unes • un autre

**Ex. :** Aujourd'hui, les salariés ne sont plus prêts à accepter de faire **n'importe quoi** dans le cadre de leur travail.

a. _____ salarié de l'entreprise dispose des mêmes droits.

b. Il faut reconnaître que _____ des avancées sociales ont eu une répercussion notable sur les conditions de travail des salariés.

c. Par souci d'équité, le manager a reçu _____ avant de mettre en place les nouvelles règles au sein du bureau.

d. Certains membres de l'équipe ont décidé de transformer leur RTT en jour de congés, _____ ont demandé à être payés.

e. À défaut d'obtenir une journée de télétravail par semaine, les jeunes préfèrent souvent chercher _____ poste.

f. _____ générations ne sont plus prêtes à travailler dans n'importe quelles conditions.

### Le participe composé

**7** 🎧 53 Écoutez les phrases. Entendez-vous un participe présent ou un participe composé ? Cochez la réponse correcte.

|  | Ex. | a. | b. | c. | d. | e. | f. | g. |
|---|---|---|---|---|---|---|---|---|
| Participe présent |  |  |  |  |  |  |  |  |
| Participe composé | ✔ |  |  |  |  |  |  |  |

**8** Reformulez les phrases avec un participe composé. Faites les transformations nécessaires.

**Ex. :** Comme l'entreprise a accordé deux jours de télétravail aux salariés, ces derniers se sont montrés plus engagés dans leurs missions.
→ Les salariés se sont montrés plus engagés dans leurs missions, l'entreprise leur ayant accordé deux jours de télétravail.

a. La majorité des personnes qui ont testé le télétravail sont prêtes à le mettre en place de façon régulière.
→ _____

b. Les accords d'entreprises ont prévu de réviser le règlement interne, les employés sont très optimistes.
→ _____

c. Comme les entreprises ont accepté de s'adapter aux attentes des salariés, les conditions de travail sont de plus en plus agréables.
→ _____

d. Les boomers ont défendu les droits sociaux et les nouvelles générations en profitent pleinement.
→ _____

e. Le monde a été confronté à de nouvelles préoccupations, par conséquent, les salariés ont déplacé leurs exigences.
→ _____

## COMMUNIQUER

**9** Vous lisez des statistiques sur les critères qui influencent le choix d'une entreprise. Vous les commentez : vous résumez les tendances et vous les expliquez.

---

**www.monblog.fr**

La question du jour :

### Quels critères vous feraient choisir une entreprise plutôt qu'une autre ?

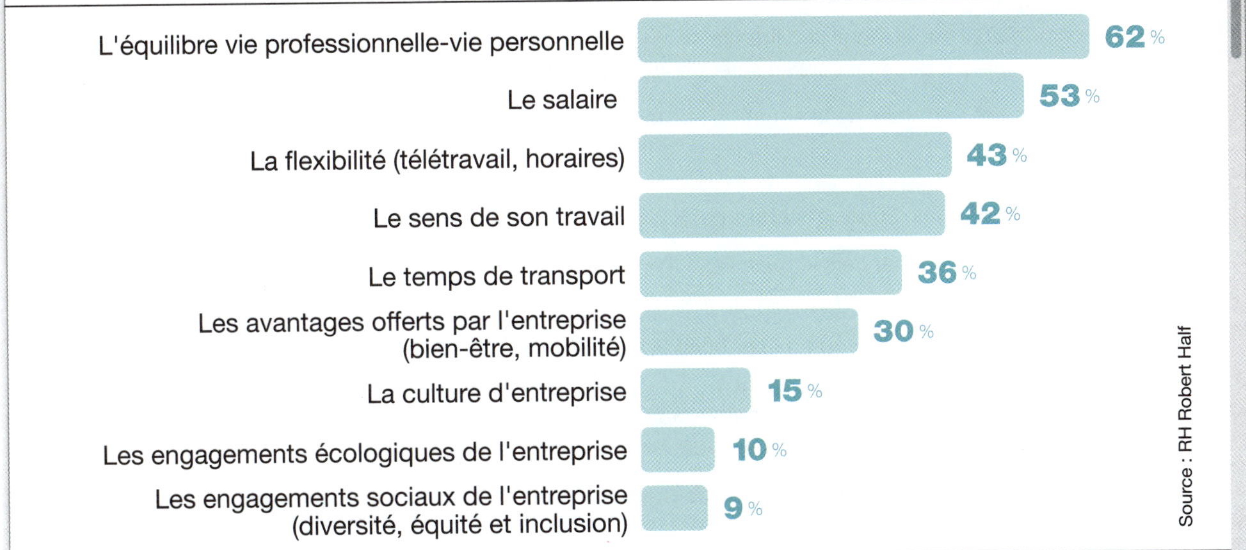

- L'équilibre vie professionnelle-vie personnelle — **62** %
- Le salaire — **53** %
- La flexibilité (télétravail, horaires) — **43** %
- Le sens de son travail — **42** %
- Le temps de transport — **36** %
- Les avantages offerts par l'entreprise (bien-être, mobilité) — **30** %
- La culture d'entreprise — **15** %
- Les engagements écologiques de l'entreprise — **10** %
- Les engagements sociaux de l'entreprise (diversité, équité et inclusion) — **9** %

Source : RH Robert Half

---

**10** Une émission de radio lance un appel à témoin sur l'évolution de notre rapport au travail. Vous y répondez en faisant référence à vos expériences et/ou à celles de vos proches. Enregistrez-vous.

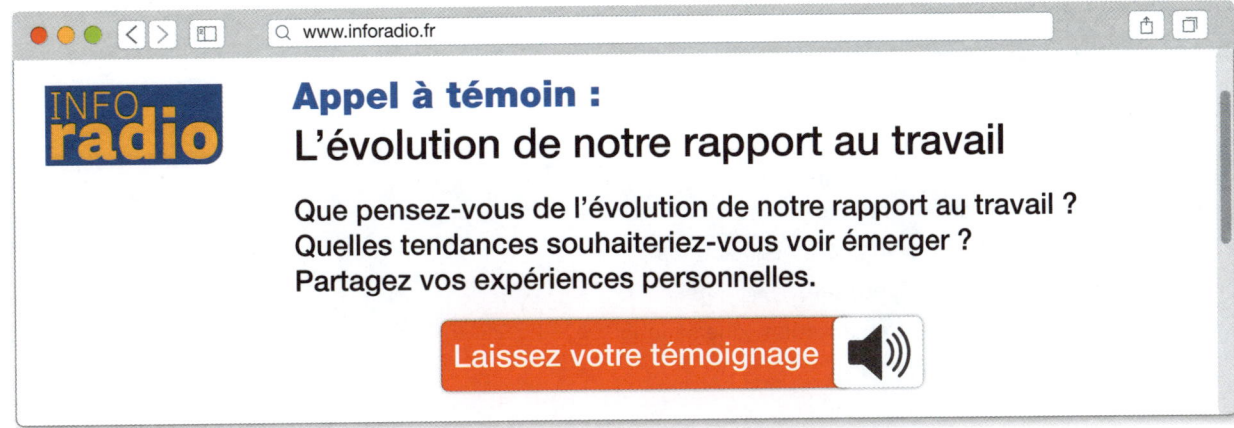

**www.inforadio.fr**

**INFO radio**

**Appel à témoin :**
### L'évolution de notre rapport au travail

Que pensez-vous de l'évolution de notre rapport au travail ?
Quelles tendances souhaiteriez-vous voir émerger ?
Partagez vos expériences personnelles.

**Laissez votre témoignage** 🔊

# Unité 8 · Leçon 30 — Analyser la place du travail

## COMPRENDRE

**1** 🎧 54 **Écoutez l'émission de radio et cochez les réponses correctes.**

**Ex. :** Quelle est la rubrique de l'émission de radio ?
☐ Un flash d'informations.
☑ Une chronique économique.
☐ Un débat de société.

a. Quel est le sujet de la rubrique ?
☐ La démotivation des Français au travail.
☐ L'impact du travail sur le moral des Français.
☐ Le mécontentement des Français au sujet de leurs conditions de travail.

b. Quel événement est à l'origine de la situation actuelle ?
☐ La crise sanitaire.
☐ La réforme du code du travail.
☐ Les revendications des jeunes générations.

c. Pour quelle proportion de Français le travail est-il une valeur centrale ?
☐ 25 %.  ☐ 33 %.  ☐ 50 %.

d. Comment pourrait-on résumer l'état d'esprit des Français aujourd'hui ?
☐ Ils veulent travailler plus pour gagner plus.
☐ Ils sont prêts à travailler moins pour gagner moins.
☐ Ils défendent leur droit à travailler moins pour le même salaire.

e. En plus de la quête de sens et des conditions de travail, que recherchent les Français dans leur travail ?
☐ Une plus grande reconnaissance.
☐ Une hiérarchie moins pyramidale.
☐ Un assouplissement des processus.

f. Que souligne le chroniqueur face aux choix des Français en matière de travail ?
☐ Qu'ils ont une attitude contradictoire.
☐ Qu'ils sont prêts à diminuer encore leur temps de travail.
☐ Qu'ils préfèrent occuper des postes dans le domaine public.

g. Que révèlent les chiffres de l'OCDE ?
☐ Les Français disposent des meilleurs salaires.
☐ Les Français ont le taux de chômage le moins élevé.
☐ Les Français représentent la population qui travaille le moins.

## VOCABULAIRE

### ◀ Le travail (1), la loi

**2 Barrez l'intrus.**

**Ex. :** être à la tête de · diriger · ~~recruter~~

a. des pourparlers · des accords · des négociations
b. se devoir · se prévaloir · s'imposer
c. une condamnation · une préconisation · une sanction
d. pionnier · novateur · directeur
e. licencier · démissionner · congédier

 cent six

LEÇON **30**

## Les anglicismes (2)

**3** 🎧 55 **Écoutez le discours d'accueil de la directrice d'une école. Écrivez les cinq anglicismes entendus et donnez un mot ou une expression équivalent(e) en français.**

**Ex. :** le staff → l'équipe

a. ........................... → ...........................
b. ........................... → ...........................
c. ........................... → ...........................
d. ........................... → ...........................
e. ........................... → ...........................

## Les expressions

**4 Remettez dans l'ordre les deux expressions. Donnez leur définition et utilisez-les dans une phrase.**

**Ex. :** vogue • un • en • phénomène
→ un phénomène en vogue
Définition : Pratique suivie par de nombreuses personnes à un moment donné.
Phrase : Le télétravail est un phénomène en vogue depuis la pandémie.

a. tout • tout • changer • du • au

→ ...........................
Définition : ...........................
Phrase : ...........................

b. hâte • une • avoir • seule • n' • qu'

→ ...........................
Définition : ...........................
Phrase : ...........................

## GRAMMAIRE

## La condition

**5 Lisez les phrases. Entourez l'expression de condition qui convient.**

**Ex. :** Ils acceptent des réunions sur leur lieu de villégiature (**à défaut**) • **à condition** d'être en congés.

a. Les salariés bénéficient d'une semaine de quatre jours **à condition de** • **à condition que** travailler deux heures de plus chaque jour.

b. De nombreux salariés acceptent de télétravailler **quand bien même** • **pourvu que** leur entreprise respecte leur vie personnelle.

c. Le télétravail présente de nombreux avantages **quand bien même** • **à condition qu'** on l'associerait à une baisse de la productivité.

d. Les salariés attendent que l'entreprise passe à la semaine de quatre jours. Ils sont prêts **le cas échéant** • **à défaut** à déplacer le jour gagné.

e. Le salarié peut mettre en avant son droit à la déconnexion **à défaut de** • **à condition de** démontrer que l'entreprise ne respecte pas les horaires.

f. Nous avons programmé une réunion en urgence. **Pourvu qu'** • **À condition qu'** il ait pensé à prendre son ordinateur !

cent sept 107

# Leçon 30 — Analyser la place du travail

## L'hypothèse (2)

**6 Reformulez les phrases avec la structure entre parenthèses.**

**Ex. :** Les tracances pourraient être légalisées ou encore être interdites selon les prochaines décisions concernant le travail à distance. (ou… ou…)
→ Ou les tracances seront légalisées ou elles seront interdites selon les prochaines décisions concernant le travail à distance.

a. Le droit à la déconnexion est un recours possible si le salarié estime qu'il est trop sollicité en dehors de ses heures de travail. (au cas où)
→ ..........................................................................................

b. Les chefs d'entreprise sont prêts à sanctionner leurs employés s'ils ne respectent pas les horaires de réunion. (dans l'hypothèse où)
→ ..........................................................................................

c. Deux possibilités s'offrent à lui : accepter de télétravailler un jour par semaine ou démissionner. (soit… soit…)
→ ..........................................................................................

d. Si ton entreprise était délocalisée, tu accepterais de partir à l'étranger ? (au cas où)
→ ..........................................................................................

e. Les employés de cette entreprise ont la possibilité de choisir entre la semaine de quatre jours et une semaine de vacances supplémentaire. (ou… ou…)
→ ..........................................................................................

f. Si tu pouvais profiter de tes vacances tout en travaillant, tu accepterais ? (dans l'hypothèse où)
→ ..........................................................................................

**7 🎧 56 Écoutez les phrases. Entendez-vous une hypothèse ou une condition ? Cochez la réponse correcte.**

|  | Ex. | a. | b. | c. | d. | e. | f. | g. |
|---|---|---|---|---|---|---|---|---|
| Condition | ✔ | | | | | | | |
| Hypothèse | | | | | | | | |

## Les connecteurs pour organiser son discours (2)

**8 Rétablissez l'ordre logique de ce discours. Numérotez les phrases.**

[1] a. Nous sommes nombreux à nous interroger sur le droit à la déconnexion. Qu'en est-il des e-mails envoyés par les salariés en dehors des heures de travail ?

[ ] b. Pourtant, si les pratiques ont considérablement évolué, on observe encore de nombreux écarts de la part des salariés.

[ ] c. De façon générale, on observe aujourd'hui une plus grande responsabilisation des employeurs.

[ ] d. En d'autres termes, beaucoup d'e-mails continuent d'être envoyés en dehors des heures de travail… par ceux qui ont voulu qu'on les protège des pratiques des entreprises !

[ ] e. Pour cela, la loi de 2016 visait à sanctionner les entreprises qui ne respecteraient pas ce nouveau droit reconnu des salariés.

LEÇON **30**

## COMMUNIQUER

**9** Vous expliquez le slogan d'une manifestation pour la réduction du temps de travail et l'avancement de l'âge de la retraite en France. Vous donnez votre avis sur la place du travail. Enregistrez-vous.

**10** Vous souhaitez mettre en place deux jours de télétravail dans votre entreprise. Vous adressez un e-mail au P-DG de votre entreprise au nom de vos collègues pour le convaincre.

**De :** equipe@mediaprod.com
**à :** b.raminov@mediaprod.com
**Objet :** Proposition de mise en place du télétravail

# Unité 8 — Leçon 31 : Dévoiler des tabous professionnels

## COMPRENDRE

**1.** 🎧 57 Écoutez l'émission de radio. Cochez les problèmes que rencontre l'auditrice.

- ☑ Le stress au travail
- ☐ Les horaires décalés
- ☐ La répartition des congés
- ☐ L'augmentation de salaire
- ☐ Le syndrome de l'imposteur
- ☐ Le manque de formation
- ☐ La pression des supérieurs

**2.** 🎧 57 Réécoutez l'émission et cochez *Vrai* ou *Faux*. Justifiez votre réponse avec la/les phrase(s) entendue(s).

**Ex. :** L'émission traite de l'influence de l'organisation du travail sur les salariés.  ☐ Vrai  ☑ Faux
Justification : « des salariés [...] qui souffrent de stress au travail [...] racontent comment leur état moral impacte leur vie au quotidien et dans quelle mesure il influence leurs relations avec leur entreprise. »

a. L'auditrice évoque ses difficultés à la fois sur le plan professionnel et sur le plan personnel.  ☐ Vrai  ☐ Faux
Justification : _____

b. L'auditrice a une trentaine d'années.  ☐ Vrai  ☐ Faux
Justification : _____

c. L'auditrice est manager.  ☐ Vrai  ☐ Faux
Justification : _____

d. Elle se plaint de l'évolution des conditions de travail.  ☐ Vrai  ☐ Faux
Justification : _____

e. Elle a décidé d'adapter ses pratiques professionnelles.  ☐ Vrai  ☐ Faux
Justification : _____

f. Elle a pu parler de son stress avec ses supérieurs.  ☐ Vrai  ☐ Faux
Justification : _____

g. Elle voudrait que son entreprise réagisse aux problèmes des salariés.  ☐ Vrai  ☐ Faux
Justification : _____

LEÇON **31**

## VOCABULAIRE

### Le travail (2), les anglicismes (3)

**3** Associez les mots à leur définition. Écrivez une phrase avec chacun d'eux.

a. une self-made-woman • • 1. Le salaire minimum en France.
b. un gap • • 2. Un décalage, un écart.
c. une prime • • 3. Une femme autodidacte.
d. le SMIC • • 4. Une somme versée en plus du salaire.

a. J'admire la carrière de cette femme, elle est à la tête d'une entreprise de cinq cents salariés alors que c'est une self-made-woman.

b. 

c. 

d. 

### La quantité

**4** Lisez les phrases. Soulignez le mot ou l'expression qui convient.

**Ex. :** La définition du syndrome de l'imposteur présente <u>un flou</u> • une fourchette aujourd'hui, car certains le confondent encore avec le fait de ne pas avoir d'expérience.

a. Il s'est présenté avec **une somme • une batterie** de diplômes mais il a été incapable de répondre aux questions lors de l'entretien.

b. L'écart entre les revenus des salariés de cette entreprise représente **une fourchette • une somme** non négligeable.

c. Alan n'est pas clair sur son salaire, il prétend être payé **autant • de tant** au projet **autant • à tant** au déplacement.

d. Si l'on comptabilise tous les tabous dans le monde professionnel, cela représente **une somme • un flou** considérable.

e. La nouvelle grille salariale ne satisfait pas les membres de l'entreprise car elle entretient **une fourchette • un flou** au niveau de certains postes.

### Les expressions

**5** Complétez le dialogue avec les expressions suivantes. Faites les transformations nécessaires.

~~être montré du doigt~~ • être catalogué • être en rage • CQFD • *a priori*

**Oliver :** Je n'en peux plus d'être montré du doigt parce que je n'ai pas les mêmes diplômes que les autres.

**Tabatha :** Je ne comprends pas, on te reproche de ne pas avoir suffisamment de diplômes ?

**Oliver :** Oui, j'_____ depuis le début car les candidats avaient tous fait une grande école en France.

**Tabatha :** Mais tu as vu leur CV ?

**Oliver :** Oui, on n'a pas manqué de me les montrer !

**Tabatha :** Est-ce qu'ils avaient aussi occupé plusieurs postes à l'étranger comme toi ?

**Oliver :** Non mais _____, c'est plus important ici d'avoir une batterie de diplômes sur son CV ! Franchement, je _____ !

**Tabatha :** Ouh là ! Tu ne souffrirais pas du syndrome de l'imposteur, toi ?

**Oliver :** Pas du tout. Je dis juste que je n'ai pas suivi le bon cursus.

**Tabatha :** _____ !

# Leçon 31 — Dévoiler des tabous professionnels

## GRAMMAIRE

### Le gérondif

**6** 🎧 58 Écoutez les phrases. Expriment-elles une hypothèse ou une cause ? Cochez la réponse correcte.

|           | Ex. | a. | b. | c. | d. | e. | f. | g. | h. |
|-----------|-----|----|----|----|----|----|----|----|----|
| Hypothèse |     |    |    |    |    |    |    |    |    |
| Cause     | ✓   |    |    |    |    |    |    |    |    |

**7** Reformulez les phrases en utilisant un gérondif.

**Ex. :** Puisque nous bénéficions de deux jours de télétravail, nous pouvons allonger nos week-ends dans notre maison de campagne.
→ En bénéficiant de deux jours de télétravail, nous pouvons allonger nos week-ends dans notre maison de campagne.

a. Si les tracances sont légalisées, les salariés gagneront en confiance et seront plus productifs.
→ ..................................................................................................................................

b. Si on parlait tous librement de notre salaire, on réduirait les inégalités.
→ ..................................................................................................................................

c. Il a évité de faire remarquer qu'il était sur son lieu de villégiature car il savait que ses managers étaient en congés.
→ ..................................................................................................................................

d. Est-ce que tu pourrais travailler au bord de la mer si tu étais manager ?
→ ..................................................................................................................................

e. Nous avons rédigé une lettre à notre direction comme nous avons appris que notre principal concurrent avait proposé une nouvelle organisation du travail.
→ ..................................................................................................................................

f. Les entreprises seraient plus productives si elles considéraient davantage le bien-être de leurs salariés.
→ ..................................................................................................................................

g. Certains managers souffrent moins du stress parce qu'ils adaptent leurs pratiques professionnelles.
→ ..................................................................................................................................

h. Si on parvient à développer une bonne estime de soi, on échappe au syndrome de l'imposteur.
→ ..................................................................................................................................

## LEÇON 31

### COMMUNIQUER

**8** Vous avez lu cette citation dans un article sur le stress au travail. Vous la commentez sur le forum.

**Stop stress**

Actualités     Dossiers     **Forum**     Adresses utiles

#### Le stress au travail

« Un cadre surchargé de travail et stressé est le meilleur cadre qui soit car il n'a pas le temps de se mêler de tout, de s'embarrasser de petites choses, ni d'ennuyer les gens. »

Jack Welch

### PHONÉTIQUE

#### L'expressivité, le ton, l'humeur

**9** 🎧 59 Écoutez les phrases. Cochez le ton utilisé.

|  | Ex. | a. | b. | c. | d. | e. | f. | g. | h. |
|---|---|---|---|---|---|---|---|---|---|
| L'amusement | ✔ | | | | | | | | |
| L'autodérision | | | | | | | | | |
| La conviction | | | | | | | | | |
| Le mécontentement | | | | | | | | | |
| L'enthousiasme | | | | | | | | | |
| Le détachement | | | | | | | | | |
| L'étonnement | | | | | | | | | |
| L'ironie | | | | | | | | | |
| Le découragement | | | | | | | | | |

# UNITÉ 8 — BILAN

## Compréhension orale — 10 points

**1** 🎧 60 **Écoutez la chronique radio et cochez la réponse correcte.**

a. Quel est le thème principal de la chronique ? — *1 point*
- ☐ Le temps de travail.
- ☐ Le rapport au travail.
- ☐ L'équilibre dans le travail.

b. À quoi était associé le travail pour la génération des baby-boomers ? — *2 points*
- ☐ À une représentation sociale.
- ☐ À un épanouissement personnel.
- ☐ À un accomplissement nécessaire.

c. Quelle avancée sociale a permis aux salariés français de disposer de temps libre ? — *2 points*
- ☐ Les aides à la formation.
- ☐ Les congés payés.
- ☐ La prise en charge du transport.

d. Aujourd'hui, que reprochent les salariés aux entreprises ? — *2 points*
- ☐ Les grilles de salaire.
- ☐ Les modalités de travail.
- ☐ L'organisation du travail.

e. En plus des risques pour la santé, quelle est la préoccupation actuelle de certains salariés ? — *2 points*
- ☐ Ils ne trouvent pas de sens à leur travail.
- ☐ Ils sont débordés par les tâches demandées.
- ☐ Ils ne se sentent pas valorisés dans leurs fonctions.

f. Quelle est la position du journaliste à la fin de la chronique ? — *1 point*
- ☐ Il est optimiste.
- ☐ Il reste prudent.
- ☐ Il se montre inquiet.

## Production écrite — 10 points

**2** Lisez l'extrait du poème de Michel Houellebecq. Quelle vision donne-t-il du travail ? Pensez-vous que cela corresponde à la réalité actuelle ? Vous commentez cet extrait en faisant référence à des exemples concrets.

> [...]
> Les cadres montent vers leur calvaire
> Dans des ascenseurs de nickel,
> Je vois passer les secrétaires
> Qui se remettent du rimmel.
> Sous les maisons, au fond des rues,
> La machine sociale avance
> Vers des objectifs inconnus ;
> Nous n'avons plus aucune chance.

Michel Houellebecq, *Le Sens du combat*, © Michel Houellebecq – Flammarion 1996.

# BILAN

 **Compréhension écrite**  10 points

**3** Lisez l'article et répondez aux questions.

## La semaine de quatre jours, *une fausse bonne idée ?*

La liste des maladies et des difficultés liées au travail ne cesse de s'allonger, s'ajoutent à cela, la crise climatique, la récente pandémie, le taux de chômage. La semaine de quatre jours, déjà adoptée par nos voisins belges, semblerait présenter une alternative intéressante. Mais est-ce vraiment une bonne idée ?

Les salariés ont besoin de retrouver du sens à leur vie. Gagner une journée pourrait permettre à chacun de retrouver du temps pour se recentrer et prendre soin de ses proches. Un jour de travail en moins, c'est du stress, de la pression, des contraintes en moins… et par conséquent, des salariés plus heureux de se rendre à leur travail, plus enthousiastes aussi. Certes, mais il ne faut pas négliger les deux heures supplémentaires de travail pour les quatre jours restants. Autant dire que cette journée de repos porterait, pour le coup, très bien son nom ! Le passage à la semaine de quatre jours impliquerait de mener les mêmes missions avec un agenda réduit. Il n'est pas certain que la concentration ne fluctue pas sur une journée de 10 heures, et donc l'efficacité ! Pas sûr que cela réduise les maladies professionnelles, tout cela !

Alors qu'on s'est battus pour réduire les journées de travail, contre les heures supplémentaires au travail, on a le sentiment que cette nouvelle mesure présenterait un vrai retour en arrière. Si cette nouvelle organisation du temps de travail permettait aux salariés de revoir leur rapport au travail ? Il faut reconnaître qu'ils ont parfois tendance à perdre du temps sur certaines tâches qui leur sont confiées. Peut-être qu'alors, la limitation des jours de travail pourrait les conduire à prioriser les tâches et à être plus efficaces dans leur travail. La semaine de quatre jours semble plaisante sur le papier. Peut-être devrait-elle être proposée plutôt qu'imposer, laissant chaque salarié libre de choisir son propre rythme… Selon qu'il soit capable ou non d'adapter sa vie personnelle à ce bouleversement.

**Ex. :** À quelles thématiques le journaliste fait-il référence pour introduire son article ?
→ Aux maladies professionnelles ainsi qu'aux crises climatiques, sanitaires et sociétales.

**a.** Pourquoi la semaine de quatre jours est-elle un sujet d'actualité en France ?   *1 point*
→ _____

**b.** En quoi la semaine de quatre jours présenterait-elle un avantage d'un point de vue personnel ?   *2 points*
→ _____

**c.** Quelle conséquence cette réorganisation du travail aurait-elle dans le quotidien des Français ?   *2 points*
→ _____

**d.** Pourquoi le journaliste parle-t-il de « retour en arrière » ?   *2 points*
→ _____

**e.** À quel niveau la réorganisation du temps de travail présenterait un avantage selon lui ?   *2 points*
→ _____

**f.** Quelle proposition fait-il en conclusion ?   *1 point*
→ _____

 **Production orale**  10 points

**4** Pensez-vous qu'à l'avenir l'entreprise devra s'adapter davantage à ses salariés ? Donnez votre point de vue sur le sujet. Enregistrez-vous.

# UNITÉ 9 — Leçon 33 : Donner des explications

## COMPRENDRE

**1.** 🎧 61 **Écoutez le reportage. Cochez la réponse correcte.**

**Ex. :** Quel est le sujet de ce reportage ?
- ☐ Les activités sportives chez les personnes âgées.
- ☑ La question de la santé chez les personnes âgées.
- ☐ La gestion de la douleur chez les personnes âgées.

a. Comment définit-on la vieillesse aujourd'hui ?
- ☐ À partir d'une tranche d'âge.
- ☐ En fonction des pathologies.
- ☐ Selon les capacités physiques.

b. Pourquoi la vieillesse est-elle une question de santé publique ?
- ☐ Parce que certaines maladies progressent.
- ☐ Parce que la population vit plus longtemps.
- ☐ Parce que le nombre de personnes âgées augmente.

c. Où en sont les recherches pour lutter contre les problèmes liés à la vieillesse ?
- ☐ De nombreuses études sont en cours et les laboratoires se concurrencent.
- ☐ Les recherches n'apportent pas de résultats satisfaisants à l'heure actuelle.
- ☐ On est sur le point de mettre au point une molécule contre les signes de l'âge.

d. À quelle période de la vie les comportements à risque ont-ils le plus de conséquences ?
- ☐ À l'entrée à l'âge adulte.
- ☐ Chez les adultes en milieu de vie.
- ☐ Lors de l'entrée dans le troisième âge.

e. De quoi témoignent les personnes à la fin du reportage ?
- ☐ De leur mode de vie pour vieillir sereinement.
- ☐ De leur lutte contre les maladies liées à l'âge.
- ☐ De leur activité physique depuis qu'ils sont âgés.

f. À quel état d'esprit coïncide la vieillesse selon le dernier témoin ?
- ☐ À une nouvelle sérénité.
- ☐ À une forme d'introspection.
- ☐ À des inquiétudes douloureuses.

**2.** 🎧 61 **Réécoutez le reportage et répondez aux questions.**

**Ex. :** Dans quel contexte a été fait ce reportage ?
→ La gériatrie concerne aujourd'hui des personnes de 70-75 ans contre 65 ans il y a quelques années.

a. Quelles sont les principales maladies chroniques citées par le journaliste ? Écrivez-en trois.
→ ................................................................

b. Quelles sont les conséquences des comportements à risque ?
→ ................................................................
................................................................

c. Qu'est-ce qui opposent les deux témoins ?
→ ................................................................
................................................................

cent seize

## LEÇON 33

### VOCABULAIRE

## L'âge (2), les expressions

**3** Complétez la légende du schéma avec les expressions suivantes :
un adulte émergent • un rite de passage • un adulte en milieu de vie • avoir un pied dans la tombe • sortir du bac à sable • un senior

a. ...................
b. ...................
c. ...................
d. ...................
e. ...................

a. b. **Ex. :** un adulte émergent c. d. e.

## Le sport (2), la santé (2), la société (2)

**4** Classez les expressions dans le tableau. Sélectionnez une expression de chaque colonne et écrivez une phrase.
la sédentarité • l'arthrose • les capacités musculaires • la stabilité • la vitalité • l'indépendance financière • la sarcopénie • la fonte musculaire • la musculature • la précarité • l'activité physique

| La santé | Le sport | La société |
|---|---|---|
|  | la sédentarité |  |
|  |  |  |
|  |  |  |
|  |  |  |
|  |  |  |

**Ex. :** L'arthrose entraîne une baisse de l'activité physique qui peut mener à une situation de précarité.

→ ...................

### GRAMMAIRE

## La conséquence

**5** Lisez les phrases. Soulignez les éléments qui expriment la conséquence.

**Ex. :** Le marketing mettant en avant des personnes jeunes <u>a pour conséquence de</u> stigmatiser les seniors.

a. Son médecin a été tellement convaincant que mon grand-père a réussi à se mettre au sport.
b. Le vieillissement de la population a conduit à définir de nouvelles catégories d'âges telles que les personnes « très âgées ».
c. Il y a tant de choix de vie aujourd'hui que chacun se sent plus libre d'assumer ses différences.
d. L'évolution de la société entraîne souvent un allongement des études.

cent dix-sept 117

# Leçon 33 — Donner des explications

**6** Complétez les phrases avec les expressions suivantes. Plusieurs réponses sont possibles.
par conséquent • en conséquence • si bien • tellement • tant • du coup • de sorte

**Ex. :** Certaines maladies conduisent à une fonte de la masse musculaire, *par conséquent*, les personnes atteintes éprouvent des difficultés à accomplir les gestes du quotidien.

a. Les personnes âgées ne sont pas toujours disposées à faire des activités physiques, _____ on leur propose des exercices adaptés.

b. Cette campagne d'incitation au sport pour les personnes âgées a eu beaucoup de succès _____ qu'on a dû refuser des gens dans certains clubs.

c. Le vieillissement de la population s'est _____ accentué ces dernières années que c'est devenu une vraie question de santé publique.

d. Il existe _____ de pathologies chez les personnes du troisième âge qu'on a créé des services spécialisés.

e. Les jeunes aujourd'hui ont des comportements qu'on attribuait aux personnes âgées autrefois _____ on ne parle plus de seuils familiaux et professionnels.

f. La tendance à la sédentarité de cette femme a inquiété ses petits-enfants _____ qu'ils l'ont conduite chez un médecin spécialiste en gériatrie.

**+7** Reformulez les phrases avec l'expression entre parenthèses.

**Ex. :** Certaines personnes parviennent à maintenir une bonne hygiène de vie. Elles ne voient apparaître les signes du vieillissement qu'après 80 ans. (si bien que)
→ *Certaines personnes parviennent à maintenir une bonne hygiène de vie si bien qu'elles ne voient apparaître les signes du vieillissement qu'après 80 ans.*

a. La fonte musculaire est liée à une diminution de l'activité physique. On incite les personnes âgées à faire du sport chaque semaine. (ce qui explique que)
→ _____

b. Les comportements évoluent ces dernières années. On ne peut plus les associer à des âges spécifiques. (tellement… que)
→ _____

c. Les rites de passage n'existent plus aujourd'hui. On peut rester adolescent sur certains aspects. (de sorte que)
→ _____

d. Les médecins vulgarisent les pathologies les plus fréquentes. Elles sont désormais connues de tous. (si bien… que)
→ _____

e. La population vieillit de plus en plus. On envisage de nouvelles prises en charge des personnes âgées. (du coup)
→ _____

f. Auparavant, les individus étaient soumis à des rites de passage. On identifiait clairement les différentes catégories d'âge. (par conséquent)
→ _____

## COMMUNIQUER

**8** Vous lisez un article consacré à la représentation de l'âge. Vous écrivez au courrier des lecteurs pour commenter une citation du dessinateur Philippe Geluck. Vous expliquez votre vision de la vieillesse.

**9** Vous préparez un exposé sur le thème des maladies liées à la vieillesse. Vous expliquez la sarcopénie à partir du schéma. Enregistrez-vous.

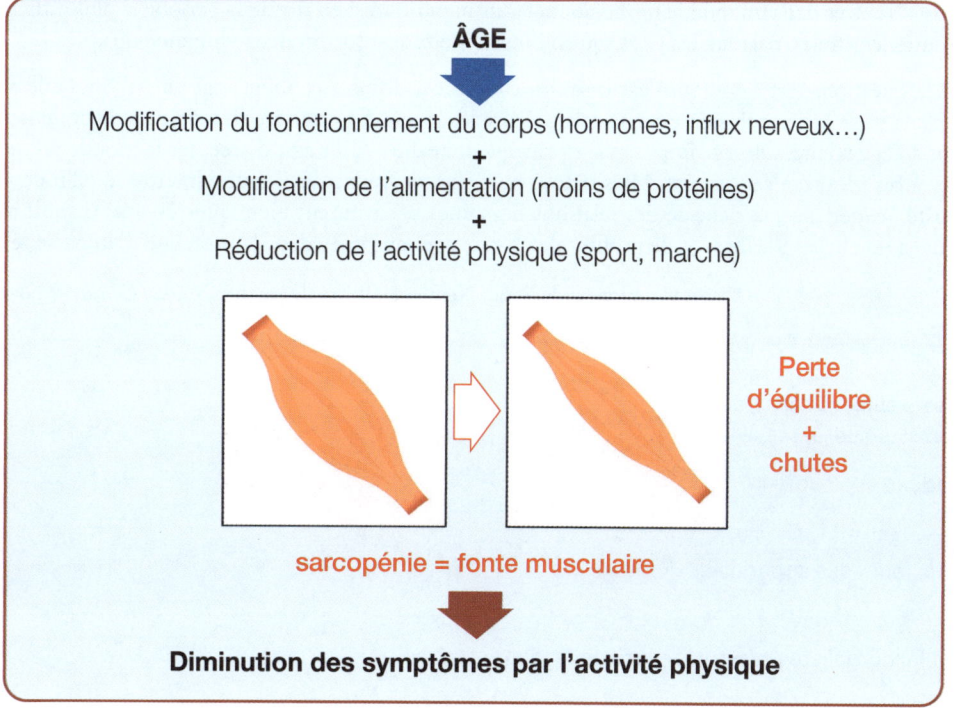

# UNITÉ 9 — Leçon 34 : Contester des injonctions

## COMPRENDRE

**1** Lisez l'article et répondez aux questions.

**Grandir ne fait plus rêver, et pourtant !**

Dans notre société, grandir ne fait plus rêver, et vieillir semble presque pire que mourir. Pourtant, de nombreuses études démontrent que l'on devient plus heureux avec le temps. Comment expliquer cette défiance envers l'âge adulte, et comment redonner envie aux jeunes de grandir ?

Ces dernières années, la jeunesse a été érigée comme « l'âge d'or de la vie », image largement colportée par la publicité, la presse, les réseaux sociaux, rendant l'âge adulte et la vieillesse de moins en moins enviables. D'après certains sociologues, la période est même à l'infantilisation, on souligne le pouvoir de l'adolescence, période d'insouciance et d'idéaux, et on fustige l'entrée dans l'âge adulte caractérisé par les obligations. Mais c'est surtout la
5  rêverie passée qu'on devrait regretter. Grandir effraie. Pour lutter contre cette entrée dans l'âge des responsabilités, on se réfugie dans « le syndrome de Peter Pan ». Cette théorie a été développée par un psychanalyste américain en 1983 et est basée sur le livre de James Matthew Barrie, popularisée plus récemment par Walt Disney dans son célèbre dessin animé.

Le personnage refusant d'être adulte fascine les plus jeunes… mais les adultes aussi ! L'histoire a de quoi faire
10  rêver, un enfant qui refuse de grandir et qui donne la chance à Wendy, une fillette ordinaire, de voler et d'aller jusqu'au Pays imaginaire. Pourtant, dans l'épilogue, on apprend que Peter Pan ne tint pas sa promesse de revenir la chercher chaque année. Et lors de sa dernière visite, Wendy comprit, après qu'ils eurent vécu des aventures pleines de rêverie, qu'elle ne retournerait jamais dans ce passé. La morale est amère et on nous montre ici que la réalité de l'âge adulte est redoutable.

15  Pourtant, tous les enfants veulent grandir : ils veulent devenir indépendants, pouvoir agir dans le monde, s'y faire une place. Et à peine plus tard, vers l'âge de 20 ans, s'imposent les discours des adultes : « Tu es en train de vivre les meilleures années de ta vie. » Mais c'est sans compter les épreuves qui jalonnent cette période. Qui peut affirmer qu'il a vécu une vingtaine radieuse ? Les relations amoureuses souvent douloureuses, les études parfois fastidieuses, l'entrée dans un monde professionnel sans merci… c'est en réalité la période la plus difficile de la vie !
20  Selon toutes les études, partout, les gens sont moins heureux avant la fin de la vingtaine qu'après.

Donc la question, c'est : pourquoi est-ce qu'on continue à diffuser ce mensonge sur la vingtaine comme plus bel âge de la vie ? Ma conclusion est que cela prépare les jeunes à n'attendre rien du monde et de la vie une fois parvenus à l'âge adulte. On leur impose un « principe de réalité » : il s'agit d'accepter le monde tel qu'il est et de renoncer à ses idéaux, à ses espoirs. Mais si tout n'est pas toujours rose, il faut admettre que l'indépendance de
25  la maturité, l'expérience, la richesse des relations humaines se savourent bien après 20 ans. Il suffit de ne pas se leurrer dans les clichés idéalisés et de profiter de chaque âge sans vivre dans la nostalgie d'un passé révolu.

D'après l'interview de Susan Neiman, *L'invité des matins*, *France Culture*, 9 novembre 2021.

**Ex. :** Quel est le sujet de l'article ?
→ La crainte des jeunes de grandir et les représentations des différents âges.

a. Quel paradoxe soulève-t-il ?
→ ........................................................

b. Pourquoi la jeunesse apparaît-elle idéale ?
→ ........................................................

c. Comment le journaliste juge-t-il la place de la jeunesse ?
→ ........................................................

LEÇON **34**

d. Pourquoi le « syndrome de Peter Pan » fait-il du tort aux jeunes selon le journaliste ?
→ ................................................................................

e. À quelle injonction les jeunes sont-ils confrontés ?
→ ................................................................................

f. Pourquoi le journaliste conteste-t-il cette injonction ?
→ ................................................................................

g. Quels conseils donne le journaliste pour profiter de son âge ?
→ ................................................................................

## VOCABULAIRE

### L'âge (3)

**2** Complétez l'article avec les mots et les expressions suivants :
~~l'espérance de vie~~ • l'âge médian • l'âgisme • le jeunisme • la ménopause • la transition démographique • sénile

> Avec l'allongement de **l'espérance de vie**, on voit apparaître des problématiques jusqu'alors peu répandues. Ainsi, l'augmentation du nombre de personnes âgées a engendré un rejet de cette catégorie de la population : ........................ . Les « boomers » n'ont pas tardé à réagir à ce mouvement, s'indignant de voir de plus en plus fréquemment élire des jeunes fraîchement diplômés à la tête des sociétés. ........................ était né. Mais les querelles entre les catégories d'âge ne se limitent pas à cela, paradoxalement, alors que ........................ fluctue, et qu'on observe des frontières de moins en moins nettes entre les différents âges de la vie. Les plus touchées sont les femmes, alors que les effets liés à l'âge de ........................ sont de plus en plus maîtrisés et leur permettent de moins subir cette période de transition. On s'acharne à leur faire remarquer les signes de l'âge, alors qu'on s'extasie sur les hommes « matures ». En somme, ........................ ne se fait pas sans mal et on ose espérer que plutôt que d'entretenir les discriminations, chacun saura s'adapter et faire preuve de tolérance… avant de devenir complètement ........................ !

### Les représentations, les expressions

**3** Associez les situations aux expressions suivantes :
~~un examen de conscience~~ • un vestige du passé • une injonction contradictoire • une invisibilisation

**Ex. :** Arrivée à l'âge de la retraite, Jeanne a réalisé qu'elle avait une idée fausse des personnes âgées. Il était tout à fait possible de voyager, de faire de nouvelles rencontres, voire même de se sentir jeune quand on dépassait les 65 ans.
→ un examen de conscience

a. D'un côté, on associe les hommes qui ont passé la cinquantaine à des personnes dans la fleur de l'âge et d'un autre, on pointe du doigt les femmes de 50 ans en leur reprochant de ne plus être aussi séduisantes qu'à 30 ans.
→ ................................................................................

b. Il a des difficultés à se reconnaître sur les photos de lui quand il avait 20 ans. Il a l'impression que ce passé est très lointain et ne lui appartient plus. → ................................................................

c. La publicité ne prête pas attention aux personnes qui ont passé un certain âge et préfèrent mettre en avant des personnes jeunes. → ................................................................

# UNITÉ 9

## Leçon 34 — Contester des injonctions

### GRAMMAIRE

#### Le passé antérieur

**4** 🎧 62 Écoutez et cochez les phrases avec un passé antérieur.

|  | Ex. | a. | b. | c. | d. | e. | f. |
|---|---|---|---|---|---|---|---|
| Passé antérieur | ✓ |  |  |  |  |  |  |

**5** Lisez le récit. Conjuguez les verbes entre parenthèses au passé antérieur.

> **L'examen du baccalauréat**
>
> Quand Colette **fut entrée** (entrer) dans la salle, des dizaines de regard se portèrent sur elle. Elle se sentait mal à l'aise. Elle sortit ses stylos, ses papiers d'identité. Après qu'elle _____ (s'entourer) de tout son matériel et après qu'elle _____ (s'asseoir) elle se sentit un peu rassurée. La moyenne d'âge était de 20 ans, elle n'en avait que 13. Elle eut des sueurs froides lorsque l'examinateur s'approcha d'elle, affichant sa surprise. Lorsque ce dernier _____ (vérifier) sa convocation, il lui adressa un sourire et lui souhaita bonne chance. Cela la rassura. Une fois que les sujets _____ (être distribuer), plus personne ne prêta attention à cette différence d'âge, chacun se concentrant sur sa tâche.

**➕ 6** Conjuguez les verbes au passé simple ou au passé antérieur. Faites les transformations nécessaires.

**Ex. :** Après qu'ils **furent arrivés** (arriver) dans ce pays, ils **durent** (devoir) s'adapter aux règles.

a. Progressivement, on _____ (supprimer) les écoles du pays puis, une fois que les habitants y _____ (être habitué), on _____ (détruire) les livres.

b. Les personnes âgées _____ (décider) de se rebeller le jour où elles _____ (apprendre) qu'on avait enfermé certaines d'entre elles.

c. Un tel pays _____ (pouvoir) exister si on avait laissé s'installer l'âgisme.

d. Dès qu'on _____ (instaurer) le droit de vote aux personnes âgées de 14 ans, des élections _____ (avoir) lieu.

e. Des années après qu'on les _____ (voir) sur les barricades, les personnes âgées _____ (être confronté) à des conditions de vie difficiles.

f. Les jeunes habitants _____ (oublier) le passé dès qu'ils _____ (disposer) de nouveaux droits.

## COMMUNIQUER

**7** **Une radio lance un appel à témoin pour sa prochaine émission. Vous décidez d'y répondre. Vous parlez de votre expérience et/ou celle de vos proches. Enregistrez-vous.**

www.Radiofgi.com

RADIOFGI

Appel à témoin Existe-t-il une pression sociale à ne pas vieillir ?

Vous avez la parole

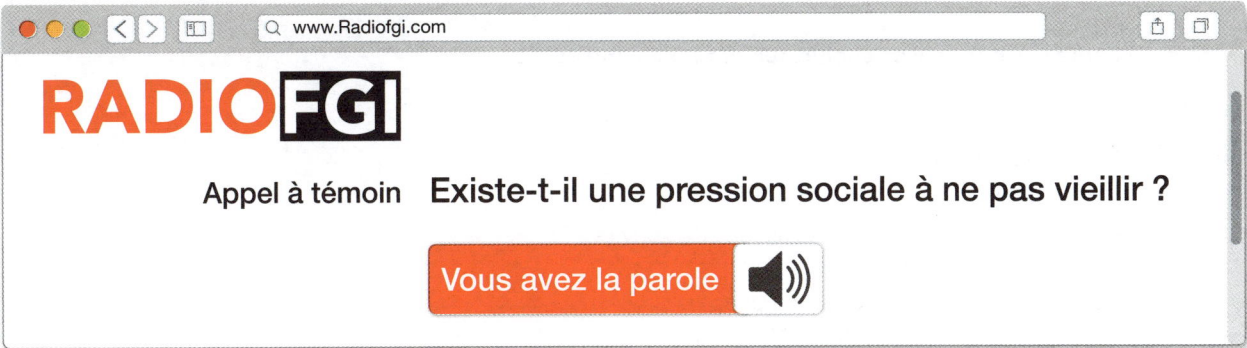

**8** **Vous rédigez un récit pour dénoncer l'âgisme. Vous inventez une société où les plus âgés ont pris le pouvoir. Donnez un nom à votre société. Décrivez les règles mises en place. Expliquez les relations entre les plus âgés et les plus jeunes.**

www.maplumedecrivain.fr

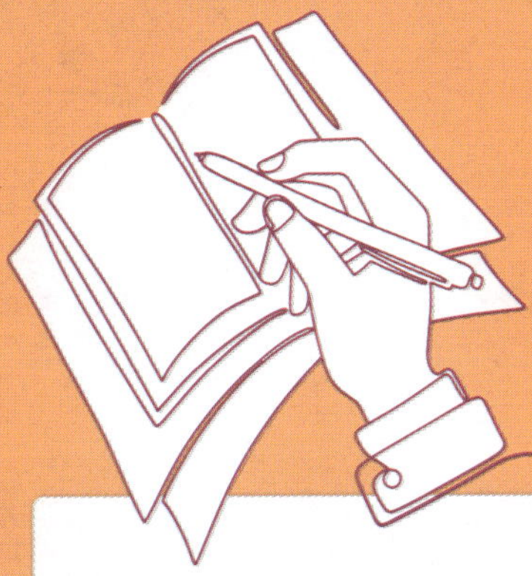

Ma plume d'écrivain

**Racontez votre histoire**

Titre : ..............................................................

...................................................................................................................................................

...................................................................................................................................................

...................................................................................................................................................

...................................................................................................................................................

...................................................................................................................................................

...................................................................................................................................................

...................................................................................................................................................

...................................................................................................................................................

...................................................................................................................................................

...................................................................................................................................................

...................................................................................................................................................

...................................................................................................................................................

# UNITÉ 9

## Leçon 35 — Défendre des convictions

### COMPRENDRE

**1** 🎧 63 Écoutez l'interview et cochez les réponses correctes.

**Ex. :** Qui est l'invitée de l'émission de radio ?
- ☐ Une auteure de livres.
- ☐ Une créatrice de bijoux.
- ☑ Une personne qui a créé une association.

a. Pourquoi a-t-elle décidé de se lancer dans cette activité ?
- ☐ Parce qu'elle en avait toujours rêvé.
- ☐ Parce qu'elle voulait aider son entourage.
- ☐ Parce qu'elle craignait de ne plus être active.

b. Quelle perception donne-t-elle de la santé à un âge avancé ?
- ☐ Il est possible de réduire les effets du temps.
- ☐ La santé ne cesse de se détériorer avec le temps.
- ☐ Les problèmes de santé ne touchent qu'une partie des personnes âgées.

c. Quels sont les objectifs de l'association dont elle parle ?
- ☐ Donner plus de visibilité aux personnes âgées.
- ☐ Encourager les plus âgées à reprendre des activités.
- ☐ Mettre les personnes âgées au cœur des événements.

d. Quelle est sa position face aux personnes qui refusent leur vieillesse ?
- ☐ Elle en fait partie.
- ☐ Elle ne les juge pas.
- ☐ Elle ne les comprend pas.

e. Comment décrit-elle les personnes qui subissent la vieillesse ?
- ☐ Comme des personnes qui se plaignent.
- ☐ Comme des personnes qui se laissent aller.
- ☐ Comme des personnes qui vivent moins longtemps.

f. Quelle vision défend-elle de la vieillesse ?
- ☐ C'est le moment de se réinventer.
- ☐ C'est l'occasion de retrouver sa jeunesse.
- ☐ C'est une opportunité de découvrir de nouvelles choses.

### VOCABULAIRE

## ❰ Les expressions

**2** Associez les expressions à leur définition.

a. l'étau se desserre
b. le for intérieur
c. courir à sa perte
d. la roue tourne
e. un chemin de traverse
f. ne rien avoir à perdre
g. les horloges dévorent
h. être bon(ne) à jeter à la benne
i. être bon(ne) joueur/joueuse

1. Aller vers une catastrophe.
2. Un choix détourné, inhabituel.
3. Accepter les réalités.
4. Les contraintes diminuent.
5. Ne plus avoir d'importance pour les autres.
6. Être dans une position difficile mais qui ne peut pas être pire.
7. La conscience personnelle.
8. Le temps passe de façon inévitable.
9. Les échecs et les succès s'enchaînent.

## L'âge (4)

**3 Complétez les phrases avec les mots et les expressions suivants :**

la souplesse cérébrale • non-vieux • pré-séniors • un âge canonique • une fille de 30 ans • une personne alerte • gens mûrs

**Ex. :** C'est impressionnant combien la souplesse cérébrale permet de récupérer même après certaines maladies graves.

a. Ma grand-mère va fêter ses 103 ans : elle a atteint _____ !
b. Ils ne sont plus tout jeunes, c'est vrai ! Mais pour moi ce sont des _____.
c. Les _____ ont tendance à ne pas soucier des personnes âgées.
d. Il est à la retraite et il vient de se marier avec _____. Je ne suis pas pour une telle différence d'âge.
e. Même à la fin de sa vie, mon grand-père est resté _____, il était toujours occupé, il n'a jamais arrêté de faire du sport !
f. Les spécialistes du marketing s'intéressent de plus en plus aux _____ car ils représentent une catégorie de la population encore active mais libérée des contraintes.

## GRAMMAIRE

### L'inversion du sujet

**4 Mettez les mots dans l'ordre pour faire des phrases dans un registre soutenu.**

**Ex. :** la société • Les personnes âgées • doivent lutter contre • véhicule • les idées reçues • que
→ Les personnes âgées doivent lutter contre les idées reçues que véhicule la société.

a. a vécue • Le livre • l'autrice • une expérience • raconte • qu'
→ _____

b. les représentations liées • se trouvent • aux différents âges • Dans ce reportage
→ _____

c. les repères • se perdent • Avec le temps
→ _____

d. dont • cette émission • a eu beaucoup de succès • Le livre • a parlé • auprès des lecteurs
→ _____

e. sont répertoriés • C'est un journal • plusieurs exploits insolites • où
→ _____

f. comme les hommes • du moins • pense-t-on • le • subissent des pressions • Les femmes
→ _____

g. -ils • Peut-être • d'avis • les jeunes • changeront • sur l'âge
→ _____

### Le « ne » employé seul

**5 🎧 64 Écoutez et cochez selon que les phrases expriment une affirmation ou une négation.**

|  | Ex. | a. | b. | c. | d. | e. | f. | g. | h. |
|---|---|---|---|---|---|---|---|---|---|
| Affirmation | ✓ | | | | | | | | |
| Négation | | | | | | | | | |

cent vingt-cinq 125

# Leçon 35 — Défendre des convictions

**6** Reformulez les phrases avec un « ne » explétif quand c'est possible.

**Ex. :** Elle craint que la société la juge quand elle prendra de l'âge.
→ Elle craint que la société ne la juge quand elle prendra de l'âge.

a. J'apprécie cette auteure, elle ose parler de son âge sans se soucier des injonctions.
→ ........................................................................

b. Je pense que nous ne parviendrons jamais à lutter contre l'âgisme, à moins que les mentalités évoluent.
→ ........................................................................

c. Les femmes attirent généralement l'attention avant qu'elles atteignent un certain âge.
→ ........................................................................

d. Cet article explique que les femmes savent exactement à quoi elles seront confrontées quand elles vieilliront.
→ ........................................................................

e. Les images véhiculées par la publicité peuvent influencer la perception de la vieillesse.
→ ........................................................................

f. Les nombreuses émissions sur l'âgisme empêchent que cette discrimination prenne de l'ampleur.
→ ........................................................................

g. Les femmes cherchent à masquer leur âge, de crainte qu'on les juge.
→ ........................................................................

## La restriction

**7** 🎧 65 Écoutez. Cochez les phrases exprimant la restriction.

|  | Ex. | a. | b. | c. | d. | e. | f. |
|---|---|---|---|---|---|---|---|
| La restriction | ✓ |  |  |  |  |  |  |

**8** Complétez les phrases avec les expressions suivantes. Plusieurs réponses sont possibles.
sauf si • excepté (× 3) • à l'exception de (× 2) • à moins que • sauf (× 3) • excepté si

**Ex. :** Il n'est pas désagréable de vieillir <u>sauf si</u> notre entourage passe son temps à nous le faire remarquer.

a. L'âge permet parfois d'accéder à de nouvelles libertés ........................ on est atteint de maladies invalidantes.

b. Il y a beaucoup de choses qu'on apprécie lorsqu'on est jeune ........................ devoir vieillir.

c. Elle a préféré cacher sa relation avec un homme bien plus jeune qu'elle pour ne pas subir le regard des autres ........................ elle n'ait voulu le préserver.

d. Je préfère la vie que je mène aujourd'hui à 73 ans ........................ l'énergie que j'ai perdue.

e. La vieille femme avait 97 ans, elle était jugée très âgée ........................ par ses petits-enfants.

f. On a tendance à associer l'âge mûr à la fin de la vie, mais, ........................ certains domaines, on éprouve bien plus de sérénité.

g. À notre époque, les mentalités ont beaucoup évolué ........................ sur les discriminations liées à l'âge.

LEÇON **35**

## COMMUNIQUER

**9** Vous participez à un forum sur les différences de perception de l'âge entre les hommes et les femmes. Vous exprimez votre opinion sur le sujet.

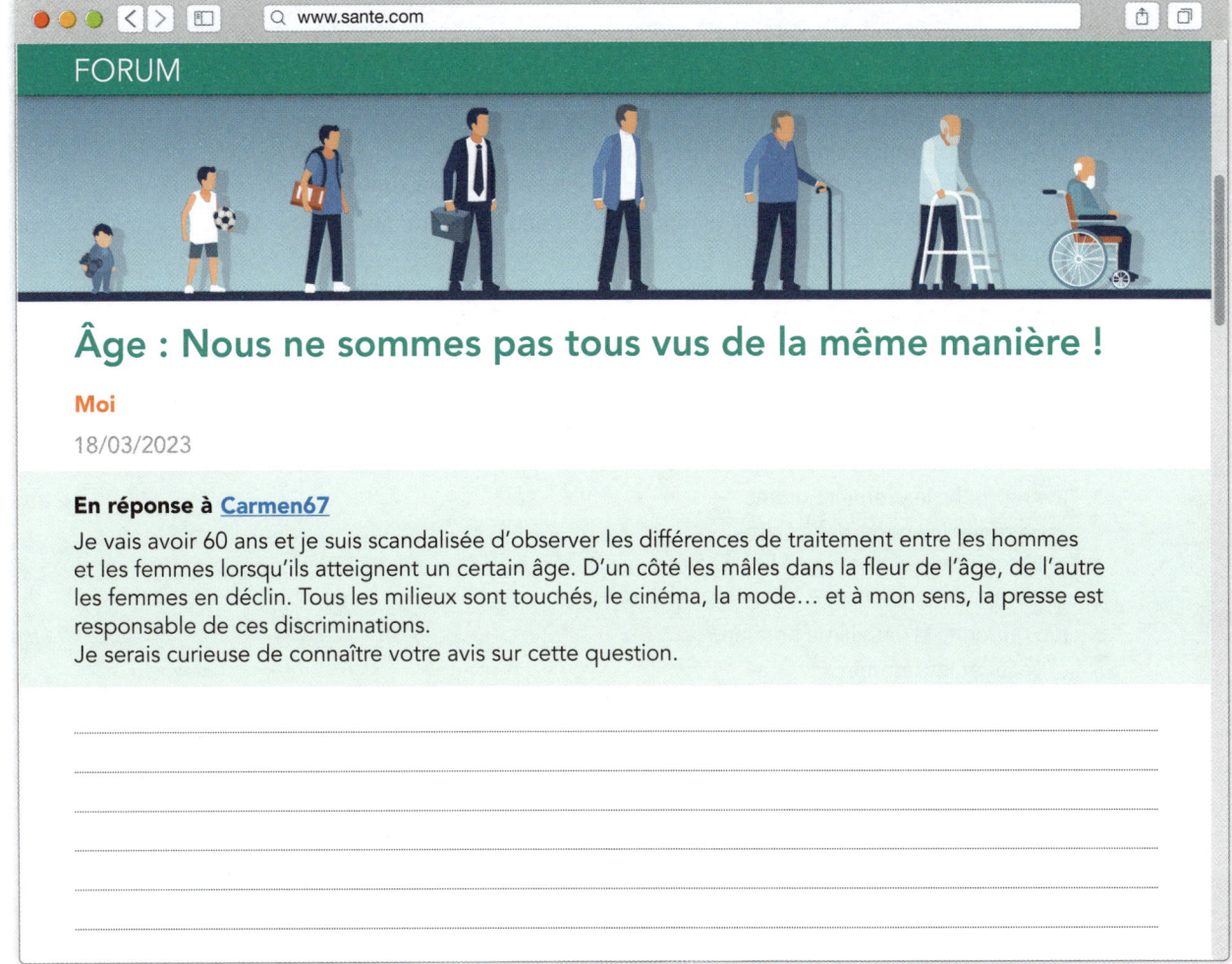

**Âge : Nous ne sommes pas tous vus de la même manière !**

**Moi**
18/03/2023

**En réponse à Carmen67**
Je vais avoir 60 ans et je suis scandalisée d'observer les différences de traitement entre les hommes et les femmes lorsqu'ils atteignent un certain âge. D'un côté les mâles dans la fleur de l'âge, de l'autre les femmes en déclin. Tous les milieux sont touchés, le cinéma, la mode… et à mon sens, la presse est responsable de ces discriminations.
Je serais curieuse de connaître votre avis sur cette question.

**10** Vous estimez que les jeunes ne sont pas suffisamment pris en considération dans la société et qu'on a tendance à mettre en avant des personnes plus âgées. Vous souhaitez faire entendre le rôle que les jeunes ont à jouer. Enregistrez-vous.

## PHONÉTIQUE

### La lecture à voix haute

**11** 🎧 66 Écoutez les phrases et cochez le procédé utilisé.

|  | Ex. | a. | b. | c. | d. | e. | f. | g. |
|---|---|---|---|---|---|---|---|---|
| intensité | | | | | | | | |
| syllabation | | | | | | | | |
| pause | | | | | | | | |
| allongement | ✓ | | | | | | | |
| intonation | | | | | | | | |

cent vingt-sept **127**

# UNITÉ 9 — BILAN

## Compréhension orale  10 points

**1** 🎧 67 **Écoutez le micro-trottoir et répondez aux questions.**

a. Quelle question a été posée ?  *1 point*
   - ☐ L'âgisme est-il plus présent dans nos sociétés actuelles ?
   - ☐ Avez-vous l'impression d'avoir déjà été jugé sur votre âge ?
   - ☐ L'âge est-il perçu différemment selon qu'on soit un homme ou une femme ?

b. D'après la première femme, sur quoi reposent les principales critiques ?  *2 points*
   - ☐ Sur la santé.
   - ☐ Sur l'état moral.
   - ☐ Sur le physique.

c. Quelle idée avance le premier homme ?  *2 points*
   - ☐ La société est vieillissante.
   - ☐ Les personnes âgées coûtent cher à la société.
   - ☐ Les femmes vivent plus longtemps que les hommes.

d. Que reproche le premier homme ?  *2 points*
   - ☐ De renier les personnes âgées.
   - ☐ D'exagérer les problèmes liés à l'âge.
   - ☐ De ne pas venir en aide aux personnes âgées.

e. Que reproche le deuxième homme ?  *1 point*
   - ☐ De juger les femmes.
   - ☐ D'invisibiliser les femmes.
   - ☐ De ne parler que des femmes.

f. Quel type d'explication donne le deuxième homme ?  *1 point*
   - ☐ Une explication politique.
   - ☐ Une explication historique.
   - ☐ Une explication scientifique.

g. Quelle idée défend la deuxième femme ?  *1 point*
   - ☐ Les préjugés touchent plusieurs tranches d'âges.
   - ☐ Les préjugés ne s'appliquent qu'aux personnes âgées.
   - ☐ Les préjugés concernent essentiellement les femmes.

## Production orale  10 points

**2** Vous commentez cette illustration. Vous expliquez les représentations liées à l'âge et vous donnez votre avis sur les clichés représentés.

# BILAN

 ## Compréhension écrite  10 points

**3** **Lisez l'extrait d'un roman de Pierre Adrian et cochez *Vrai* ou *Faux*. Justifiez votre réponse avec une phrase de l'extrait.**

> Tante Yvonne avait dû partir se promener vers les dunes. C'était sa promenade habituelle, je crois, qu'elle accomplissait parfois à des heures indues. Elle allait jusqu'à la maison d'une amie. (…)
>
> Je la rattrapai en chemin. Sur la route bosselée qui passait entre les haies des champs, sous le ciel ample du Finistère, sa silhouette noire se dessina. Elle marchait d'un pas franc, appuyée sur sa canne. Elle portait son chapeau noir comme les nombreuses couches de laine qui la couvraient. « Tu sais, je deviens sourde », soupira-t-elle. Puis elle s'étonna, me demanda quand j'étais arrivé et quand je partirais. Je l'avais toujours connue vieille bien sûr, mais sans que l'âge n'altérât sa tonicité et ses fermes volontés. Je m'étais absenté quelques années et voilà qu'elle entrait maintenant dans une autre vieillesse, plus profonde, aux confins, elle fatiguait. À quatre-vingt-dix ans passés, elle restait pourtant indépendante. Mais elle se plaignait. Tout était plus lent désormais. Si certains prétendent qu'aux plus âgés les journées semblent longues, elle disait au contraire que pour elle les jours étaient trop courts. Elle n'avait le temps de rien faire. (…)
>
> J'étais chaque fois étonné de voir qu'à son âge, elle se souvenait encore de tout. De nous autres, petits-neveux, de ses petits-enfants et des arrière-petits-enfants. Mais elle se défendait en disant « qu'elle n'était plus bonne à rien ». Je me baissai pour attraper son regard en biais. (…) Yvonne me donna des nouvelles de mes cousins éloignés. Elle avait reçu une carte de Louis. « Il est toujours à New York, ça se passe bien. » J'ignorais que Louis était à New York. Elle dit encore que ma cousine viendrait avec les enfants la semaine prochaine, sans savoir comment elle accueillerait ses gens. « Je ne suis plus bonne à rien », répéta-t-elle. Je niai. Pas pour lui faire plaisir mais parce que ce n'était pas vrai. (…) Elle se plaignit : « J'oublie tout. » Mais c'était elle qui me donnait des nouvelles de ma famille dispersée dans le monde. Par ses mots qui disaient aussi son humilité, Tante Yvonne renonçait. Cependant, avec volonté, elle acceptait le sort d'une vieillesse longue et douloureuse.
>
> Pierre Adrian, *Que reviennent ceux qui sont loin*, ©Gallimard, 2022.

a. La scène se passe en bord de mer. ☐ Vrai ☐ Faux
Justification : _____ *1 point*

b. Tante Yvonne accomplit sa promenade pendant le jour. ☐ Vrai ☐ Faux
Justification : _____ *2 points*

c. Tante Yvonne souffre depuis qu'elle est âgée. ☐ Vrai ☐ Faux
Justification : _____ *1 point*

d. Tante Yvonne se distingue des autres personnes âgées dans son rapport au temps. ☐ Vrai ☐ Faux
Justification : _____ *2 points*

e. Le narrateur essaie de rassurer Tante Yvonne. ☐ Vrai ☐ Faux
Justification : _____ *2 points*

f. Le narrateur pose un regard admiratif sur Tante Yvonne. ☐ Vrai ☐ Faux
Justification : _____ *2 points*

 ## Production écrite  10 points

**4** **Vous commentez cette citation et vous expliquez votre représentation des différents âges de la vie.**

> « Quarante ans, c'est la vieillesse de la jeunesse, mais cinquante ans, c'est la jeunesse de la vieillesse. »
>
> Victor Hugo

# Portfolio

**Pour chaque affirmation, cochez une des trois cases :**

🙂 Je peux très bien le faire !

😐 Je peux le faire, mais j'ai des difficultés.

🙁 Je ne peux pas encore le faire.

**Quand vous cochez 😐 ou 🙁, révisez l'unité correspondante et faites à nouveau les exercices.**

## UNITÉ 1

|  | À l'oral 🙂 😐 🙁 | À l'écrit 🙂 😐 🙁 |
|---|---|---|
| **Je peux...** | | |
| donner une définition du bonheur. | | |
| utiliser les différents registres de langue pour poser des questions. | | |
| caractériser un nom avec un adjectif verbal. | | |
| repérer et analyser des stéréotypes. | | |
| nuancer un propos. | | |
| imaginer et décrire un projet incertain. | | |
| **Je comprends...** | | |
| les informations statistiques. | | |
| quand quelqu'un pose des questions avec des registres différents. | | |
| quand quelqu'un exprime une préférence. | | |
| quand quelqu'un exprime une restriction. | | |
| quand quelqu'un nuance son propos. | | |

## UNITÉ 2

|  | À l'oral 🙂 😐 🙁 | À l'écrit 🙂 😐 🙁 |
|---|---|---|
| **Je peux...** | | |
| raconter une discrimination. | | |
| indiquer la durée, le moment, la chronologie d'une action. | | |
| faire un récit au passé. | | |
| imaginer l'humain du futur. | | |
| faire des prévisions et exprimer une probabilité. | | |
| parler de mon apparence et des codes vestimentaires. | | |
| exprimer des sentiments positifs et négatifs. | | |
| exprimer une opposition et une concession. | | |
| **Je comprends...** | | |
| les circonstances et les conséquences d'un événement. | | |
| les innovations médicales. | | |
| quand quelqu'un exprime sa position pour ou contre. | | |
| quand quelqu'un exprime un paradoxe. | | |

# Portfolio

|  | À l'oral | | | À l'écrit | | |
|---|---|---|---|---|---|---|
| **Je peux...** | 🙂 | 😐 | ☹️ | 🙂 | 😐 | ☹️ |
| parler de différentes formes de pollution. | | | | | | |
| envisager les conséquences du danger climatique et proposer des solutions. | | | | | | |
| faire des hypothèses sur le présent et sur le passé. | | | | | | |
| rapporter les propos de quelqu'un. | | | | | | |
| donner des conseils. | | | | | | |
| résumer, synthétiser des idées. | | | | | | |
| décrire un point de vue. | | | | | | |
| articuler un discours et établir des liens logiques entre les idées. | | | | | | |
| **Je comprends...** | | | | | | |
| quand quelqu'un s'exprime sur la situation climatique. | | | | | | |
| quand quelqu'un prend position dans un tweet. | | | | | | |
| quand quelqu'un lance une alerte sur un phénomène climatique. | | | | | | |
| quand quelqu'un s'exprime à l'oral de façon familière. | | | | | | |

|  | À l'oral | | | À l'écrit | | |
|---|---|---|---|---|---|---|
| **Je peux...** | 🙂 | 😐 | ☹️ | 🙂 | 😐 | ☹️ |
| expliquer l'évolution d'un phénomène linguistique. | | | | | | |
| parler de faits ponctuels du passé. | | | | | | |
| adapter mon registre de langue à une situation. | | | | | | |
| éviter des répétitions (avec des pronoms compléments). | | | | | | |
| parler de mon rapport au français. | | | | | | |
| respecter la concordance des temps au passé / une logique temporelle. | | | | | | |
| rapporter les propos de quelqu'un. | | | | | | |
| simplifier un texte. | | | | | | |
| **Je comprends...** | | | | | | |
| l'évolution d'un phénomène linguistique. | | | | | | |
| la chronologie d'un récit au passé. | | | | | | |
| quand quelqu'un parle de faits ponctuels du passé. | | | | | | |
| quand quelqu'un simplifie un texte. | | | | | | |
| quand quelqu'un utilise l'intonation pour ajouter du sens à son discours. | | | | | | |

cent trente et un

# Portfolio

|  | À l'oral | | | À l'écrit | | |
|---|---|---|---|---|---|---|
|  | 🙂 | 😐 | ☹ | 🙂 | 😐 | ☹ |

**Je peux…**

| | | | | | | |
|---|---|---|---|---|---|---|
| définir des droits et des devoirs. | | | | | | |
| exprimer l'obligation, la nécessité, l'exigence. | | | | | | |
| caractériser, décrire une personne, une institution. | | | | | | |
| exprimer une cause. | | | | | | |
| défendre un engagement. | | | | | | |
| parler du droit de vote et de l'abstention. | | | | | | |
| comparer plusieurs éléments. | | | | | | |
| exprimer une opinion personnelle, ciblée. | | | | | | |

**Je comprends…**

| | | | | | | |
|---|---|---|---|---|---|---|
| quand quelqu'un explique des droits et des devoirs. | | | | | | |
| quand quelqu'un revendique des droits. | | | | | | |
| quand quelqu'un sollicite une action collective. | | | | | | |
| quand quelqu'un parle du système de vote français. | | | | | | |
| quand quelqu'un parle de politique. | | | | | | |

|  | À l'oral | | | À l'écrit | | |
|---|---|---|---|---|---|---|
|  | 🙂 | 😐 | ☹ | 🙂 | 😐 | ☹ |

**Je peux…**

| | | | | | | |
|---|---|---|---|---|---|---|
| parler de robotique appliquée à la vie quotidienne. | | | | | | |
| exprimer un but, une intention. | | | | | | |
| exprimer une crainte. | | | | | | |
| prendre position sur les rencontres virtuelles. | | | | | | |
| parler des relations sociales et amoureuses. | | | | | | |
| parler des mondes virtuels : le métavers. | | | | | | |
| comparer le virtuel et le réel. | | | | | | |
| débattre sur l'utilité de la technologie dans notre quotidien. | | | | | | |

**Je comprends…**

| | | | | | | |
|---|---|---|---|---|---|---|
| quand quelqu'un parle de robotique dans la vie quotidienne. | | | | | | |
| quand quelqu'un parle de rencontres virtuelles. | | | | | | |
| quand quelqu'un prend position sur les rencontres virtuelles. | | | | | | |
| quand quelqu'un parle de mondes virtuels : le métavers. | | | | | | |

# Portfolio

 **UNITÉ 7**

|  | À l'oral ☺ 😐 ☹ | À l'écrit ☺ 😐 ☹ |
|---|---|---|
| **Je peux…** | | |
| parler des méthodes d'apprentissage. | | |
| tracer mon profil d'apprentissage. | | |
| lister des stratégies d'apprentissage. | | |
| exprimer un fait incertain ou une restriction. | | |
| parler du système éducatif. | | |
| commenter des inégalités. | | |
| commenter des données statistiques. | | |
| parler d'un parcours de formation. | | |
| **Je comprends…** | | |
| quand quelqu'un décrit une manière d'apprendre. | | |
| quand quelqu'un décrit des inégalités. | | |
| quand quelqu'un commente des données statistiques. | | |
| quand quelqu'un explique un parcours de formation. | | |

 **UNITÉ 8**

|  | À l'oral ☺ 😐 ☹ | À l'écrit ☺ 😐 ☹ |
|---|---|---|
| **Je peux…** | | |
| expliquer des tendances professionnelles. | | |
| analyser la place du travail dans la vie. | | |
| organiser un discours. | | |
| exprimer des conditions et des hypothèses. | | |
| dévoiler des tabous professionnels. | | |
| exprimer implicitement une opinion. | | |
| **Je comprends…** | | |
| quand quelqu'un parle d'organisation du travail. | | |
| quand quelqu'un explique des tendances professionnelles. | | |
| quand quelqu'un parle de phénomènes ou de tabous professionnels. | | |
| quand quelqu'un exprime implicitement une opinion. | | |
| l'organisation du discours. | | |

cent trente-trois 133

# Portfolio

UNITÉ 9

|  | À l'oral | | | À l'écrit | | |
|---|---|---|---|---|---|---|
|  | 🙂 | 😐 | ☹️ | 🙂 | 😐 | ☹️ |

### Je peux…

| | | | | | | |
|---|---|---|---|---|---|---|
| parler des différents âges de la vie. | | | | | | |
| donner des explications. | | | | | | |
| envisager les conséquences d'un phénomène. | | | | | | |
| parler du phénomène de l'âgisme. | | | | | | |
| exprimer une action antérieure. | | | | | | |
| défendre mes convictions. | | | | | | |
| dénoncer des clichés culturels. | | | | | | |
| exprimer une restriction. | | | | | | |

### Je comprends…

| | | | | | | |
|---|---|---|---|---|---|---|
| quand quelqu'un donne des explications. | | | | | | |
| quand quelqu'un explique les conséquences d'un phénomène. | | | | | | |
| quand quelqu'un prend position de façon implicite. | | | | | | |
| quand quelqu'un dénonce des clichés culturels. | | | | | | |
| quand quelqu'un met en relief une idée. | | | | | | |
| quand quelqu'un exprime une restriction. | | | | | | |

# DELF B2

## I. COMPRÉHENSION DE L'ORAL  25 POINTS

🎧 68 **Vous allez écouter plusieurs documents. Avant chaque écoute, vous entendez le son suivant 🔔. Pour répondre aux questions, cochez la bonne réponse.**

### Exercice 1 Comprendre les informations essentielles d'un document radiophonique
**9 points**

**Vous allez écouter deux fois un document.
Vous écoutez une émission de radio.**

🎧 69 **Lisez les questions. Écoutez le document puis répondez.**

1. Le terme de greenwashing qualifie…  *(1,5 point)*
   - ☐ a. le contrôle des effets polluants de la production industrielle.
   - ☐ b. la mise en place de procédés dépolluants des produits industriels.
   - ☐ c. la tentative de cacher les effets polluants de la production industrielle.

2. Le greenwashing repose avant tout sur…  *(1 point)*
   - ☐ a. une manière de produire.
   - ☐ b. un mode de communication.
   - ☐ c. une préoccupation écologique.

3. Selon Laure Teullières, le greenwashing est né…  *(1 point)*
   - ☐ a. en soutien aux mouvements écologistes.
   - ☐ b. en opposition aux préoccupations écologiques.
   - ☐ c. en accord avec les politiques environnementales.

4. Laure Teullières affirme que les gouvernements pratiquent le greenwashing…  *(1,5 point)*
   - ☐ a. parce qu'ils sont incapables de faire face à l'urgence climatique.
   - ☐ b. parce qu'ils comprennent l'importance des questions écologiques.
   - ☐ c. parce qu'ils sont préoccupés par les positions des mouvements écologistes.

5. Guillaume Carbou explique que dans nos sociétés, le greenwashing touche aussi…  *(1 point)*
   - ☐ a. la façon de recycler.
   - ☐ b. la manière de s'exprimer.
   - ☐ c. le mode de consommation.

6. Selon Laure Teullières, la transition écologique est…  *(1,5 point)*
   - ☐ a. une expression opaque
   - ☐ b. une expression désuète     … pour expliquer les politiques publiques.
   - ☐ c. une expression efficace

7. Pour Guillaume Carbou, les politiques de compensation menées par les entreprises sont…  *(1,5 point)*
   - ☐ a. réalistes
   - ☐ b. équilibrées     … face aux questions environnementales.
   - ☐ c. inacceptables

cent trente-cinq 135

# DELF B2

## Exercice 2 Comprendre les informations essentielles d'un document radiophonique

**9 points**

**Vous allez écouter deux fois un document.**
**Vous écoutez une émission de radio.**

🎧 70 **Lisez les questions. Écoutez le document puis répondez.**

1. Dans ce document, il est question d'… *(1 point)*
   - a. enseigner en extérieur.
   - b. équiper les écoles de jardins.
   - c. implanter les écoles à la campagne.

2. Crystèle Ferjou pense qu'il faut habituer les enfants à… *(1,5 point)*
   - a. cultiver les plantes à l'école.
   - b. découvrir la nature qui les entoure.
   - c. s'immerger dans de beaux paysages.

3. Le chercheur Serge Lamery a montré qu'au contact de la nature, les enfants… *(1 point)*
   - a. sont plus équilibrés.
   - b. améliorent leurs résultats scolaires.
   - c. sont en meilleure condition physique.

4. Selon Crystèle Ferjou, la nature permet aux enfants de développer des compétences… *(1 point)*
   - a. sociales.
   - b. artistiques.
   - c. techniques.

5. Crystèle Ferjou pense qu'aujourd'hui, dans la vie des enfants, il y a peu de place pour… *(1,5 point)*
   - a. les devoirs.
   - b. les relations.
   - c. l'amusement.

6. Crystèle Ferjou relève que faire l'école dehors est une pratique qui… *(1,5 point)*
   - a. a attiré les pays latins.
   - b. est conditionnée par le climat.
   - c. appartient à la culture des pays nordiques.

7. Selon Crystèle Ferjou, dans les écoles françaises, on s'est longtemps attaché à… *(1,5 point)*
   - a. accorder de plus en plus de place à la nature.
   - b. réduire l'impact environnemental des édifices.
   - c. développer des méthodes d'apprentissage innovantes.

# DELF B2

**Exercice 3** Comprendre des conversations et des annonces  [7 points]

🎧 71 **Vous allez écouter une fois trois documents.**

**Document 1** Lisez les questions. Écoutez le document puis répondez.

1. Aujourd'hui, le recours à la médecine esthétique concerne... [1 point]
   - a. surtout les plus âgés.
   - b. beaucoup les jeunes.
   - c. toutes les générations.

2. Les filtres appliqués sur les réseaux sociaux renvoient aux jeunes... [1 point]
   - a. une image fidèle
   - b. une image améliorée      ... d'eux-mêmes.
   - c. une image artificielle

**Document 2** Lisez les questions. Écoutez le document puis répondez.

3. Le ministre québécois va présenter une loi qui... [1,5 point]
   - a. remplace une vieille loi.
   - b. remanie une loi existante.
   - c. confirme une ancienne loi.

4. La loi présentée par le ministre prévoit que l'État québécois... [1 point]
   - a. impose la langue française aux Québécois.
   - b. serve de modèle quant à l'usage du français.
   - c. limite l'usage du français dans les institutions.

**Document 3** Lisez les questions. Écoutez le document puis répondez.

5. D'après ce document, pour limiter les effets négatifs générés par les transports, il faut... [1,5 point]
   - a. réglementer le transport privé.
   - b. instaurer des actions publiques.
   - c. limiter les activités économiques.

6. Pour être efficace, la réglementation des tarifs des carburants devra être accompagnée... [1 point]
   - a. d'une prise de conscience commune.
   - b. d'une politique industrielle soutenue.
   - c. d'un contrôle sérieux des moyens de transport.

# DELF B2

## II. COMPRÉHENSION DES ÉCRITS — 25 POINTS

### Exercice 1 — Comprendre un texte informatif ou argumentatif — 9 points

Vous lisez cet article sur le site Internet d'un journal francophone.

---

## Les jeunes et le politique : au-delà du vote, des formes d'engagement multiples

Les jeunes Français, comme l'ensemble des jeunes Européens, tendent à s'abstenir toujours davantage de voter. Une attitude qui semble se renforcer au fil des décennies. Anne Muxel souligne le caractère politique de l'abstention des jeunes. Elle montre que 48 % d'entre eux se déclarent insatisfaits de l'offre électorale : 31 % utilisent l'abstention pour manifester leur mécontentement et 31 % expriment des doutes sur la capacité de l'élection à changer réellement les choses.

Si le vote reste l'outil de participation politique le plus massif, les différentes générations n'ont pas la même attitude à son égard. Si les plus âgés tendent à recourir au vote de manière systématique, les plus jeunes en font un usage intermittent. L'explication de cet éloignement des jeunes est sans doute à rechercher dans la défiance de cette population envers les responsables politiques. Par ailleurs, les jeunes, de plus en plus diplômés et conscients des enjeux sociaux, ont une conception de la démocratie à la fois distante et critique. Ils montrent de réelles capacités à décoder les discours, à comprendre les jeux de la politique et à remettre en question la capacité des gouvernants à vraiment agir sur les défis globaux.

En outre, ils font preuve d'une plus grande tolérance vis-à-vis de certaines questions sociales comme celle de l'immigration. Alors qu'ils se disent moins attachés que leurs aînés à l'importance d'être gouvernés démocratiquement, ils considèrent que l'égalité des droits entre les hommes et les femmes est particulièrement importante, que la redistribution par l'impôt est un outil intéressant, de même que l'égalisation des revenus. Ils se montrent donc à la fois plus détachés des règles démocratiques et plus attachés à des valeurs sociales fortes.

Enfin, l'engagement des jeunes devient multiforme dans la mesure où la même personne peut à la fois s'engager dans la sphère privée (en pratiquant la réduction des déchets par exemple) et localement (en adhérant à une association de son territoire) tout en militant à l'échelle nationale pour une cause particulière et en signant des pétitions internationales sur des sujets devenus globaux. Par ailleurs, l'engagement des jeunes peut s'exprimer dans les dispositifs de participation promus par les pouvoirs publics (qu'il s'agisse de Conseils de jeunes, du Service civique ou bien des bourses de soutien aux projets de jeunes) ou bien totalement en marge des pouvoirs publics ou encore en opposition avec ces derniers.

Donc, pour comprendre quels sont les rapports entre les jeunes et le politique aujourd'hui, il faut reconnaître la valeur critique de leur abstention et l'importance de leurs capacités de mobilisation sur des sujets sociaux cruciaux et parfois peu couverts par les pouvoirs publics.

D'après Patricia Loncle, *The Conversation*, 16 mars 2022.

---

**Pour répondre aux questions, cochez la bonne réponse.**

1. Selon l'article, aujourd'hui le phénomène de l'abstention du vote… *(1,5 point)*
   - ☐ a. reste stable à tous les âges.
   - ☐ b. s'accentue chez les plus âgés.
   - ☐ c. concerne davantage les jeunes.

2. Quand ils ne votent pas, les jeunes montrent surtout… *(1,5 point)*
   - ☐ a. leur désintérêt à l'égard de la politique.
   - ☐ b. leur scepticisme à l'égard des politiques.
   - ☐ c. leur opposition aux politiques proposées.

3. D'après l'article, les jeunes font preuve d'esprit critique à l'égard de la politique... [1 point]
   - a. parce qu'ils sont plus instruits.
   - b. parce qu'ils sont très impliqués.
   - c. parce qu'ils n'ont plus d'idéologies.

4. Dans l'article, on remarque qu'aujourd'hui les jeunes... [1,5 point]
   - a. contestent les valeurs de la démocratie.
   - b. sont encore très attachés à la démocratie.
   - c. considèrent la démocratie moins essentielle.

5. Aujourd'hui, les jeunes se sentent plus concernés par... [1 point]
   - a. les thèmes de société.
   - b. les questions écologiques.
   - c. les problèmes économiques.

6. Aujourd'hui, l'engagement des jeunes se manifeste de façon... [1 point]
   - a. aléatoire.
   - b. composite.
   - c. monothématique.

7. Selon l'article, l'abstention du vote chez les jeunes représente... [1,5 point]
   - a. un point marginal
   - b. un aspect significatif     ... de la vie politique en France.
   - c. un thème prépondérant

## Exercice 2 Comprendre un texte informatif ou argumentatif [9 points]

**Vous lisez cet article sur le site Internet d'un journal francophone.**

# Lutter contre l'âgisme au travail

Une étude réalisée par l'Ipsos en juillet 2022 révélait que les recruteurs ne sélectionnent pas des candidats seniors parce qu'ils redoutent notamment des difficultés d'intégration au sein d'équipes plus jeunes ou des résistances aux changements organisationnels. Ils hésitent également à choisir un candidat à qui il va rester peu de temps de travail avant la retraite et dont la santé est présumée plus fragile. Les candidats seniors eux-mêmes perçoivent comme un frein pour les recruteurs ce temps restant avant la retraite, leur état de santé, le coût pour l'entreprise mais aussi le fait qu'ils ont trop de compétences pour le poste.

Supposés plus fragiles, réfractaires au changement, moins doués pour les nouvelles technologies ou difficiles à manager, les seniors sont donc victimes de préjugés sur le marché de l'emploi.
Il arrive aussi couramment que, arrivés à des hauts postes, ils soient davantage touchés lorsque des coupes budgétaires sont effectuées dans les effectifs. Mais pour réduire les coûts, ne risque-t-on pas d'y perdre en savoir-faire ?

Le gouvernement prévoit d'imposer à une grande partie des entreprises de publier un « index senior ». Une mesure controversée d'autant que les sanctions pour celles qui n'atteindraient pas le quota demandé n'ont pas été clairement énoncées. Si 76 % des professionnels du recrutement sont favorables à un dispositif qui imposerait aux entreprises de recruter des seniors, il n'en reste pas moins que peu d'entre elles s'engagent volontairement dans cette voie. Récemment, 14 grandes entreprises françaises se sont engagées pour lutter contre les discriminations liées

# DELF B2

à l'âge dans le monde du travail. Elles ont constitué un collectif pour élaborer une charte afin de veiller au recrutement de personnes à toutes les étapes de leur carrière, à leur offrir des opportunités de travail dans un environnement inclusif jusqu'au départ à la retraite ou encore à favoriser la transmission des savoirs et le partage d'expérience entre les générations…

Si cette avancée française est à saluer, le travail pourrait être long pour briser l'âgisme au travail. D'après une étude menée par deux psychologues de Harvard, contrairement aux préjugés sur l'orientation sexuelle, la race ou la couleur de la peau qui se sont améliorés au cours de la dernière décennie, ceux sur l'âge et le handicap restent tenaces. Ainsi, dans le contexte actuel, il faudrait plus d'un siècle pour que ces préjugés disparaissent. Même si l'âgisme est interdit et sanctionné par la loi, il n'est pas toujours simple de faire reconnaître ces discriminations. Les entreprises doivent donc prendre conscience de leurs stéréotypes pour changer de regard sur les aînés et accompagner leurs salariés tout au long de leur carrière pour bien préparer leur retraite et la transmission des savoirs.

D'après La Fondation Petits frères des pauvres, « Avant une réforme des retraites, lutter contre l'âgisme au travail », 8 février 2023.

**Pour répondre aux questions, cochez la bonne réponse.**

1. D'après l'étude IPSOS, les entreprises ne recrutent pas de seniors parce qu'ils… [1 point]
   - a. possèdent trop de compétences.
   - b. demandent des salaires trop élevés.
   - c. ont du mal à s'insérer dans les équipes.

2. Au sein des entreprises, les seniors subissent plus que les autres… [1,5 point]
   - a. les blocages de carrière.
   - b. les freins à la formation.
   - c. les restrictions de dépenses.

3. En général, les entreprises sont… [1 point]
   - a. opposées
   - b. favorables       … à un quota obligatoire d'emplois seniors.
   - c. indifférentes

4. Certaines entreprises tentent de… [1,5 point]
   - a. favoriser l'emploi à tout âge de la vie.
   - b. défendre les intérêts des employés les plus âgés.
   - c. privilégier la formation des employés les plus jeunes.

5. Selon l'article, pour lutter contre l'âgisme au travail, il est important de… [1,5 point]
   - a. promouvoir le transfert des savoir-faire.
   - b. avancer l'âge légal de départ à la retraite.
   - c. favoriser la compétition entre les générations.

6. Des études montrent qu'actuellement la discrimination par l'âge au travail… [1 point]
   - a. est en hausse.
   - b. reste constante.
   - c. est en diminution.

7. Selon l'article, le phénomène de l'âgisme dans les entreprises est lié à… [1,5 point]
   - a. l'absence de dialogue entre les travailleurs.
   - b. l'existence de rivalités entre les travailleurs.
   - c. la persistance des clichés sur les travailleurs.

# DELF B2

**Exercice 3** Comprendre le point de vue d'un locuteur francophone  [7 points]

Vous lisez l'opinion de trois personnes sur un forum français sur le sujet : « Le bonheur est-il tabou ? »

---

**FORUM**

**AMINA**
Je crois qu'en général les gens s'intéressent davantage à nos malheurs qu'à notre bonheur. Il suffit de compter les émissions de télévision, qui ont pour thème l'exploitation de la misère des uns et l'échec des autres. C'est très vendeur ! Donnez-nous des larmes en gros plan ! Je ne sais pas si le bonheur est tabou. Je dirais seulement que ce n'est pas trop vendeur. Dommage car lorsqu'on est heureux, on aimerait tellement le crier au monde entier. Lorsque j'ai rencontré mon mari, j'étais tellement heureuse que j'avais envie de le dire à tout le monde. Mais aujourd'hui, je parle peu de mon bonheur pour ne pas susciter de jalousie.

**THOMAS**
Je pense que ceux qui ont fini par trouver le bonheur savent apprécier ce qu'ils ont. Le bonheur c'est vivre le moment présent que l'on ait fourni des efforts ou que la chance s'en soit mêlée... Combien ne rêvent que de l'impossible et de l'irréaliste ? Si je regarde l'enfance difficile que j'ai eue, je ne devrais pas être où je suis aujourd'hui. Mais j'ai eu ma part de chance, des personnes m'ont guidé et j'ai pu prendre ma vie en main. C'est comme si la vie me rendait au centuple mon passé : j'ai une famille merveilleuse et un métier que j'aime. Par contre, je crois que le bonheur n'est jamais acquis pour toujours, il faut savoir l'entretenir.

**SANDRINE**
Je ne crois pas que le bonheur soit tabou. C'est tout simplement merveilleux. En général, les gens travaillent très fort pour leur propre bonheur, et d'après moi, c'est ça le vrai bonheur : travailler pour avoir des résultats. Je suis très heureuse pour les autres quand ils me racontent leur petit bonheur, que ce soit un simple bonheur quotidien, ou une grande chance. J'ai par contre l'impression que certaines personnes sont jalouses lorsque je leur parle de mon propre bonheur et ça me met terriblement mal à l'aise. J'essaye de ne pas trop parler de ce qui m'arrive même si j'en aurais envie. Mais pour moi, le bonheur des autres est aussi important que le mien !

D'après « Le bonheur, est-ce tabou ? » www.mamanpourlavie.com.

---

**À quelle personne associez-vous chaque point de vue ? Pour chaque affirmation, cochez la bonne réponse.**

1. Il est regrettable que parfois il faille cacher son bonheur. [1,5 point]
   - ☐ a. Amina.
   - ☐ b. Thomas.
   - ☐ c. Sandrine.

2. Le bonheur n'est pas définitif, il doit être alimenté. [1 point]
   - ☐ a. Amina.
   - ☐ b. Thomas.
   - ☐ c. Sandrine.

3. Parfois les difficultés de la vie permettent de mieux apprécier le bonheur. [1 point]
   - ☐ a. Amina.
   - ☐ b. Thomas.
   - ☐ c. Sandrine.

DELF B2

4. Le bonheur, c'est quand on a tout mis en œuvre pour l'atteindre. [1,5 point]
   - a. Amina.
   - b. Thomas.
   - c. Sandrine.

5. Il faut savoir se réjouir du bonheur des autres. [1 point]
   - a. Amina.
   - b. Thomas.
   - c. Sandrine.

6. Les médias s'intéressent davantage au malheur des personnes qu'à leur bonheur. [1 point]
   - a. Amina.
   - b. Thomas.
   - c. Sandrine.

## III PRODUCTION ÉCRITE — 25 POINTS

**Vous vivez en France. Vous participez à un forum de discussion sur l'emploi d'anglicismes dans la langue française. Vous ne partagez pas l'opinion de certains Français qui parlent d'invasion de l'anglais. Même si vous reconnaissez parfois des excès, vous pensez toutefois que les emprunts étrangers sont une richesse pour une langue. Vous exposez votre opinion en vous appuyant sur des exemples.**

**250 mots minimum**

# PRODUCTION ORALE — 25 POINTS

L'épreuve comporte deux parties : le monologue suivi et l'exercice en interaction.

Avant le début de l'épreuve, vous tirez au sort deux sujets. Vous en choisissez un. Ensuite, vous disposez de 30 minutes pour préparer la partie 1.

Lors de la passation, les deux parties s'enchaînent.

## 1. Le monologue suivi - AVEC PRÉPARATION (5 à 7 minutes)

Dégagez le problème soulevé par le document choisi et présentez de manière claire et argumentée votre point de vue sous la forme d'un exposé personnel de cinq à sept minutes.

## 2. L'exercice en interaction - SANS PRÉPARATION (10 à 13 minutes)

Suite à votre exposé, défendez votre point de vue au cours d'un débat avec l'examinateur.

---

**Sujet 1 – Le langage humain est-il menacé par l'intelligence artificielle ?**

Les intelligences artificielles apprennent à parler grâce aux « modèles de langage ». Les modèles les plus simples permettent la fonction d'autocomplétions sur le smartphone : ils proposent le mot suivant. Mais les performances des modèles de langage les plus modernes sont époustouflantes. De nouveaux programmes informatiques sont en effet capables d'écrire dans le style d'un poète donné, de simuler des personnes décédées, d'expliquer des histoires, de traduire des langues, et même de produire et corriger le code informatique – ce qui aurait été impensable il y a quelques mois à peine. Pour faire cela, les modèles se basent sur des modèles de neurones de plus en plus complexes.

Ceci dit, les modèles sont plus superficiels que l'on ne croit. Nous avons comparé les histoires générées par des modèles de langage à des histoires écrites par des humains. Résultat : les premières étaient moins cohérentes et moins surprenantes que les secondes.

Il reste donc à l'heure actuelle imprudent de s'appuyer sur un modèle de langage pour raisonner ou prendre des décisions. Les modèles s'améliorent avec le temps, connaissent plus de choses. Cependant, en dehors des questions simples, un modèle de langage peut facilement inventer une réponse et fournir une explication ou une preuve tout aussi inventée et approximative.

---

**Sujet 2 – L'avenir des entreprises dépendrait-il des femmes ?**

Aujourd'hui, les femmes accèdent plus rapidement que les hommes aux postes de direction, en particulier dans les pays à revenu élevé, mais elles sont encore loin d'atteindre la parité avec les hommes à ces postes. L'équilibre hommes-femmes aux échelons les plus élevés du monde des affaires n'a pas encore été atteint, ni aux postes de direction, ni au sein des conseils d'administration. En outre, plus l'entreprise est grande, moins il y a de femmes qui occupent les plus hautes fonctions. Pourtant, près de 75 % des entreprises dans le monde ont mis en place des politiques relatives à l'égalité des chances, à la diversité, à l'inclusion.

Or ces politiques ne suffisent pas à corriger le déséquilibre constaté aux postes de direction. Au traditionnel « plafond de verre » auquel se heurtent les femmes qui tentent de gravir les hiérarchies vient s'ajouter l'écart salarial qui reste plus élevé chez les cadres que parmi l'ensemble des salariés. Enfin, là où l'équilibre entre les sexes est respecté dans les fonctions dirigeantes, la rentabilité et la productivité augmentent sensiblement et les entreprises ont plus de probabilité d'améliorer leurs résultats commerciaux lorsque la parité existe dans les conseils d'administration. Dans une conjoncture économique incertaine, la diversité des genres aux postes de direction est donc nécessaire pour renforcer les performances des entreprises.

Achevé d'imprimer en juillet 2023 sur les presses de MACROLIBROS - Espagne
Dépôt légal : juillet 2023 - Édition n° 01
30/3025/9

# inspire 4

Méthode de français — B2

## Corrigés et transcriptions

### UNITÉ 1 — Le bonheur est-il utopique ?

#### Leçon 1
#### Donner une définition du bonheur

**1.** Laure : f ; Yasmine : a, h, i ; Elias : d ; Youssef : b, c, e, g

**2. a.** La concordance : l'accord ; **b.** L'enthousiasme : la joie ; **c.** L'amusement : la distraction ; **d.** La sérénité : la tranquillité ; **e.** L'harmonie : la concordance ; **f.** La frustration : l'insatisfaction ; **g.** Les vicissitudes : les malheurs

**3. b.** appartenance ; **c.** amitié ; **d.** affection ; **e.** sympathie ; **f.** reconnaissance ; **g.** admiration

**4.** Pour moi, le bonheur, ce sont des choses simples. C'est d'abord, avoir des amis et entretenir ses *amitiés* ! Et puis rester ouvert, faire attention aux autres : montrer de l'**intérêt** pour les personnes qui nous entourent et avoir de la **curiosité** pour tout. Ensuite, c'est aussi se sentir bien avec soi-même et cultiver l'**estime** de soi : accomplir des actions et en éprouver de la **fierté**, faire des choses qui nous semblent bien. Bref, être **vertueux** peut nous apporter des vraies **satisfactions**. Enfin, le bonheur, c'est surtout se libérer de ses émotions négatives pour permettre une **élévation** de soi.

**5.** Adjectif verbal : b ; c ; e

**6. a.** La joie de vivre et la bonne humeur sont des émotions **stimulantes**. **b.** J'ai assisté à une conférence sur le bien-être **enthousiasmante**. **c.** Chez lui, la sérénité est une émotion **dominante**. **d.** As-tu écouté cette musique **relaxante** ? **e.** Ce sont des livres sur la quête du bonheur **passionnants**. **f.** *Comment définir le bonheur ?* est une question **intéressante**. **g.** On peut réfléchir à son bien-être et découvrir des choses **étonnantes**. **h.** Vous avez fait des progrès **impressionnants** !

**7. a.** Pourquoi nos émotions négatives prennent-elles souvent le dessus sur nos émotions positives ? **b.** Comment fait-on pour développer sa tranquillité d'âme ? **c.** L'amitié tient-elle une place importante dans votre vie ? **d.** Qui vas-tu interroger pour ton enquête sur le bonheur ? **e.** Martha sera-t-elle reconnaissante envers son amie ? **f.** Que nous enseignent les philosophes sur le bonheur ? **g.** A-t-on vraiment plus de raisons d'être heureux aujourd'hui ? **h.** En quoi l'estime de soi permet-elle de se sentir mieux ?

**8. a.** Comment cette personne **garde-t-elle** sa sérénité en toutes circonstances ? **b.** Pourquoi les émotions négatives nous **empêchent-elles** de voir ce qui est positif ? **c.** Les philosophes **pourraient-ils** trouver une seule définition du bonheur ? **d.** Les enfants anxieux **peuvent-ils** apprendre à développer des émotions positives ? **e.** Cet événement de votre vie **a-t-il été** le plus marquant ? **f.** Tous les individus **sont-ils** conscients de leurs émotions agréables ? **g.** L'amitié **peut-elle** apporter l'estime de soi ? **h.** Depuis quand ton amie **s'intéresse-t-elle** à la question du bonheur individuel ?

**9. a.** Tous les gens **ont-ils** la même définition du bonheur ? **b.** Cultiver l'estime de soi **mène-t-il** à la sérénité ? **c.** Que **percevons-nous** du bonheur des autres ? **d.** Comment les vicissitudes de la vie **peuvent-elles** être acceptées sereinement ? **e.** Pourquoi la notion de bonheur individuel **prend-elle de** l'importance aujourd'hui ? **f. Ressentez-vous** souvent des émotions négatives ?

# Corrigés

**10.** *Exemple de production :*
J'ai lu ces deux définitions du bonheur et je me sens plus proche de la définition proposée par Schopenhauer. Dans la citation de Kant, le contentement de son état est pour moi une condition importante pour ressentir du bonheur, mais pas vraiment le pouvoir et la considération. Le bonheur parfait est-il possible ? Non, répond Schopenhauer et je suis d'accord avec lui, mais on peut ressentir du bien-être, de la sérénité, de l'enthousiasme, de la bonne humeur, et il faut en profiter ! On peut choisir aussi de réfléchir aux émotions stimulantes et enthousiasmantes qui nous arrivent et moins penser aux vicissitudes de la vie !

**11.** *Exemple de production :*
Pour moi, le bonheur c'est se sentir bien dans sa vie de manière générale. Par exemple, essayer de garder une sérénité même si je dois faire face à des difficultés. Bien sûr, il faut apprendre à se relaxer pour éviter d'avoir des pensées négatives et ressentir de la frustration. Une des conditions du bonheur, c'est aussi d'avoir des amis et une famille qui nous entourent. On peut décider de penser tous les jours à quelque chose de bien, choisir de rester curieux de tout et s'intéresser aux autres.

## Leçon 2
### Analyser des idées reçues

**1. a.** Vrai. « Être plus heureux, sûr de soi, moins angoissé… Ce sont des objectifs qu'on se fixe assez souvent. »
**b.** Faux. « Et ça ne fonctionne pas toujours ! »
**c.** Vrai. « S'appliquer à être souriant, serviable… Faire du yoga, des exercices de pleine conscience, lire des livres de psychologie positive… Nul n'y échappe… »
**d.** Faux. « […] plusieurs chercheurs en psychologie […] en ont assez de l'obsession culturelle du bonheur à tout prix. »
**e.** Vrai. « On dirait qu'il faut toujours être dans le plaisir, le désir, la joie, constate Frédéric Langlois. »
**f.** Faux. « […] toutes les émotions […] nous aident à cerner les problèmes, trouver des solutions, obtenir des gains et nous protéger. »
**g.** Faux. « […] quand on est en colère, on est perçu comme plus compétent et plus crédible. »
**h.** Faux. « C'est lorsqu'on tire profit de toute la gamme des émotions, des pensées et des comportements de notre répertoire que nous devenons des êtres complets. »

**2. Émotions positives :** *heureux, sûr de soi, serviable, le plaisir, le désir, la joie, la confiance, l'audace.*
**Émotions négatives :** *angoissé, la jalousie, la colère, l'égoïsme, l'anxiété, la culpabilité, le malaise.*

**3. a.** Parfois des petites choses suffisent pour chasser **le spleen**. **b.** J'ai été très **déçue** par les personnes que j'ai rencontrées. **c.** Arthur se sent **délaissé** par ses amis. **d.** Ida fait toujours ce qu'elle dit, c'est une personne **volontaire**. **e.** Il était très **malheureux** quand son amie l'a quitté. **f.** Pendant ces réunions, je ressens toujours **un malaise**. **g.** Je crois qu'il est heureux parce qu'il est **autonome** et ne dépend de personne. **h.** Se sentir **seul** ne rend pas heureux.

**4.** Ma cousine Flora s'était toujours sentie *seule* à cause de sa timidité. Elle était très **malheureuse** de ne pas réussir à maîtriser ses émotions. Quand elle avait essayé de faire le premier pas, elle avait essuyé plusieurs fois des **revers**. Flora avait l'impression de **rater** sa vie. Elle se sentait **délaissée**, sans amis. Il y a un an dans une soirée, entourée de gens qu'elle ne connaissait pas, elle avait été tellement angoissée qu'elle avait eu **une indigestion**. Elle avait failli **s'étouffer**, alors un jeune homme l'avait emmenée aux **urgences**. Elle s'était sentie très mal et cet état avait renforcé son **malaise**. Il était parti sans un mot et elle avait été très **déçue**. Mais le lendemain, il lui avait envoyé des fleurs… Depuis, ils se sont mariés et ma cousine Flora maîtrise un peu mieux sa timidité !

**5. a.** Il connaît plus la solitude que les autres. **b.** Il ne devrait pas être malheureux. **c.** Elle a été très blessée par une remarque. **d.** Personne n'a su qu'il était déprimé. **e.** Un bonheur comme celui-ci ne peut pas être atteint. **f.** Ils n'ont aucune activité ensemble. **g.** Certains pensent que le bonheur n'est jamais possible dans ce monde.

**6. a. Nul** ne peut décider seul de son bonheur.
**b.** Les émotions négatives ne sont **jamais** agréables à personne ! **c. Aucune** personne ne devrait être aussi malheureuse ! **d.** On croit qu'on maîtrise son bonheur, mais on ne le choisit **guère**. **e. Rien** ne me ferait plus plaisir qu'un peu de sérénité. **f.** Des bonheurs dans sa vie ? Elle n'en a jamais eu **aucun** ! **g.** Vous n'avez jamais **rien** compris à cette notion d'estime de soi. **h. Aucune** de ces jeunes femmes n'a envie de vivre cette souffrance.

**7.** *Exemple de production :*
Moi36 : Est-ce qu'on peut vraiment trouver le bonheur ? Je pense qu'aucun événement ou rien d'extérieur à soi ne peut nous apporter le bonheur de façon durable. Quand un rêve se réalise, les conséquences ou le résultat ne sont pas jamais ceux qu'on avait imaginés. Et on peut même être très déçu(e) parce que le bonheur n'est pas au rendez-vous. Je pense qu'il vaut mieux essayer de penser à toutes les choses positives qu'on a dans sa vie et ainsi vivre le bonheur au quotidien.

**8.** *Exemple de production :*
Je pense que la question du bonheur est plus compliquée que ce que montre cette photo. Est-ce que vraiment partir en vacances dans une île paradisiaque ou boire un cocktail sur une plage va apporter le bonheur ? Personne ne le croit vraiment mais beaucoup de gens en rêvent. C'est ce qui fait la force de cette photo publicitaire.

# Leçon 3

## Envisager le bonheur

**1. a.** C'était d'identifier les domaines qui ont le plus d'impact sur le bonheur national. **b.** 3 770 répondants ont participé à l'enquête. **c.** Les domaines les plus importants sont la qualité des relations sociales, la santé, la situation financière et la relation avec son/sa partenaire. **d.** En Belgique, le succès national est mesuré par la croissance du Produit national brut. **e.** On devrait proposer un indicateur de Bonheur national brut qui soit associé au Produit national brut. **f.** Un ministre du Bonheur qui définirait des mesures politiques pour que les gens soient plus heureux.

**2.** Comment j'imagine le bonheur… ? Vivre dans une maison simple à la campagne, avec des murs *en terre crue* et **en paille**, et un grand jardin. Avoir **une diète** rigoureuse et adaptée à une vie plus écologique. Moi, je suis déjà **végétarienne**, mais ce serait bien d'avoir **un régime** sans produits animaux, devenir **végétalienne**, et récolter chaque semaine **un panier de légumes** du jardin. On pourrait y vivre à plusieurs, ce serait une belle **expérience** de vie en commun. Moi, j'aimerais bien être **cobaye** pour ce genre d'expérience !

**3.** a. 4 ; b. 8 ; d. 6 ; e. 3 ; f. 2 ; g. 7 ; h. 9 ; i. 5

**4.** Le Produit national brut est un *indicateur* qui ne permet pas de mesurer le bien-être des gens. Pour évaluer le bonheur de la population, il faut des **critères** adaptés parce que le bien-être est difficile à **mesurer**. Il s'agit d'abord de déterminer quels **domaines** on doit évaluer : la santé et l'éducation par exemple, mais pas seulement. C'est à partir de sondages réalisés grâce à un **questionnaire** individuel que l'on va obtenir des données sur l'idée de bonheur d'une **population**. Pour que les **répondants** puissent donner leurs réponses de façon objective, il faut proposer des niveaux ou des **seuils** bien décrits dans les propositions de réponse. Après avoir récolté les résultats, les analystes doivent choisir **la terminologie** qui permet de les décrire finement. Cinquante ans après son invention, le **Bonheur** national brut est devenu un indicateur incontournable pour sortir d'une vision purement économique des performances d'un pays.

**5. a.** extrêmement (pour nuancer l'intensité) ; **b.** également (pour ajouter une information complémentaire) ; **c.** de temps en temps (pour indiquer la fréquence) ; **d.** absolument (pour nuancer l'intensité) ; **e.** parfois (pour indiquer la fréquence) ; **f.** vraiment (pour nuancer l'intensité)

**6. a.** Nous avons **régulièrement** été contactés pour répondre à des sondages sur le bonheur. **b.** Cette population se déclare **habituellement** heureuse de ses conditions de vie. **c.** J'ai **insuffisamment** lu sur le sujet du bonheur, je ne peux parler que de mon expérience. **d.** Le sondage montre **également** les domaines dans lesquels on peut améliorer le bien-être des populations. **e.** J'ai vu que 18 % des répondants se disaient **profondément** heureux de leur vie. **f.** Prendre du temps pour soi, même **occasionnellement**, est très important.

**7.** Dans mon rêve, tous les habitants *vivraient* en paix. Il n'y **aurait** plus ni guerre ni pauvreté. Les gens **se regrouperaient** en communautés pour vivre ensemble. Les animaux **ne se feraient plus** tuer pour la nourriture ou les ressources, nous **deviendrions** végétaliens. Les salaires **seraient** les mêmes pour tous. Chaque individu **accepterait** les autres dans leur différence. On **protégerait** la nature et on la **respecterait**. Nous **pourrions** créer une gouvernance adaptée et chacun **devrait** aider les autres. Surtout l'argent **ne dominerait pas** tout le reste !

**8.** *Exemple de production :*
Ce poème décrit le rêve de bonheur du poète François Coppée. Il parle d'une vie paisible, proche de la nature, il explique comment les paysages pourraient être une source de bien-être. Il imagine qu'il aurait quelques amis et des activités simples, comme écrire et jouer de la musique. Je suis assez d'accord avec cette vision du bonheur. Je pense que nous devrions être plus attentifs aux petits bonheurs simples de la vie et reprendre contact avec la nature immédiate.

**9.** *Exemple de production :*
Je crois que c'est important d'avoir des indicateurs pour mesurer le bonheur des gens. Il faudrait faire une enquête nationale avec un questionnaire adapté. Les indicateurs économiques, comme le Produit national brut, ne sont pas suffisants pour savoir si une population est profondément heureuse ou un peu heureuse. Ce serait utile de choisir des critères précis à évaluer : la santé, l'éducation, l'argent, par exemple. Selon les résultats, cela permettrait d'agir sur les domaines qui sont les moins bien notés.

**10.** Qu'est-ce qui fait le <u>bonheur</u> ? / Ah cette question…/ On a tous envie d'avoir / une réponse bien <u>établie</u> / pour pouvoir / l'<u>appliquer</u> / et la mettre dans sa vie. Alors comment être sincèrement <u>heureuse</u> / et apprécier pleinement son <u>quotidien</u> ? / D'ailleurs / est-ce que vous savez <u>apprécier</u> / le <u>bonheur</u> / qui se présente chaque jour à <u>vous</u> ?

## Bilan

**1. a.** La philosophie. **b.** Il questionne l'existence du bonheur. **c.** Une quête infinie de désirs. **d.** Parce que la vie deviendrait très ennuyeuse. **e.** La joie est un mouvement alors que le bonheur est un état. **f.** C'est une expérience vraie de la vie. **g.** Le contraire du malheur.

**2.** *Exemple de production :*
André Comte-Sponville explique que le bonheur c'est d'abord une idée et même un idéal. On ne peut qu'imaginer le bonheur. C'est difficile dans nos vies de se sentir heureux tout le temps. Mais il est possible de ressentir du bonheur grâce à notre imagination, pour oublier par exemple les vicissitudes de la vie ou pour espérer une vie meilleure. Alors, imaginer une autre

# Corrigés

vie plus stimulante qui pourrait nous arriver peut nous rendre heureux.

**Barème :**
Je commente une définition du bonheur. *5 points*
J'utilise le lexique des émotions. *5 points*

**3.** *Exemple de production :*
Ce texte est intéressant parce qu'il propose une certaine idée du bonheur qui ne serait possible que par comparaison. Je ne pense pas que ce soit une idée reçue et je suis assez d'accord avec cette réflexion. Je crois que même si personne ne l'admet véritablement, chacun se compare toujours aux autres. Est-ce que je reçois plus d'amour ? Suis-je plus intelligent(e) ? Ai-je plus d'argent ? Suis-je plus estimé(e) ? Ai-je plus de temps ? Le bonheur est mieux apprécié s'il n'est pas partagé par d'autres…

**Barème :**
J'analyse une idée reçue sur le bonheur. *5 points*
J'utilise le lexique des émotions. *5 points*

**4. a.** Vrai. « Dans son passionnant ouvrage *Et si le bonheur vous tombait dessus*, Daniel Todd Gilbert, professeur de psychologie à l'université d'Harvard, propose une réflexion sur le bonheur. »
**b.** Vrai. « En s'appuyant sur différentes recherches en psychologie, en sciences de la pensée et en philosophie, il analyse les idées reçues […] »
**c.** Faux. « il analyse les idées reçues sur cet état de complète satisfaction tellement recherché par l'être humain. »
**d.** Vrai. « Bref, nous avons du mal à trouver notre bonheur au quotidien… parce que nous pensons toujours le trouver dans le futur. »
**e.** Faux. « Je suis l'homme le plus heureux du monde. J'ai en moi ce qui peut transformer la pauvreté en richesse, les vicissitudes de la vie en chances. Je me sens fort. »
**f.** Vrai. « Daniel Todd Gilbert parle de cette précieuse faculté que nous avons tous de transformer notre vision du monde qui donne la force d'affronter les situations les plus difficiles. »
**g.** Faux. « Nous pensons toujours que nous ne sommes pas capables de surmonter les difficultés, or c'est le contraire : notre cerveau est capable de trouver des réponses positives à des événements négatifs. »

## Sommes-nous prisonniers de notre apparence ?

### Leçon 5

### Raconter une discrimination

**1. a.** Elle voulait s'inscrire dans un club de sport. **b.** Sa demande a été refusée. **c.** De venir à des heures précises. **d.** Elle a expliqué qu'elle voulait être comme tout le monde. **e.** Elle a contacté la justice de son pays.

**2. a.** Parce que ce n'était pas la première fois qu'on lui refusait l'accès dans un endroit public. **b.** Elle s'était sentie vraiment blessée. **c.** Ils lui ont dit qu'elle avait les mêmes droits que tout le monde. **d.** C'était important que les gens comprennent qu'une personne comme elle devait être autonome et respectée.

**3. a.** Marina est **tatouée** dans le dos. **b.** C'est une spécialiste qui fait des tatouages, avec de l'**encre**. **c.** Le tatouage est un **ornement corporel** que l'on peut choisir à partir d'un dessin. **d.** Cet homme est très tatoué, on ne voit plus la **chair** de ses bras.

**4.** Je vais vous raconter une histoire de *discrimination*. Pendant plusieurs années, j'avais un très bon copain au collège. Mais un jour, au début du lycée, il a insulté un garçon asiatique de notre classe à cause de sa différence physique. Et après, il a développé une grande **intolérance** vis-à-vis de lui. J'étais très étonnée de sa **xénophobie**. Et pour moi, c'était une **atteinte à la dignité**. Je déteste cette attitude **discriminatoire** ! Heureusement, nous avons été plusieurs camarades à prendre la défense de ce garçon, qui était **victime** d'un **délit de faciès**. Depuis ce moment, je n'ai plus adressé la parole à « ce copain du collège ».

**5. a.** 7 ; **b.** 4 ; **c.** 10 ; **d.** 2 ; **f.** 9 ; **g.** 3 ; **h.** 6 ; **i.** 8 ; **j.** 5

**6. a.** Il a décidé de porter plainte, **jusqu'alors** il arrivait à supporter les remarques désagréables de ses collègues. **b.** Sabrina a décidé de se faire tatouer, **après que** son ami l'y a encouragée. **c.** Nous sommes partis du bar au moment où David se moquait de l'apparence du serveur. **d.** **À cette époque**, j'ai manifesté contre les contrôles de police au faciès. **e.** Il pourra sortir **aussitôt que** l'encre de son tatouage sera sèche. **f.** La décision de justice a été rendue **pendant que** tu étais à l'hôpital. **g.** **À la suite de** son licenciement, il a porté plainte contre son employeur. **h.** La discrimination aux tatouages et piercings est encore visible **en** 2023 !

**7. b.** 9 ; **c.** 6 ; **d.** 10 ; **e.** 2 ; **f.** 1 ; **g.** 4 ; **h.** 7 ; **i.** 3 ; **j.** 8

**8.** Mon premier contrôle, c'*était* l'année dernière. J'**étais** avec trois potes de retour du parc où nous **étions allés** jouer au foot. On **marchait** dans la rue, comme des ados normaux. Dans mes mains, **je tenais** un ballon de foot. Là, on **a vu** passer une voiture de police. Avant ce moment-là, je **n'avais jamais été** contrôlé par la police. La voiture **s'est arrêtée**, et les policiers **sont sortis**. Comme je **n'avais rien fait** de mal, je **ne me suis pas inquiété**. Mais les policiers nous **ont demandé** nos papiers. Après, ils nous **ont dit** de circuler, et nous **sommes partis**, un peu surpris : ils nous **avaient contrôlé** pour rien, juste parce qu'on **était** différent !

**9.** *Exemple de production :*
Dans son livre *Le poids des apparences*, Jean-François Amadieu montre que les apparences comptent beaucoup plus qu'on ne croit. En effet, on peut être discriminé en fonction de son physique, parce qu'on est en surpoids ou de petites tailles par exemple, et cela passe parfois inaperçu. Les salaires aussi

peuvent varier en fonction du physique. Une personne jugée belle sera ainsi généralement mieux payée. Nous sommes tous influencés par l'apparence physique des personnes que nous rencontrons, mais je crois qu'il faut se battre contre les préjugés liés à l'apparence physique. Heureusement, en France et en Belgique, des lois existent pour condamner les auteurs de discrimination au travail et dans la vie quotidienne, c'est une bonne chose ! Mais il y a encore du chemin à faire pour que ce type de discrimination soit reconnu partout dans le monde. En Europe, seules les discriminations liées à l'obésité sont condamnées. Espérons que les lois et les décisions de justice feront bouger les mentalités et disparaître ces préjugés.

**10.** *Exemple de production :*
J'aime bien cette bande dessinée parce qu'elle montre très simplement ce qu'est la discrimination sur l'apparence physique. L'année dernière, une jeune femme noire était à la recherche d'un logement. Elle a visité un appartement qui lui plaisait. Le lendemain, quand elle a rappelé le propriétaire parce qu'elle était intéressée par cet appartement, il lui a répondu qu'il n'était plus disponible. Aussitôt qu'elle a raccroché, la jeune femme a demandé à une amie de téléphoner pour savoir si le propriétaire disait la vérité. Au moment où le propriétaire a répondu à son amie que l'appartement était disponible, la jeune femme a su qu'elle était victime de discrimination. Peut-être que jusqu'alors la jeune femme avait subi des discriminations, mais que cette fois elle a décidé de porter plainte et que le propriétaire a été condamné. À notre époque, il ne devrait plus y avoir de délits de faciès ! Au travail, pour trouver un logement, ou simplement dans sa vie quotidienne, personne ne devrait subir de discriminations liées à son apparence physique !

### Leçon 6

## Imaginer l'humain du futur

**1. a.** Vrai. « Le transhumanisme [...] défend l'idée de transformer ou dépasser l'homme pour créer un post-humain, ou un transhumain, aux capacités supérieures à celles des êtres actuels. »
**b.** Vrai. « Différentes facultés physiques et mentales de l'être humain seraient concernées... »
**c.** Vrai. « Son cerveau s'il devient malade pourrait être guéri ou au moins soigné efficacement. »
**d.** Vrai. « Fusionner l'homme et l'ordinateur afin de stopper le vieillissement et dépasser la mort physique. »
**e.** Faux. « Le plus grand obstacle n'est pas dans les progrès de l'IA mais dans les limites des connaissances biologiques. »
**f.** Faux. « Certains disent que seuls les plus riches auraient accès aux technologies augmentatives [...], leur conférant un avantage indéniable sur le reste de l'humanité. »

**2. a.** une cellule-souche ; **b.** le cerveau ; **c.** un avant-bras robotique ; **d.** une prothèse auditive ; **e.** une prothèse bionique

**3. a.** Il a maintenant un appareil **auditif** très performant et il entend très bien. **b.** Ce garçon ne peut pas parler, il est **muet** depuis sa naissance. **c.** On a fabriqué des implants pour améliorer **l'audition** des gens qui entendent mal. **d.** Depuis un an, j'ai une prothèse **oculaire** et je vois beaucoup mieux. **e.** Nous proposons des solutions techniques pour que les personnes **sourdes** puissent entendre. **f.** Elena voudrait devenir pilote d'avion, sa **vue** doit être exceptionnelle.

**4. b.** 4 ; **c.** 6 ; **d.** 3 ; **e.** 1 ; **f.** 7 ; **g.** 5

**5.** Futur : a ; c ; d ; e ; f – Futur antérieur : b ; d ; e ; g

**6. a.** Dès que nous **aurons reçu** le matériel, nous **pourrons** intégrer le capteur de vitesse. **b.** Comment **garderons-nous** le contrôle sur l'utilisation des nouvelles techniques médicales ? **c.** Dans le futur, les cerveaux humains **se développeront** davantage. **d.** Quand tu **auras terminé** tes études de médecine, ces technologies **seront** très répandues. **e.** Dans dix ans, les prothèses oculaires bioniques **auront redonné** la vue à tous les aveugles. **f.** Les recherches se sont arrêtées, le système **n'aura pas eu** le temps de terminer l'algorithme d'apprentissage des mouvements humains. **g.** La qualité de vie des personnes handicapées **s'améliorera** quand les prothèses bioniques **auront remplacé** les prothèses mécaniques. **h.** Quelle utilisation **fera-t-on** des implants cérébraux dans le futur ?

**7. a.** Dans le futur, les prothèses auditives **devraient** certainement être moins chères. **b.** La diffusion des exosquelettes **pourrait** peut-être faire disparaître tous les travaux pénibles pour l'être humain. **c.** Dans le futur, les implants cérébraux **pourraient**-ils ralentir le vieillissement du cerveau ? **d.** Grâce à ces nouvelles prothèses très performantes, les personnes mal entendantes **devraient** sans doute retrouver toute leur acuité auditive. **e.** L'implantation d'un cerveau artificiel **pourrait** devenir une option pour soigner les maladies mentales, mais c'est pour le moment peu probable. **f.** Les chercheurs ont annoncé que vraisemblablement dans dix ans, les prothèses bioniques **devraient** être adaptées à tous les handicaps physiques.

**8.** Probabilité : b ; d ; e ; g – Possibilité : a ; c ; f ; h

**9.** *Exemple de production :*
Ces images me font penser aux progrès de la technologie au service de la médecine et au transhumanisme, c'est-à-dire à la possibilité d'augmenter les capacités physiques et mentales de l'être humain. Dans le futur, on devrait pouvoir connecter son cerveau à un ordinateur pour développer sa mémoire ou son intelligence. Les prothèses bioniques pourraient permettre à toutes les personnes de remplacer un membre ou d'augmenter sa force par exemple. Mais je pense qu'il faudra réglementer les usages de ces nouvelles technologies quand elles seront devenues accessibles à tous.

**10.** *Exemple de production :*
Je pense que cette nouvelle est vraiment un progrès

# Corrigés

parce qu'elle permet d'améliorer la situation des personnes handicapées. J'ai lu que grâce aux implants oculaires par exemple, les aveugles pourraient retrouver la vue. Mais je n'ai jamais pensé que la technologie des implants serait si performante un jour. Grâce à des implants cérébraux, les personnes handicapées pourraient contrôler les mouvements de leurs prothèses bioniques ! Pour l'instant, je pense que nous n'avons pas encore de recul par rapport à ces nouvelles technologies. Seront-elles sans danger pour l'humanité ? En tout cas, il est nécessaire d'ouvrir le débat pour établir une réglementation. En effet, où se situe la limite entre une humanité réparée et une humanité augmentée ?

## Leçon 7
### Parler de son apparence

**1. a.** Elle pense que c'est important car ce qu'on porte est le reflet de ce qu'on est. **b.** Elle aime la mode si ce qu'elle porte est cohérent avec sa personnalité. Par contre, elle ne veut pas être une esclave de la mode. **c.** L'élégance ne doit pas être une contrainte. **d.** Elle aime mettre les pulls informes de son copain avec un pantalon serré et des talons. Elle adore aussi les années 50 et les petites robes avec la taille serrée. **e.** On ne doit pas chercher à s'habiller comme les mannequins des magazines mais au contraire, choisir des vêtements adaptés à soi. **f.** La mode les oblige à se plier à des normes strictes : même taille de vêtement, même couleur de cheveux, même silhouette et même personnalité. **g.** Elle fait croire aux femmes qu'elles sont libres alors qu'elle les contraint à ressembler au même modèle.

**2. b.** 6 ; **c.** 3 ; **d.** 5 ; **e.** 1 ; **f.** 4

**3.** Mon ami Mikaël est un célèbre *mannequin*. Il travaille comme **ambassadeur** de plusieurs grandes marques de mode. C'est **l'égérie** d'une marque de luxe très connue. Il porte souvent des vêtements **haut de gamme**. Il est toujours très élégant et peut s'habiller avec peu de chose, quelques **bouts de tissu**. Il préfère porter des matières naturelles, comme **le coton**, plutôt que des **matières synthétiques**. Et il choisit toujours des chaussures en **daim** !

**4. a.** la matière ; **b.** mou ; **c.** les matières synthétiques ; **d.** une tenue ; **e.** bas de gamme

**5. a.** C'est dommage que les mannequins **soient** toujours des gens grands et minces. **b.** Je trouve ça décevant de **ne pas pouvoir** m'habiller comme je veux au travail. **c.** Il craint de **devoir** mettre une cravate pour son entretien d'embauche. **d.** C'est génial que la marque **puisse** avoir des égéries de toutes origines. **e.** Je suis toujours déçue que les gens **veuillent** suivre la mode.

**6. a.** C'est génial que vous **ayez pu** acheter ces vêtements en coton. **b.** Je trouve dommage que mes enfants **aient attaché** autant d'importance à la mode quand ils étaient jeunes. **c.** C'est effrayant qu'il **ait changé** complètement son apparence à cause de la mode. **d.** Vous êtes surpris que les codes de la mode **n'aient pas évolué** jusqu'à aujourd'hui ? **e.** J'ai peur qu'on **m'ait mal jugé(e)** avec mes vêtements bas de gamme.

**7. b.** 5 ; **c.** 6 ; **d.** 2 ; **e.** 4 ; **f.** 1

**8. a.** J'aime les défilés de mode quoique les mannequins soient un peu stéréotypés. **b.** Tanya n'a pas de doudoune, toutefois elle devrait en emporter une en voyage. **c.** Les vêtements à la mode sont très appréciés, or ils sont souvent assez chers. **d.** La marque a organisé un défilé sans que son égérie y participe.

**9.** *Exemple de production :*
Je préfère la photo de la jeune femme en jogging blanc cassé. À la différence de l'autre femme qui ressemble à une mannequin, elle est plus naturelle. Je n'aime pas l'apparence de la femme en beige bien qu'elle ait des vêtements plus haut de gamme qui sont à la mode. Je trouve ça bien qu'on puisse s'habiller comme on veut sans qu'on soit obligé de faire attention à son apparence. Moi, je porte souvent des vêtements informes quand je reste à la maison, toutefois quand je vais travailler je fais attention à ma tenue et je choisis des vêtements plus élégants.

**10.** « Ma toute belle », « ma cocotte jolie » : on célèbre la beauté et la mignonnerie <u>des enfants</u> (o) et particulièrement des filles pour leur dire qu'on <u>les aime</u> (o). <u>Puis, une</u> (i) certaine idée de la beauté circule et se transmet dans les mythes, les contes qu'on lit avant de dormir (ou leur version <u>dessin animé</u> (i) signé Disney). Et <u>c'est ainsi</u> (f) qu'à la maternelle tant de petites filles se rêvent <u>princesses aux</u> (f) longs cheveux, <u>conscientes à</u> (f) travers leurs jeux que la grâce distingue <u>et avantage</u> (i).

## Bilan

**1. a.** La discrimination au travail. **b.** L'importance de l'apparence physique. **c.** Parce qu'elle avait des tatouages. **d.** Elle était appréciée par les clients. **e.** Les employeurs ont des préjugés concernant l'apparence physique. **f.** La discrimination sur l'apparence physique reste importante.

**2.** *Exemple de production :*
Le transhumanisme promet d'augmenter les capacités humaines en associant le corps humain et la machine afin d'aboutir à la vie éternelle. Bien sûr, dans les années à venir, les progrès technologiques pourront certainement supprimer tout handicap, en équipant les sourds avec des prothèses auditives performantes ou en remplaçant des bras ou des jambes défectueux par une prothèse bionique par exemple. Ce sera très certainement un progrès. Mais le développement des implants cérébraux, des organes imprimés en 3D pourraient dépasser la « simple » réparation du corps humain. Les ingénieurs sont déjà en train de développer des exosquelettes destinés au monde de l'entreprise et à des fins militaires. On parle d'homme augmenté. Ce que le transhumanisme propose c'est

de produire une symbiose de l'être humain et de la machine. Les philosophes pourraient avoir raison : que resterait-il alors de notre humanité ?

**Barème :**
J'imagine l'humain du futur. *3 points*
Je donne mon avis sur les progrès technologiques futurs. *3 points*
J'exprime une possibilité et une probabilité. *2 points*
J'utilise le lexique des dispositifs artificiels et de la technologie. *2 points*

**3.** *Exemple de production :*
Je vais vous parler de Nadir, un jeune homme noir de 18 ans. Il a été victime de discrimination. Un soir, alors qu'il rentrait chez lui, il a été contrôlé par la police. Les policiers lui ont demandé ses papiers sans lui donner d'explications. Aussitôt qu'il a montré ses papiers, Nadir a été emmené au poste de police. C'était clairement un délit de faciès parce qu'il n'avait rien fait. Il a été tellement choqué qu'il a décidé de porter plainte pour discrimination. Il a été aidé par un avocat. Après plusieurs mois d'attente, il y a eu une décision de justice et deux policiers ont été condamnés.

**Barème :**
Je parle d'une discrimination. *3 points*
Je raconte un événement au passé. *3 points*
J'utilise le lexique de la discrimination. *2 points*
J'utilise le lexique de la justice. *2 points*

**4. a.** Vrai. « Méfiez-vous des apparences, elles ne sont pas si trompeuses... »
**b.** Vrai. « Et la psychologie l'a vérifié : oui, nous avons tendance à juger rapidement les gens d'après leur apparence, […] »
**c.** Faux. « […] nous avons tendance […] à rester durablement influencé par une première impression, qu'elle soit bonne ou mauvaise. »
**d.** Faux. « […] les "recruteurs" ont tendance à évaluer les porteurs de lunettes comme étant plus intelligents, et les hommes et femmes d'apparence séduisante comme plus dynamiques et dignes de confiance. »
**e.** Faux. « […] les gens "trop beaux" sont jugés d'emblée comme étant des personnes vaniteuses ou même superficielles. »
**f.** Vrai. « Les commerciaux, les candidats à un entretien d'embauche, les amoureux lors des premières rencontres et, aussi, les escrocs, en sont conscients et soignent leur apparence, mais aussi leur comportement. »
**g.** Faux. « […] en général, mieux vaut soigner votre apparence et vos manières que d'avoir plus tard des efforts à faire pour effacer une première impression défavorable. »

# Unité 3 — Pouvons-nous encore sauver la planète ?

## Leçon 9
### Faire un état des lieux sur la pollution

**1. a.** La pollution numérique regroupe toutes les formes de pollution produites par le secteur informatique. **b.** L'article cite la contamination chimique, responsable de la dégradation du système immunitaire de l'homme. **c.** La pollution numérique est la plus forte au moment de la fabrication des équipements et des infrastructures et non quand ils sont utilisés. **d.** L'utilisation du numérique qui « dématérialise » entraîne néanmoins une forte consommation matérielle, de matières et d'énergie. **e.** Parce qu'il nécessite des infrastructures importantes et de nombreux équipements informatiques, comme les ordinateurs, les câbles et les antennes, dont l'existence est nécessaire pour transférer les données « immatérielles ». **f.** L'arrivée de la 5G va entraîner une forte augmentation du nombre de communications par le réseau Internet et nécessitera plus d'équipements et d'infrastructures pour l'utiliser.

**2. b.** 3 ; **c.** 4 ; **d.** 2

**3. a.** Le **câble en cuivre** est utilisé pour la transmission de données informatiques. **b.** Le **maillage routier** est la couverture d'un territoire par un réseau de routes. **c.** Le **signal** est une information courte qui circule dans un réseau informatique. **d.** Une **antenne 4G** se trouve généralement sur le toit d'une maison pour transmettre et recevoir les signaux. **e.** Une voie **maritime** est une route utilisée par les bateaux pour le transport. **f.** Les éclairages publics sont **énergivores** parce qu'ils consomment beaucoup d'électricité. **g.** Il faudrait remplacer les installations électriques qui sont **obsolètes** par des équipements neufs. **h.** La signalisation **aérienne** permet aux avions de repérer l'existence d'infrastructures au sol.

**4. a. La biodiversité** sous-marine ; **b. Un amphibien** dans la forêt ; **c. Une chauve-souris** en vol ; **d. La migration** des oiseaux ; **e.** L'ours, **un mammifère terrestre**

**5. a.** 6 ; **c.** 4 ; **d.** 2 ; **e.** 7 ; **f.** 3 ; **g.** 5

**6. a.** intensité ; **b.** astronomie ; **c.** rejeter ; **d.** flux ; **e.** éclairage ; **f.** diurne ; **g.** nocturne ; **h.** immatériel ; **i.** pomper

**7. a.** Comment ? Il n'y a pas d'**éclairage** nocturne ? **b.** Ah bon ? Il est à la **direction** d'une entreprise ? **c.** C'est vrai ? Il y a une baisse du **développement** des amphibiens ? **d.** Oui, il ressent de la **fierté**. **e.** En effet, le **coût** est très élevé.

**8. a.** L'éclairage public a des conséquences sur la migration des oiseaux **dont** les cycles sont perturbés. **b.** Le maillage routier **qui** est très étendu génère une importante pollution de l'air. **c.** Ces infrastructures entraînent l'extraction de métaux **dont** le transport consomme de l'énergie. d. Les infrastructures du réseau représentent 28 % des gaz à effet de serre **que** nous émettons. e. Souvent, les centres de données se trouvent dans des pays **où** les préoccupations environnementales ne sont pas une priorité. f. 4 % des émissions de gaz à effet de serre dans le monde sont générées par le numérique **dont** la pollution reste invisible.

**9.** *Exemple de production :*
J'ai trouvé cette photo qui encourage à acheter du matériel encore plus performant. Mais, je pense que le développement des équipements numériques entraîne une augmentation de la pollution environnementale. Il faudrait communiquer encore plus sur l'impact de ces nouvelles technologies dont on ne parle pas assez. Les équipements comme les câbles en cuivre, les antennes 4G et la fibre impliquent l'extraction de ressources rares et nécessitent beaucoup d'énergie pour être produits et transportés. La surconsommation des produits numériques toujours plus performants aggrave cette situation. En effet, ils deviennent vite obsolètes et les déchets peu recyclables entraînent une pollution importante.

**10.** *Exemple de production :*
Aujourd'hui, je voudrais vous parler de la pollution lumineuse. C'est un vrai problème dont on ne parle pas assez. Le développement des villes a entraîné une forte augmentation des enseignes et des lampadaires dans les rues : + 89 % depuis 1990. L'éclairage public dans les villes provoque l'émission de 670 000 tonnes de $CO_2$, et il coûte très cher. En plus de cette consommation d'énergie, l'éclairage nocturne a des impacts importants sur la biodiversité, particulièrement la faune, comme les insectes dont c'est la deuxième cause de disparition. Enfin, la pollution lumineuse a des effets sur la santé de l'homme : elle génère une baisse de la production de mélatonine, hormone nécessaire pour bien dormir.

### Leçon 10
## Alerter le public sur un risque

**1.** a. Elle explique qu'il s'agit de l'eau qui a servi à produire les aliments que nous mangeons, et que nous consommons donc sans le savoir. b. Elle prend l'exemple de la consommation d'un kilo de bœuf qui a eu besoin de 13 000 litres d'eau pour être produit. c. Il serait important de s'interroger sur notre responsabilité individuelle dans la consommation de l'eau. C'est le concept d'« empreinte eau ». d. Parce qu'il est caché dans les importations de produits alimentaires. 70 % de l'eau consommée sert à fabriquer des produits alimentaires, et donc les pays qui importent des produits alimentaires importent aussi de l'eau. e. Elle explique que le mot « virtuelle » ne doit pas faire oublier qu'il s'agit d'une consommation bien réelle puisque cette eau consommée existe vraiment. f. C'est l'ensemble des besoins en eau cumulés pour obtenir un produit.

**2.** a. des précipitations diluviennes ; b. un océan ; c. les légumineuses ; d. un camion-citerne ; e. la sécheresse

**3.** a. une très forte chaleur ; b. se transformer en gaz pour un liquide ; c. une élévation des températures pendant plusieurs jours ; d. la description des mouvements de l'eau sur la Terre ; e. l'eau nécessaire à la production et au transport des produits ; f. un aliment dont la production a eu lieu près de chez soi ; g. Il reste encore beaucoup d'efforts à faire. h. On arrive très près du but qu'on s'est fixé.

**4.** Je vais aller aujourd'hui à la manifestation pour le climat. Après la *convention citoyenne*, on a cru que **les décideurs** allaient enfin réagir pour proposer des lois importantes en faveur du climat. Quelle déception ! Les spécialistes ont déjà beaucoup **alerté** les gouvernements. S'ils avaient été écoutés, il y a cinquante ans, des décisions auraient pu être prises, et nous n'en serions pas là ! Mais ce n'est pas le cas et c'est pour ça qu'il y a aujourd'hui **une mobilisation** importante. Nous avons fait **des préparatifs**, et nous allons distribuer **des flyers** aux gens pour qu'ils **se mobilisent** aussi lors des prochaines rencontres.

**5.** a. Afin de préserver la ressource en eau, il est recommandé de manger **des légumineuses**. b. Si nous avions écouté la conférence **de l'hydrologue**, nous connaîtrions beaucoup mieux le cycle de l'eau. c. Cela fait longtemps que les spécialistes **alertent** sur le réchauffement climatique. d. J'ai compris que la notion **d'eau verte** désigne l'eau qui se trouve dans le sol. e. S'il n'y a plus de distribution d'eau dans les villes, nous serons obligés d'utiliser **des camions-citernes** pour nous approvisionner. f. À l'avenir, nous devrions privilégier la consommation de **produits locaux**. g. **L'agriculture intensive** nécessite une consommation d'eau trop importante par rapport aux ressources disponibles.

**6.** b. 8 ; c. 6 ; d. 7 ; e. 1 ; f. 3 ; g. 5 ; h. 2

**7.** a. Si on **avait diffusé** plus tôt les conclusions des études sur l'alimentation carnée, les gens **auraient déjà modifié** leur régime alimentaire. b. Si la sécheresse **ne s'était pas abattue** sur ma région, je **ne me serais pas intéressé(e)** au cycle de l'eau. c. Si nous **avions su** que l'agriculture intensive détruisait autant les sols, nous **aurions choisi** d'acheter des produits bio et locaux plus tôt. d. Si j'**avais lu** avant cet article sur les conditions de production de la viande rouge, je **serais devenu** végétarien depuis longtemps. e. Si les gens **avaient reçu** ces flyers, ils **comprendraient** l'enjeu de la manifestation. f. Si on **avait donné** la parole aux hydrologues plus tôt, nous **serions mieux** informés sur l'eau cachée. g. Si tout le monde **avait limité** sa consommation d'eau, nous **n'aurions pas** besoin d'appeler un camion-citerne. h. Si les décideurs **avaient repris** les propositions de la convention citoyenne, nous **n'irions pas** à la manifestation.

**8.** Hypothèse sur le présent : b ; c ; g – Hypothèse sur

le passé : a ; d ; e ; f

**9.** *Exemple de production :*
Je voudrais que les décideurs politiques et économiques prennent conscience que l'écologie est une nécessité et qu'il est urgent d'agir. Si nos dirigeants avaient écouté plus tôt les spécialistes, nous aurions pu limiter le changement climatique : la sécheresse, les vagues de chaleur de plus en plus longues, les précipitations diluviennes qui provoquent des catastrophes. Nous devrions collectivement prendre des décisions fortes pour limiter notre consommation en général et réduire les émissions de gaz à effet de serre. S'il y avait une vraie volonté, nous pourrions encore agir. L'enjeu de cette mobilisation est donc environnemental, politique et social. L'objectif, c'est d'alerter les politiques et de mobiliser encore plus les gens sur ce sujet, pour qu'ils réduisent leur consommation, achètent des produits locaux et limitent la viande rouge dans leur alimentation. Si tout le monde agissait, les ressources en eau ne seraient pas gaspillées !

**10.** *Exemple de production :*
Cette infographie présente la consommation d'eau nécessaire pour transformer et produire différents produits de consommation. C'est très intéressant de connaître ce que l'on appelle « l'empreinte eau » des produits que nous consommons. Cela s'appelle aussi « l'eau cachée », parce qu'on ne la voit pas. Si nous savions par exemple que 13 000 litres d'eau sont nécessaires pour produire un kilo de viande de bœuf, nous préférerions consommer des légumineuses. Les périodes de sécheresse sont devenues plus nombreuses à cause du changement climatique. Les rivières s'assèchent et les nappes d'eau souterraines diminuent. Il devient donc indispensable de limiter sa consommation d'eau visible et cachée. L'agriculture intensive consomme beaucoup d'eau en plus de polluer les sols, et certains vêtements comme le jean nécessitent de nombreux traitements. C'est pourquoi chacun doit avoir une consommation raisonnée en limitant les produits qui ont une forte empreinte eau.

### Leçon 11
## Proposer des solutions

**1. a.** Il faut agir dès maintenant et dans tous les domaines. **b.** Il précise qu'il sera difficile de respecter les scénarios de limitation à + 1,5 °C ou + 2 °C s'il n'y a pas d'action efficace avant 2030. **c.** Il faudrait arrêter rapidement de produire de l'énergie fossile, en fermant des infrastructures. **d.** Le méthane est le deuxième gaz à effet de serre le plus important, et il a un impact sur le réchauffement climatique trente fois plus important que le $CO_2$. **e.** Nous contribuerons à réduire ces émissions, en faisant évoluer nos modes de vie vers plus de sobriété : diminuer notre consommation et limiter nos déplacements. **f.** Il faut à la fois opérer la transition vers les énergies bas-carbone et développer les plantations d'arbres gros capteurs de $CO_2$.

**2. a.** l'énergie nucléaire ; **b.** l'énergie solaire ; **c.** l'énergie éolienne

**3. b.** 7 ; **c.** 6 ; **d.** 1 ; **e.** 2 ; **f.** 5 ; **g.** 3 ; **h.** 4

**4.** Que faudrait-il faire pour réduire *l'émission* de gaz à effet de serre ?
Voici quelques **préconisations** qui concernent notre vie quotidienne. Dans le domaine de l'habitat, il faudrait agir pour une meilleure **isolation** des murs et du toit pour éviter le gaspillage d'énergie. Par ailleurs, dans nos villes, **la plantation** d'arbres contribuerait à **la réduction** de la quantité de $CO_2$ présent dans l'air. Dans le même temps, il faudrait accepter que la vitesse autorisée sur les routes fasse l'objet d'une **limitation**, privilégier **l'électrification** des voitures et les mobilités douces. Nous devons agir rapidement pour stopper **l'extraction** des matières fossiles. Enfin, individuellement, nous devrions faire preuve de **sobriété**, c'est-à-dire consommer moins pour éviter de gaspiller les ressources naturelles.

**5.** Résumer, synthétiser : e – Exprimer un conseil : b ; d ; g – Décrire un point de vue : a ; c ; f

**6. a.** Nous **suggérons** de relever l'objectif de réduction des émissions de gaz à effet de serre à l'horizon 2030. **b.** J'ai lu le rapport 2022 du GIEC qui **évoque** l'accélération plus rapide que prévu de l'élévation des températures. **c.** Un philosophe **préconise** un changement complet de notre vision du développement. **d.** Les experts **considèrent** nécessaire de faire le choix de la sobriété. **e.** Le conseil municipal **se penche** sur les mesures à prendre pour limiter la consommation d'énergie dans notre quartier. **f.** De plus en plus de scientifiques **soulignent** l'importance de réviser les indicateurs actuels.

**7. a.** La mobilisation en faveur de la lutte contre le réchauffement climatique devra s'intensifier, **à la fois** pour accélérer la prise de conscience des décideurs politiques, **mais aussi** pour inciter les gens à modifier leur mode de vie. **b.** On se demande si les résolutions prises dans les conférences internationales sont utiles, **en effet** elles ne sont pas suivies de décisions fortes en faveur du climat. **c.** Le rapport des experts insiste sur les actions pour limiter les déchets, **notamment** la réduction du gaspillage alimentaire. **d.** Une ville **comme** Nantes a fait de l'écologie une priorité depuis quelques années. **e.** Il faut continuer à rechercher de nouvelles énergies bas-carbone. **Quant aux** énergies solaire et éolienne, il s'agit de les développer davantage puisque nous en maîtrisons la technique. **f.** J'ai lu entièrement cet article, **en somme** l'auteur nous incite à prendre des décisions radicales dès maintenant. **g.** L'émission des gaz à effet de serre continue à progresser dans le monde, **par ailleurs** la biodiversité se dégrade à un rythme inquiétant.

**8.** *Exemple de production :*
Je viens de lire la citation de l'astrophysicien Aurélien Barreau. C'est intéressant parce qu'il a une vision claire des problèmes environnementaux que nous vivons actuellement. En effet, il pense que nous

# Corrigés

nous trompons dans nos efforts pour répondre aux problèmes du réchauffement climatique. Il considère nécessaire de revoir complètement nos modes de fonctionnement. En effet, malgré nos efforts pour réduire nos émissions de gaz à effet de serre, on continue à détruire le vivant. Les sociétés humaines ont de réelles difficultés à lutter contre les causes du changement climatique. Et cette situation devrait nous alerter ! À chaque nouvelle réunion internationale sur le climat, à chaque nouveau rapport du GIEC, le constat est le même : les mesures qui ont été prises ont peu d'effet. Il devient impératif de modifier nos indicateurs et aussi nos comportements. Sinon la situation deviendra irréversible.

**9.** *Exemple de production :*
Ces deux photos me font réfléchir à la question du changement climatique et aux solutions que nous pouvons apporter. Sur la première image, on voit que la situation se dégrade, que la nature est en danger, notamment à cause des gaz à effet de serre, à la fois le dioxyde de carbone mais aussi le méthane, très dangereux pour la planète. Les experts estiment d'ailleurs nécessaire de développer les énergies bas-carbone comme l'énergie solaire ou l'énergie nucléaire. Sur la deuxième image, on préconise l'utilisation de l'énergie éolienne et dans le même temps, on souligne l'importance de préserver la nature, comme la qualité de l'air et des plantes, pour que l'enfant puisse vivre dans un environnement sain. C'est très important de comprendre quels sont les problèmes aujourd'hui et comment trouver des solutions. En somme, les travaux des experts sont nécessaires, notamment les travaux du GIEC, il faut vraiment les écouter.

**10.** *Alors qu'est-ce qu'on peut faire pour améliorer la situation ?*
**Je ne sais** pas, je pense **qu'il** y a beaucoup de choses, d'abord, **ce n'est** pas difficile de baisser la température à la maison, **il n'y** a pas de problème pour se chauffer un peu moins. **Et puis, il me** semble qu'on peut réduire **notre** consommation d'eau, **qui est** sans doute trop importante. Voilà, **ce** que **je** peux dire sur ça.

## Bilan

**1. a.** Les solutions des experts du climat pour sauver la planète. **b.** Il estime qu'il est encore temps d'agir. **c.** Parce qu'elles sont responsables d'un tiers des émissions de gaz à effet de serre. **d.** Ils considèrent nécessaire d'utiliser des énergies bas-carbone. **e.** Il est nécessaire d'organiser le captage du $CO_2$. **f.** Il faut que les individus agissent sur tous les aspects de leur vie quotidienne. **g.** Les pouvoirs publics doivent prendre des décisions rapidement.

**2.** *Exemple de production :*
On parle beaucoup des déchets, du gaspillage et de l'émission des gaz à effet de serre. Mais il y a une pollution très importante dont on ne voit pas les effets, c'est la pollution numérique. D'abord parce que l'utilisation d'Internet contribue fortement aux émissions de gaz à effet de serre en consommant beaucoup d'électricité : deux fois plus que le transport aérien en 2020 par exemple. De plus, le nombre de mails envoyés dans le monde, qui est très élevé, consomme l'électricité produite par 15 centrales nucléaires en une heure, c'est incroyable ! Il faudrait faire connaître ces chiffres pour que tout le monde soit sensibilisé et réduise son utilisation d'Internet.

**Barème :**
Je fais un état des lieux sur une situation. *4 points*
J'utilise des connecteurs pour organiser mon discours. *3 points*
J'utilise le lexique lié à la pollution numérique. *3 points*

**3. a.** Faux. « La décroissance, seule solution pour sauver la planète ? »
**b.** Vrai. « Comme son nom l'indique, la décroissance est le contraire de la croissance, ce concept économique fondé sur le développement sans fin des richesses et des ressources, matérielles ou naturelles. »
**c.** Faux. « Selon Nicholas Georgescu-Roegen, économiste et mathématicien américain des années 60, la croissance infinie est impossible à maintenir […] »
**d.** Faux. « Il souligne l'importance de revoir le rôle de producteur/consommateur de l'humain, qui ne doit pas s'épanouir par le matériel ou la croissance, mais en respectant des dimensions biologiques, philosophiques, culturelles et spirituelles. »
**e.** Faux. « Si nous étions tous mobilisés pour fabriquer nos propres produits ménagers ou d'hygiène, nos meubles, cultiver nos fruits et légumes dans notre jardin ou cuisiner notre pain, la décroissance serait en marche ! D'ailleurs, beaucoup de personnes agissent déjà en ce sens à travers le monde. »
**f.** Faux. « En définitive, à nous donc d'entamer notre transition : vivons mieux avec moins ! »

**4.** *Exemple de production :*
Je suis d'accord avec toi. L'eau est nécessaire pour la fabrication de beaucoup de produits que nous consommons au quotidien : les vêtements, comme les jeans et les tee-shirts, les objets de notre vie quotidienne, les ordinateurs et les smartphones, etc. Nous n'en avons pas conscience parce que cette eau, on ne la voit pas, c'est l'« eau cachée ». Tu as raison, tout le monde devrait être informé de cet aspect de notre consommation. Le pire, c'est la consommation d'eau liée à l'agriculture intensive, notamment la viande rouge. Si j'avais su qu'un morceau de bœuf nécessitait plusieurs milliers de litres d'eau, j'aurais limité ma consommation depuis longtemps ! Je pense qu'il faudrait mobiliser les gens afin qu'ils soient capables de calculer leur empreinte eau. Si tout le monde était conscient de ce gaspillage, nous pourrions collectivement agir de façon plus responsable !

**Barème :**
J'alerte sur une situation. *4 points*
Je fais des hypothèses sur le présent et sur le passé. *3 points*
J'utilise le lexique du gaspillage de l'eau. *3 points*

# Corrigés

## Les langues sont-elles sacrées ?

### Leçon 13
### Expliquer une évolution

**1. a.** Les évolutions de l'orthographe française. **b.** On écrivait librement, sans contrainte. **c.** Pour exercer un pouvoir sur la population. **d.** Parce qu'elle ne respecte pas toujours l'étymologie des mots. **e.** Les langues germaniques, l'arabe et l'italien. **f.** Parce qu'à cette époque, il y avait peu de lettrés. La maîtrise du français permettait de distinguer les « gens de lettres » des ignorants. **g.** Les Français sont très attachés à leur langue, ils veulent conserver l'orthographe traditionnelle.

**2.** En 1794, l'Abbé Grégoire voulut abolir les *dialectes* parlés dans les différentes régions françaises. Conscient que le français était peu répandu dans certains milieux et que les **langues régionales** locales dominaient, l'Abbé Grégoire fit une enquête sociologique. Il se rendit dans les écoles des monastères, afin de connaître les langues d'**enseignement** et il parcourut le pays pour observer l'usage du français sur le territoire. Son enquête lui permit de conclure que seul un français sur cinq utilisait la langue nationale et que de nombreux **patois**, essentiellement utilisés à l'oral, dominaient. L'homme de lettres décida alors de rédiger un rapport sur la nécessité et les moyens d'universaliser l'usage du français. L'argument de la **francisation** était selon lui un moyen d'unifier la nation. En effet, pour lui, la **diversité** des langues ne présentait pas un **enrichissement** mais un obstacle à la compréhension des lois du pays et donc « au bonheur social et à l'égalité ».

**3.** b. 1 ; c. 7 ; d. 5 ; e. 8 ; f. 6 ; g. 2 ; h. 4 ; i. 9

**4. a.** Expressions familières : en avoir marre ; en avoir ras-le-bol
**b.** *Exemples de production :*
« J'en ai marre, vous ne voulez jamais aller voir les films que je choisis ! » → C'est vraiment agaçant, vous ne voulez jamais aller voir les films que je choisis !
« On nous donne de plus en plus de travail à la fac. J'en ai vraiment ras-le-bol ! » → On nous donne de plus en plus de travail à la fac. C'est trop !

**5.** Passé simple : b ; d ; f

**6. a.** Le Premier ministre **publia** un rapport sur l'enseignement des langues régionales. **b.** En 1980, l'Académie française **accueillit** Marguerite Yourcenar, la première femme. **c.** Erik Orsenna **fit** un discours très remarqué lors d'une conférence. **d.** Nous **choisîmes** d'inscrire nos enfants dans des classes bilingues. **e.** Les élèves **eurent** des difficultés pour s'adapter à la nouvelle orthographe.

**7. a.** La langue française **s'enrichit** de mots de langues étrangères. **b.** Le français **devint** la seule langue officielle du Québec en 1974. **c.** Les élèves **eurent** des difficultés à s'adapter à la nouvelle orthographe. **d.** Jules Ferry **institua** la gratuité de l'école primaire. **e.** L'enseignement laïc **promut** l'utilisation du français dans les campagnes. **f.** Les linguistes **utilisèrent** le premier dictionnaire de l'Académie française. **g.** Les élèves **apprirent** la langue française dans les écoles de la République.

**8. a. Avant de** publier l'intégralité de son dictionnaire, l'Académie française faisait paraître des fascicules au journal officiel. **b.** La Commission d'enrichissement de la langue française contribue au rayonnement de la francophonie **depuis** sa création. **c.** Plusieurs commissions ont rendu des rapports **avant que** la loi relative à la féminisation des noms de métier ne soit appliquée. **d.** L'Éducation nationale a proposé des pédagogies adaptées **dès que** la loi autorisa l'enseignement des langues et des dialectes locaux. **e. Depuis que** l'Organisation internationale de la francophonie a été mise en place en 1970, elle promeut la diffusion de la langue française. **f. Lorsqu'**on fait entrer un nouveau mot dans le dictionnaire, on a analysé sa présence dans différentes sources au préalable.

**9.** b. 7 ; c. 1 ; d. 3 ; e. 6 ; f. 5 ; g. 4

**10. a. Après avoir été colonisés** par les Vikings en Normandie au 10ᵉ siècle, les Français ont intégré à la langue française du vocabulaire lié à la mer. **b. Après avoir envahi** la France, les Vikings se sont installés en Angleterre où ils ont transmis des mots français. **c. Après avoir colonisé** l'Amérique centrale et l'Amérique du Sud à partir du 15ᵉ siècle, les Espagnols ont rapporté de nouveaux produits tels que le chocolat et de nouveaux mots pour les nommés. **d. Après s'être passionnés** pour l'art italien à la Renaissance, les Français ont adopté les termes relatifs à ce domaine. **e. Après s'être enrichie** du verlan, la langue française a bénéficié des apports des nouveaux mots des réseaux sociaux.

**11.** *Exemple de production :*
Les premiers Français arrivèrent au Québec en 1760, ils utilisèrent donc naturellement la langue française. Mais quand les Anglais débarquèrent à leur tour, trois ans plus tard, l'utilisation du français fut remise en question. En 1841, fut créé le Canada Uni qui prenait en compte à la fois l'anglais et le français au Québec. Vingt-six plus tard, les Québécois fondèrent la Confédération du Canada. Dans ce contexte, on intégra le français dans la Constitution. Après plus d'un siècle, en 1974, le français fut reconnu langue officielle. Trois ans plus tard, en 1977, le gouvernement imposa l'enseignement de la langue grâce à la ratification de la loi 101.

**12.** *Exemple de production :*
Si les mots français issus de l'espagnol se mettaient en grève, on ne parlerait plus de « patate » mais uniquement de pomme de terre… Mais comment pourrait-on nommer la « tomate » ou encore la « cacahuète » ? Pas facile de se priver de mots qu'on utilise au quotidien et dont on ne connaît plus l'origine.

# Corrigés

Et sans doute qu'on apprécierait de se passer du sifflement caractéristique du « moustique », issu de ma langue maternelle. On ne pourrait plus rencontrer quelqu'un par « hasard » ! Et oui, « hasard » est aussi un mot d'origine espagnole ! Et nos orchestres devraient jouer sans guitare ! Quelle tristesse, plus de soirées sur la plage à chanter… et plus question de « palabrer » non plus !

## Leçon 14
### Adapter son registre

**1. a.** Faux. « Outre les emprunts aux langues étrangères, les jeux avec la langue sont nombreux. » **b.** Faux. « À l'image du verlan des années 90 […] toujours en vigueur actuellement. » **c.** Vrai. « Plutôt que de condamner cette nouvelle façon de communiquer, il est intéressant de se pencher sur ses origines. » **d.** Vrai. « […] en France, ce terme finit par être largement employé par la nouvelle génération pour ponctuer les phrases, saluer […] » **e.** Vrai. « Certaines expressions présentes dans le dictionnaire sont déjà largement dépassées voire complètement ringardes. » **f.** Faux. « […] le français est une langue en perpétuelle évolution… et nous *on kiffe* ! »

**2.** Le français *populaire* s'est enrichi auprès des populations de banlieue depuis les années 80. Le phénomène a pris naissance avec le **verlan** qui a donné naissance à des termes encore couramment utilisés aujourd'hui tels que « remps » pour parents ou « meuf » pour femme. L'**argot** se développe également à partir de langues étrangères comme l'espagnol (« amigo » pour ami) et surtout l'arabe (« beleck », « kiffer »…). Il est à noter que leur **popularisation** vient essentiellement du monde de la chanson et des réseaux sociaux.

**3.** registre soutenu : b ; f – registre courant : d ; e – registre familier : a ; c ; g

**4. a.** Le **mec / keum** il croit que tout le monde va adorer sa chanson alors qu'aujourd'hui y a que le rap qui marche. **b.** J' suis **vénère** on m'a demandé de réécrire ma copie à cause des fautes. **c.** Il a croisé une **meuf** dans la rue qui portait des sandales, il fait trois degrés, elle est dingue. **d.** Tu as vu un peu ta tenue ? Il y a même des tâches sur ton jean. Franchement, on dirait un **charclo** ! **e.** Ce mec est un peu **chelou**. Il passe son temps à utiliser des mots qu'on comprend pas. **f.** IL croit que tout le monde va voter pour lui, quel **boloss** ! **g.** J'ai un pote qui m'a proposé son phone pour 200 balles, je lui ai acheté **tout de go**.

**5.** Tu es étudiant, tu n'as pas de travail et tu veux te faire un peu d'argent ? Ne perds pas ton temps et envoie-nous ton CV ! Nous sommes une jeune start-up dynamique qui bouleverse le secteur du marketing depuis plusieurs mois. Tu as sans doute déjà vu nos affiches dans le métro. Nous sommes partout ! Et nous avons besoin de toi pour agrandir notre équipe. Suis-nous, viens nous voir et deviens acteur d'un secteur les plus porteurs.

**6. a.** Pronom *y*, remplace un complément de lieu introduit par la préposition dans : « dans la musique ». **b.** Pronom *les*, remplace « les enfants », COD du verbe comprendre. **c.** Pronom *eux*, remplace « les plus jeunes », COI du verbe s'adresser (à). **d.** Pronom *m'*, remplace « à moi », COI du verbe proposer (à). **e.** Pronom *l'*, remplace « Le Petit Prince », COD du verbe lire. **f.** Pronom *en*, remplace un nom introduit par *de* : se servir « des dictionnaires papier ».

**7. a.** Les jeunes sont sensibles aux paroles des rappeurs. Ils **les** utilisent au quotidien. **b.** On a tendance à croire que les jeunes n'utilisent que des mots issus de l'argot. Or, ils n'**en** utilisent pas plus que le reste de la population. **c.** D'après les dernières statistiques, la syntaxe évolue peu. Qu'**en** penses-tu ? **d.** Il lit souvent de nouvelles expressions dans les romans. Il les note et **en** recherche le sens pour pouvoir **les** réutiliser. **e.** Cette autrice a écrit un livre sur les évolutions de la syntaxe. Elle s'**y** intéresse depuis des années. **f.** Certains films permettent d'observer l'évolution de la syntaxe. On peut ainsi **en** comparer des contemporains à d'autres plus anciens. **g.** Je dois admettre que les expressions actuelles ne sont pas toujours progressistes. On **y** retrouve parfois beaucoup de misogynie. **h.** Les réseaux sociaux ont des incidences à la fois sur le vocabulaire, sur le lexique et sur la syntaxe. C'est lié à l'usage qu'on **en** fait.

**8.** *Le film de banlieue est un genre à part entière depuis les années 90, le cinéma français s'en est enrichi depuis.* De grands réalisateurs s'**y** sont illustrés et ils trouvent un public de plus en plus nombreux. Ils mettent en scène la vie des quartiers et c'est ce qui **lui** plaît. Les personnages sont souvent des figures emblématiques incarnées par les jeunes de banlieue. Ce genre **en** a d'ailleurs propulsé certains sur le devant de la scène. Le décor est souvent le même, des HLM de banlieue. Les films visent à **en** faire connaître les habitants, leur mode de vie, leurs revendications. Ils ont également permis de faire émerger les codes oraux des jeunes de banlieue puisqu'ils **les** empruntent dans les dialogues.

**9.** *Exemple de production :*
Je suis originaire d'Italie, de Rome dans le Latium plus précisément. En ce qui concerne la chanson, dans mon pays on écoute des musiques très variées, beaucoup de folk-rock, de pop, de variétés et des titres populaires depuis des années. Il y a beaucoup de dialectes en Italie et il arrive qu'on en retrouve de plus anciens, notamment le dialecte romain, dans des chansons, comme celles de Franco Califano dans les années 70… mais aussi dans des chansons plus récentes, chez Ultimo par exemple, un jeune chanteur en vogue chez nous. Je n'ai pas l'impression que la littérature influence beaucoup la langue, mais c'est peut-être parce que je ne suis pas un(e) grand(e) lecteur/lectrice. En revanche, le cinéma est riche en

expressions populaires et en accents qui illustrent la variété de notre langue. Avec mes amis, on sourit toujours quand on ne sait pas comment s'habiller pour sortir, quand on se plaint d'avoir trop chaud, on dit c'est un « chaud-froid »… Cette expression vient du film *Totò, Peppino e la malafemmina* (*Totò, Peppino et la danseuse*) de Camillo Mastrocinque (1956). Dans ce film, les deux personnages quittent Naples pour Milan. Ils sont habillés chaudement, convaincus qu'il fait froid à Milan. Alors que l'un d'eux s'étonne, l'autre lui répond que c'est un « chaud-froid » ! C'est devenu une blague entre nous.

**10.** *Exemple de production :*
*Madame Bovary* est un livre de Gustave Flaubert. L'héroïne, Emma Bovary s'ennuie avec Charles son mari. La vie à la campagne lui plaît pas. Elle passe son temps à lire des œuvres romantiques, elle rêve de belles histoires d'amour. Elle rencontre d'autres hommes, Léon d'abord puis Rodolphe. Mais le spleen passe pas. Elle a une fille mais elle arrive pas vraiment à s'y attacher. Elle reste triste et déçue de sa vie.

### Leçon 15
## Parler de son rapport au français

**1. a.** Les traditions. Sa musicalité. **b.** Elle trouve qu'on ne parle plus correctement français. **c.** Il la trouve trop compliquée. **d.** Il propose de simplifier la langue pour éviter que les gens soient jugés selon leur niveau de langue. **e.** Il aime les expressions idiomatiques comme « prendre le soleil », « je ne sais plus où donner de la tête ». **f.** Pour elle, les règles de grammaire donnent du charme à la langue.

**2.** L'homme, de sa *voix brisée* murmura quelques mots : « J'aurais préféré que tu ne me voies pas comme ça. » Elle devinait la honte qu'il ressentait, ses cheveux **crasseux** et sa chemise **entrouverte** traduisaient son laisser-aller. La jeune femme à la beauté **charnelle** lui prit la main. Il avait le regard **perdu**. Poussée par une énergie **pulsionnelle**, elle se décida à parler malgré son extrême **pudeur**. Dehors la pluie tombait, **drue** et glaciale.

**3.** Lorsque j'ai découvert la langue française, alors même que je ne la comprenais pas, je l'associais à une multitude de *couleurs*. Je devinais la France et ses paysages mais l'Afrique aussi, le Québec. Toute une **palette** d'accents variés. Pour moi, la **musicalité** n'avait pas une source unique mais au contraire, elle provenait du monde entier. J'entendais des **sons** qui, mis bout à bout, formaient une **mélodie** qui me faisait voyager. Je me suis longtemps laisser **bercer** par les voix que j'entendais, au cinéma, au théâtre, à la radio… Pendant mon apprentissage du français, j'ai éprouvé de nouvelles **sensations**, la musique s'est transformée en mots et en nouvelles phrases.

**4. a.** Il espérait que ses enfants **se familiariseraient** rapidement avec la langue française. **b.** Atiq Rahimi a expliqué que le français **était** une langue d'adoption qui lui **avait donné** une certaine liberté pour s'exprimer. **c.** Beaucoup de Français ont exprimé l'attachement qui les **liait** à leur langue. **d.** Il a envisagé d'écrire en français aussitôt qu'il en **aurait maîtrisé** la grammaire. **e.** Il ne croyait pas que le français **soit** si compliqué à apprendre. **f.** Quand elle est arrivée en France, Laura Alcoba **connaissait** déjà les bases de la langue. **g.** Ce livre a démontré combien cette auteure **s'était approprié** la langue française et en **maîtrisait** les subtilités.

**5. a.** Il a reconnu que sa vision du monde avait évolué depuis qu'il connaissait le français et qu'il était certain qu'elle évoluerait encore à mesure qu'il en connaîtrait les subtilités. **b.** Elle a dit qu'elle entretenait un rapport particulier avec le français écrit et qu'elle n'aimait rien tant que la littérature du 19e siècle. **c.** Il a annoncé qu'il tenait à ce qu'on parle un français correct dans sa classe. Il a ajouté qu'il ne tolérerait aucun écart ni à l'écrit ni à l'oral. **d.** Elle a demandé si Thomas ne pensait pas qu'ils devraient mieux sélectionner les chansons qu'ils écoutaient pour se préparer à leurs épreuves orales. **e.** Elle a affirmé qu'il faudrait qu'on accorde plus de place aux mots que les jeunes inventent pour qu'ils aient une autre vision du français. **f.** Elle s'est demandé s'il n'aurait pas fallu que l'on soit plus rigoureux dans le respect des règles de grammaire. **g.** Il a voulu savoir pourquoi il ne pouvait pas repasser son examen.

**6.** *Il a écrit à son ami qu'*il était heureux d'être enfin en France. *Il lui a expliqué qu'*il avait atterri la veille en fin d'après-midi et que dès son arrivée à l'hôtel, il avait ressenti un véritable sentiment de satisfaction. Il s'est demandé comment expliquer qu'il avait pris tellement de plaisir à apprendre cette langue qu'il était heureux d'en être entouré. Il a ajouté qu'il découvrait le mode de vie des Français. Il a dit qu'au moment où il écrivait, il était assis à la terrasse d'un café et qu'il souriait de voir passer les Parisiens devant lui. Il observait leur tenue, il les regardait vivre et il trouvait cela passionnant. Il a écrit qu'il irait visiter le musée du Louvre et qu'il marcherait dans les rues. Il s'est exclamé que son ami ne pouvait pas imaginer combien il se réjouissait. Il a dit qu'il avait hâte que son ami le rejoigne pour partager cette expérience. *Pour finir, il l'a salué.*

**7.** *Exemple de production :*
Je ne suis pas vraiment d'accord avec cette personne. Je pense qu'on n'accepte les écarts de langage qu'à l'oral et dans certaines situations. On ne peut pas avoir une langue relâchée dans le milieu professionnel par exemple, et on n'hésitera pas à vous faire remarquer que vous faites des fautes dans un mail ! La personne a ajouté que la langue se nourrissait des époques et je suis persuadé(e) que c'est vrai. Aujourd'hui nous avons besoin de nouveaux mots pour les technologies par exemple, c'est pour cette raison que nous faisons tant d'emprunts à l'anglais ! Quand la personne dit qu'on ne serait plus capable de lire des romans du 18e ou du 19e siècle, je trouve ça exagéré ! La littérature

a toujours une place privilégiée, dans tous les pays… et c'est peut-être grâce à cela qu'on continue aussi de respecter les traditions !

**8.** *Exemple de production :*
Je suis originaire des États-Unis et j'ai parlé anglais toute ma vie, jusqu'à ce que j'arrive en France. Je ne me posais pas vraiment de questions sur ma propre langue. C'était ma langue de communication, la langue de mes parents et celles de mes enfants. Lorsque je voyageais, je n'ai jamais eu de difficultés à me faire comprendre… J'ai déménagé en France pour le travail. Comme j'ai continué à travailler pour une entreprise américaine, je n'avais pas besoin de parler français dans mon métier. Mais c'est devenu indispensable pour le quotidien. Je me sentais perdu(e) au milieu des Français. Ça n'a pas été simple, j'étais curieux/curieuse de cette langue mais elle me paraissait si compliquée. Il m'a fallu tout apprendre. Par moments j'ai détesté le français ! Ma langue m'est apparue réconfortante pendant cette période. Et puis, lorsque j'ai progressé, le français m'a offert la possibilité d'exprimer d'autres idées. La culture est très présente dans chaque langue et c'est en apprenant cette langue étrangère que je l'ai compris. Je pense être devenu(e) plus ouvert(e), plus compréhensif/compréhensive aussi.

**9. a.** Il a lu tous ces livres. **b.** Il reviendra tu penses ? **c.** Zoé connaît les paroles. Par cœur ? **d.** Tu lis souvent ? **e.** Nous préférons les romans, généralement ! **f.** Il adore… la grammaire française ! **g.** Pourquoi il ne vient pas ?

### Bilan

**1. a.** Pour la sortie d'un livre. **b.** Le français oral évolue beaucoup. **c.** Leur exigence face à la langue. **d.** La syntaxe. **e.** C'est un retour aux traditions étymologiques. **f.** C'est un enrichissement.

**2.** *Exemple de production :*
Une langue vivante est une langue qui évolue dans le temps et dont la forme n'est jamais tout à fait figée. Pour le français, on observe que de nombreux changements ont eu lieu depuis le 17e siècle avec l'influence des langues étrangères et l'entrée dans le dictionnaire de nouveaux mots issus de l'espagnol, l'italien, l'arabe par exemple. Actuellement, l'influence de l'anglais est particulièrement forte dans certains secteurs comme le marketing ou encore le monde des affaires. La banlieue est aussi source de nouvelles expressions parfois très créatives. La langue évolue comme la société. Les spécialistes constatent que la syntaxe et la grammaire changent peu et je trouve que c'est une bonne chose. Pour moi, c'est un peu le cadre de la langue, ce qui permet de tous nous comprendre.

**Barème :**
J'explique l'expression. *2 points*
Je prends position. *3 points*
Je fais référence à des exemples précis (lexique, syntaxe…). *2 points*
J'organise mes idées de façon logique. *3 points*

**3.** *Exemple de production :*
J'ai lu plusieurs œuvres francophones depuis que j'apprends le français. La première était *Le Petit Prince*. Ce livre m'a beaucoup touché. C'est une histoire simple mettant en scène un enfant qui nous oblige à avoir un regard différent sur le monde. D'abord, la lecture m'a paru assez difficile parce que je ne connaissais pas tout le vocabulaire. Ensuite, je suis vraiment entré(e) dans l'histoire. Elle m'a fait rêver et aussi beaucoup réfléchir. Avec le temps, j'ai découvert d'autres auteurs français et francophones. Je pense au livre de Laura Alcoba, *Le bleu des abeilles*, elle y parle de son arrivée en France et de son apprentissage de la langue. Je me suis identifié(e) au personnage et à son parcours.

**Barème :**
Je donne des explications. *2 points*
Je cite des livres précis. *3 points*
Je décris mes impressions. *3 points*
J'organise mon texte de façon cohérente et j'utilise des connecteurs logiques. *2 points*

**4. a.** Faux. « […] c'est le français de François Cheng, académicien d'origine chinoise, c'est celui de Mohamed Mbougar Sarr, sénégalais, prix Goncourt en 2021, […] »
**b.** Vrai. « Mais je veux, à l'occasion de ce Salon du livre francophone, […] »
**c.** Vrai. « […] de nos auteurs d'outre-France qui savent apporter un nouveau regard sur la littérature et sur notre langue. »
**d.** Faux. « Quelle justesse, quelle poésie, quelle finesse, quel style vous avez réussi à insuffler […] »
**e.** Vrai. « Nous sommes convaincus que grâce à la littérature, nous nous immergeons dans de nouvelles vies, dans de nouveaux rêves. »
**f.** Faux. « Ce salon est l'occasion de toutes les rencontres, des conférences avec les auteurs, des cafés littéraires, […] »
**g.** Vrai. « […] je ne doute pas que vous saurez y découvrir de belles pépites qui sauront orner vos bibliothèques ! »

## UNITÉ 5 — La politique est-elle l'affaire de tous ?

### Leçon 17
#### Définir des droits et des devoirs

**1. a.** Il peut consulter des plaquettes d'information en se rendant sur place dans les administrations ou en consultant les sites des administrations. **b.** Sur Internet, il peut consulter la Foire aux questions (FAQ), il peut appeler un numéro vert ou encore poser ses questions directement auprès d'une personne-ressource dans les différentes administrations.
**c.** Par voie postale. L'administration envoie un courrier

qui justifie sa décision. **d.** Non, des recours sont possibles. **e.** En faisant une demande écrite. **f.** Toute demande frauduleuse peut conduire à des poursuites pénales et au remboursement des sommes reçues.

**2.** Que ce soit à la ville ou à la campagne, la prise en compte des voisins repose sur un principe de *réciprocité*, en effet, chacun se doit de respecter la tranquillité d'**autrui**. Les règles sont à peu de chose près identiques pour les individus qui **résident** dans les maisons individuelles ou dans des habitations collectives et répondent à des principes **universels** de bonne entente, l'objectif étant de ne pas causer ni subir de troubles. Parmi les principaux devoirs, le maintien d'un volume sonore raisonnable et un comportement adapté vis-à-vis de ses voisins **coexistent**. Cependant, on note que dans les principaux cas de plaintes, une **interdépendance** se met en place, les problèmes liés aux nuisances sonores persistantes engendrant généralement des conflits verbaux.

**3.** b. 5 ; c. 1 ; d. 3 ; e. 2

**4. a.** **Le citoyen** se soumet aux lois relatives au droit de vote. **b.** Les ressortissants de la communauté européenne se soumettent aux lois **de superposition** dans la mesure où ils dépendent à la fois des droits de leur pays et des conventions européennes. **c.** La Déclaration des droits de l'homme définit à la fois les **droits** individuels et collectifs. **d.** Grâce à la Charte des droits fondamentaux, les **ressortissants** des États membres bénéficient de droits supplémentaires dans la communauté européenne. **e.** Les droits **nationaux** dépendent de l'État d'origine des citoyens. **f.** Les citoyens de l'Union européenne jouissent d'un droit de **pétition**. **g.** Tout citoyen a une reconnaissance **juridique** propre.

**5. a.** **Nous devons** réfléchir aux devoirs vis-à-vis d'autrui. **b.** Les riverains **veulent que** le maire prenne des décisions fermes pour la commune. **c.** **Il est temps** d'appliquer ce nouveau texte au niveau international. **d.** Les institutions **veulent que** les États se mettent d'accord sur un nouveau traité. **e.** **Il est important que** les mêmes droits s'appliquent partout. **f.** Cette charte **doit** être lue par l'ensemble des membres du personnel. **g.** **Il est impératif que** l'Union européenne légifère sur les droits de ses ressortissants. **h.** Chaque citoyen **doit** pouvoir jouir de ses droits.

**6. a.** Il faut **que les ressortissants soient informés** des principes des droits nationaux et des droits européens. **b.** Il est indispensable **que tout le monde ait** bien conscience que les droits imposent également des devoirs. **c.** Il est impératif **que les citoyens distinguent** le domaine législatif du domaine judiciaire. **d.** Il faut **que tu lises** la Déclaration des droits de l'homme et du citoyen de 1795. **e.** L'Union européenne exige **que ses pays membres révisent** les lois nationales concernant l'usage de pesticides. **f.** M. Grégoire demande **que le juge prenne** en considération ses nouvelles fonctions de maire. **g.** Il est nécessaire **que vous exerciez vos** droits

en fonction de **vos** devoirs. **h.** Il est temps **que nous apprenions** à vivre ensemble.

**7.** b ; c ; f

**8. a.** L'Allemagne **appartenant** à la communauté européenne, les Allemands bénéficient de droits de superposition. **b.** Les personnes **participant** à la réunion d'information obtiendront une attestation pour leur employeur. **c.** Il est possible de s'opposer à des lois selon la Constitution **se référant** à la Déclaration des droits de l'homme. **d.** **Étant** naturalisé français, vous devez respecter la Charte des droits et des devoirs du citoyen. **e.** Chaque citoyen **disposant** de droits identiques à ceux des autres citoyens, on parle de principe de réciprocité. **f.** La Charte des droits et des devoirs du citoyen français est un document **reprenant** les principes, les valeurs et les symboles de la France.

**9.** *Exemple de production :*
Prénom : Cheng
Nom de famille : Zwang
Adresse électronique : chzwang@gmail.com
Nationalité : chinois
Pays de résidence : Chine
Type de demande : droit de séjour

Bonjour,
Je suis ressortissant d'un pays non membre de l'Union européenne et j'envisage de faire un séjour de six mois en Europe. Je souhaitais savoir s'il était nécessaire de faire une demande de droits de séjour. Et si c'est obligatoire, existe-t-il une autorisation pour l'ensemble de l'Union européenne ou faut-il que je formule une nouvelle demande pour chaque pays dans lequel je résiderai ?
Je vous remercie d'avance pour les réponses que vous m'apporterez.
Bien cordialement,
C. Zwang

Prénom : Sylvia
Nom de famille : Moreno
Adresse électronique : smoreno@gmail.es
Nationalité : espagnole
Pays de résidence : Espagne
Type de demande : études

Bonjour,
Je suis espagnole et je souhaiterais faire un séjour d'études d'un an en France et en Belgique. J'aimerais savoir s'il est possible de faire une demande de bourses d'études auprès de chacun des deux pays d'accueil, dans quels délais je dois faire ma demande et auprès de quelle administration.
Je reste dans l'attente de votre réponse.
Bien cordialement,
Sylvia Moreno

**10.** *Exemple de production :*
Dans cette citation, Cicéron explique que les devoirs sont présents partout à la fois dans le domaine privé, le milieu familial mais aussi dans le milieu professionnel, dans la vie publique, dans la rue par

# Corrigés

exemple ou dans un commerce ou un musée. Par ailleurs, il précise que ces obligations s'appliquent aux autres mais également à soi-même. Cette idée représente pour moi le principe même de la vie en société. En effet, il est indispensable de contrôler son attitude vis-à-vis d'autrui et d'être attentif aux effets de sa conduite sur les autres. Je ne crois pas que ce soit une question d'honnêteté comme l'affirme l'auteur mais plutôt de respect. Quand on respecte ses propres droits et ceux des autres, on fait preuve de responsabilité.

## Leçon 18
### Défendre un engagement

**1. a.** Faux. « Le maire souhaite abattre des chênes centenaires trop encombrants pour les remplacer par des espèces de plus petites tailles. »
**b.** Faux. « Ils ont commencé leur travail en milieu de matinée lorsque des riverains, alertés par les bruits occasionnés par les tronçonneuses, ont décidé de réagir. »
**c.** Vrai. « [...] ils se sont rapidement déplacés et ont occupé la zone pour empêcher l'abattage des trois autres arbres. »
**d.** Vrai. « Appelées par la mairie, les forces de l'ordre se sont rendues sur place. »
**e.** Faux. « [...] aucune communication n'avait été adressée aux habitants de la commune et le maire a dû interrompre temporairement l'opération. »
**f.** Vrai. « [...] les habitants [...] souhaitent faire un recours et lancer une pétition. [...] Le porte-parole du collectif qui s'est créé menace [...] »
**g.** Faux. « Si les élus persistent, nous irons devant les tribunaux et nous nous ferons entendre ! »

**2. a.** le domaine ; **b.** les communes environnantes ; **c.** la préfecture ; **d.** la municipalité ; **e.** l'Assemblée

**3. a.** Les pouvoirs publics ont décidé d'organiser une **procédure référendaire** afin de connaître l'opinion des citoyens. **b.** Les manifestations défendent le **référendum d'initiative citoyenne** car ils veulent obliger le gouvernement à entendre les revendications des citoyens. **c.** La mobilisation de nombreux syndicats a permis de **grossir les rangs** du mouvement de contestation. **d.** Plutôt qu'une manifestation, les organisations ont décidé d'organiser une **marche citoyenne** car ils veulent sensibiliser le public au rôle des pompiers. **e.** Les habitants de ce village ont décidé de constituer un **collectif** pour s'opposer à la construction de nouveaux immeubles dans la commune. **f.** Les étudiants sont déterminés à faire entendre leurs **revendications** auprès de l'université mais aussi du ministère de l'Éducation nationale.

**4. a.** 6 ; **c.** 2 ; **d.** 5 ; **e.** 4 ; **f.** 3

**5. b.** 2 ; **c.** 6 ; **d.** 5 ; **e.** 3 ; **f.** 1

**6. a.** Un barrage sera mis en place dans la journée par un collectif. **b.** De nouvelles mesures concernant le projet de loi sont annoncées. **c.** De nombreux bâtiments ont été touchés par la tempête et plusieurs blessés sont comptés. **d.** Une décision devrait être prise par le juge dans les heures à venir. **e.** Un accord avait été proposé par le maire mais il a été refusé par les riverains. **f.** Les lois proposées par le peuple vont être contrôlées par un juge. **g.** Les droits sont connus précisément de / par tous les manifestants. **h.** Une allocution sera prononcée par le Premier ministre en début d'après-midi.

**7.** b ; d ; f ; g.

**8. a.** L'annonce de la mobilisation s'est répandue sur les réseaux sociaux. **b.** Des membres du collectif se sont fait embarquer par les forces de l'ordre. **c.** Les policiers se seraient laissé déborder par le nombre de manifestants. **d.** La manifestation s'est terminée place de la République. **e.** Le candidat s'est fait élire dès le premier tour. **f.** De nombreux commentaires se lisent sur le site de la municipalité. **g.** Le gouvernement s'est laissé surprendre par l'ampleur de la mobilisation.

**9.** *Exemple de production :*

**Opération pour sauver des poules de l'abattoir**
Pas moins de 150 poules pondeuses d'élevage destinées à l'abattoir après leurs 18 mois, vont être sauvées de l'abattoir grâce à une opération de sauvetage, ce samedi 27 novembre.
L'association *Cocorico* a lancé une vaste opération de sauvetage de poules pondeuses sur les réseaux sociaux. Âgées de 18 mois, ces poules sont directement envoyées à l'abattoir alors qu'elles ont encore plusieurs années de vie devant elle. « L'idée est de sauver ces poules qui ne peuvent plus être conservées par les éleveurs et doivent être abattues. Nous proposons donc à des particuliers de les adopter comme des animaux de compagnie afin qu'elles puissent vivre », a déclaré la présidente de l'association.
La nouvelle s'est vite répandue et les 150 poules ont trouvé preneur dans les deux heures qui ont suivi l'annonce publiée par l'association ce jour. Elles vont rejoindre leur famille d'accueil dans quelques jours. L'association souhaitant poursuivre le mouvement a décidé de rencontrer les éleveurs concernés, et de publier régulièrement des annonces afin de renouveler l'opération. Contre une inscription sur le site Cocorico pour la modique la somme de 4 euros par poule, les particuliers récupéreront leurs animaux au point de collecte le plus proche de chez eux, jusqu'où ont été rapatriées les poules par les bénévoles des associations.
L'association rappelle qu'adopter une poule n'est pas un acte qui doit être pris à la légère. « Ce sont des êtres sensibles. Il faut s'assurer d'avoir le temps et l'énergie nécessaire pour s'en occuper correctement. » L'association propose des conseils pratiques sur son site Internet pour accompagner les familles adoptantes dans leur démarche.

**10.** *Exemple de production :*
Le mouvement Nuit Debout est un mouvement de

contestation qui est né en 2016 contre le projet de loi travail en France. Après une manifestation ayant mobilisé de nombreux participants, la décision est prise d'occuper la place de la République à Paris : c'est le début de Nuit debout. Ce mouvement s'est poursuivi pendant quatre mois, et s'est caractérisé par une occupation permanente de la place, les manifestants se relayant nuit et jour. Il s'est également diffusé dans plusieurs autres villes françaises.

Il s'est construit sur les principes de la démocratie participative et de l'horizontalité, c'est-à-dire qu'aucun leader n'était à la tête du mouvement. Plusieurs commissions ont pris en charge le fonctionnement du mouvement (logistique, relations avec la presse…). Par ailleurs, des réunions thématiques ont été proposées afin d'ouvrir des discussions sur des thèmes variés : démocratie, consommation, économie, culture, éducation, féminisme, écologie, santé, société, justice ou travail. Les décisions ont par ailleurs été votées en assemblée générale selon le principe de la démocratie directe. Nuit debout est un mouvement qui s'est affirmé comme un forum citoyen apolitique et syndical.

### Leçon 19

## S'interroger sur le droit de vote

**1. a.** Les dernières élections, le dimanche précédent. **b.** Parce qu'il estime que les petits candidats auraient aimé recueillir autant de suffrages. **c.** Il le compare au nombre d'habitants de la ville de Bruxelles et son agglomération. **d.** Une enveloppe vide ou un bulletin vierge. **e.** Trois réponses possibles parmi :
– des bulletins sur lesquels les électeurs tout ou partie des noms des candidats : les Emmanuel Macron barrés, les Marine le Pen rayées, Emmanuel le Pen, Marine Macron ;
– des bulletins faisant référence à la chanson : des fans de Dalida, des paroles de chanson ;
– des bulletins faisant référence à un événement sportif : des nostalgiques de la Coupe du monde 98 ;
– des bulletins en rapport avec la nourriture : du jambon, du saucisson, du fromage à pâte molle, à pâte cuite, une liste de courses ;
– des bulletins créatifs : des mots croisés, un origami, un photomontage ;
– des bulletins contenant des documents personnels : des photos de famille ;
– des bulletins en rapport avec la politique : des admirateurs d'hommes politiques qui appartiennent au passé, une carte d'électeur, des slogans militants.

**2. a.** Le **candidat** a mené une campagne remarquée. **b.** Les élections européennes se sont conclues par **un taux d'abstention** record. **c.** Face à la montée des extrémismes, il a décidé d'opter pour un **vote utile**. **d.** Le jugement **majoritaire** repose sur la prise en compte des électeurs indécis. **e.** Le vote consiste à glisser **un bulletin** dans **une urne**. **f.** De nombreux **électeurs** ont refusé de se rendre dans les bureaux de vote. **g.** Les **modes de scrutin** varient selon le type d'élection. **h.** Le **profil de mérite** permettrait de faire la synthèse des mentions obtenues par chaque candidat. **i.** Certains électeurs reprochent aux candidats d'utiliser **la langue de bois**.

**3. a.** rejet ; **b.** adhésion totale ; **c.** opinion nuancée

**4. a.** Les élections de ces dernières années ont démontré que les Français se mobilisaient **de plus en plus** au dernier tour. **b.** Les jeunes affichent **moins de** convictions dans leurs devoirs de citoyens. **c. Autant** mes grands-parents ne manquaient jamais d'aller dans leur bureau de vote, autant je dois pousser mes enfants. **d.** Certains citoyens se comportent **comme si** les élections n'avaient pas d'incidences sur la vie politique. **e.** Il semble que le gouvernement soit **de plus en plus** apprécié par les citoyens. **f.** On pourrait mettre en place le jugement majoritaire **plutôt qu'**imposer le vote comme un devoir. **g.** Ce candidat est satisfait de son score car il est bien **meilleur** qu'au suffrage précédent. **h.** Il faudrait réformer le système de vote **de même qu'**on devrait envisager de nouvelles actions pour mobiliser les jeunes.

**5. a.** Les jeunes s'engagent dans des associations **plutôt que** d'aller voter. **b.** L'abstention atteint des chiffres records. C'est **de pire en pire**. Il est temps qu'on envisage un autre mode de scrutin ! **c.** Il est important qu'on prenne en considération tous les suffrages exprimés, **de même que** les votes nuls ou blancs. **d. Plus** les élections avancent, **moins** j'ai envie de regarder les débats. Tous les candidats pratiquent la langue de bois ! **e.** On nous propose un nouveau mode de scrutin **comme si** ce n'était déjà pas assez compliqué. **f. Moins** les électeurs se déplaceront dans les bureaux de vote, **moins** les résultats seront fiables.

**6. a.** Ce sont les adultes de 45 à 79 ans qui ont le plus voté aux deux tours. **b.** Parmi les jeunes, ce sont les 18-24 ans qui se déplacent le moins pour voter au 1$^{er}$ tour. **c.** Les jeunes et les personnes âgées sont les catégories où il y a le moins de votants. **d.** Les catégories des électeurs de 40 à 84 ans ont les meilleurs taux de participation. **e.** La proportion de votants au 1$^{er}$ tour seulement la plus élevée correspond aux jeunes de 18 à 24 ans.

**7.** Réponses possibles :
**a.** Il est insensé / Il est anormal / Il est difficile / Il est inadmissible / Il n'est pas certain / Il est normal qu'un nouveau mode de scrutin soit mis en place dans quelques mois. / Il est évident qu'un nouveau mode de scrutin sera mis en place dans quelques mois.
**b.** Il n'est pas certain / Il est normal que nous ayons le choix entre plusieurs candidats. / Il est évident que nous avons le choix entre plusieurs candidats.
**c.** Il est insensé / Il est anormal / Il est inadmissible que les résultats ne fassent pas apparaître le vote blanc et nul aujourd'hui.

# Corrigés

d. Il est normal que les citoyens puissent se prononcer plus régulièrement sur des questions de société.
e. Il est évident que les candidats devraient être plus proches de leurs électeurs.

**8.** *Exemple de production :*
Bonjour Suzanne,
*Je partage en partie ton point de vue.* Tu évoques le système de vote et c'est vrai qu'il y a des choses à modifier et notamment la prise en compte de l'abstention. Certaines personnes ne vont plus voter parce qu'elles ne se reconnaissent pas dans les candidats et dans leur programme et c'est problématique. En revanche, je ne suis pas sûre qu'elles se déplacent plus dans les bureaux de vote car elles se sont, à mon sens, désintéressées de la politique. Plus que de réformer le système de vote, je pense qu'il est temps que l'on mette en place de nouveaux programmes. Les partis politiques devraient réfléchir à de meilleures figures à placer en tête de liste. Et il est évident, je crois, qu'ils devraient davantage s'intéresser aux vraies préoccupations des Français. Alors mettre en place un référendum comme tu le suggères, pourquoi pas, mais un réveil des politiques serait bien plus souhaitable !

**9.** *Exemple de production :*
La période électorale est le meilleur moment pour s'informer sur les idées des différents candidats. Les programmes sont détaillés, on peut les comparer et déterminer celui qui nous correspond le plus. Les débats télévisés sont également très instructifs et permettent vraiment de mieux comprendre ce qui motive chaque candidat. Cela demande des efforts, c'est vrai mais il est impératif de les fournir, ceci fait partie de notre devoir de citoyen. Aujourd'hui le nombre d'abstentions est trop important, il est essentiel de faire le déplacement jusqu'au bureau de vote pour qu'enfin les résultats reflètent vraiment l'opinion des Français !

**10.** Enchaînement vocalique : a ; c ; f ; h –
Enchaînement consonantique : b ; d ; e ; g

## Bilan

**1.** a. L'engagement en politique. b. Il fait partie d'un conseil municipal. c. Car ils manquent d'informations. d. Ils ne veulent pas se confronter aux adultes. e. Les réseaux sociaux. f. De leur faire prendre conscience de leur rôle. g. Leur entourage direct.

**2.** *Exemple de production :*
Je trouve que le fait de proposer aux plus jeunes de s'inscrire dans un conseil municipal est vraiment intéressant pour eux car cela leur permet de comprendre le fonctionnement politique de la commune et de s'impliquer dans leur ville. Il est possible pour eux de faire des propositions, de discuter de leur faisabilité. Mais cela peut aussi les conduire à des désillusions. Il n'est pas certain, en effet, que leurs voix soient toujours entendues. Ça peut être à l'origine de beaucoup de frustrations. Je crois en réalité que s'engager dans ce type de dispositif est un peu précoce à 12 ans. Même si on a conscience de son environnement, de la gravité de certains problèmes, on aspire encore, à mon sens, à être un peu idéaliste. Il ne faudrait pas que ce type d'initiatives désenchante les jeunes, ils seront bien vite confrontés à des difficultés.

**Barème :**
Je donne mon opinion sur le conseil municipal pour les jeunes. *3 points*
Je nuance mon point de vue. *3 points*
Je cite des exemples précis. *2 points*
J'organise mon argumentation. *2 points*

**3.** *Exemple de production :*
Dugny, le 23 mars 2023
Monsieur le Maire,
Habitante de votre commune depuis une dizaine d'années, je viens d'être informée de vos projets de réaménagement du centre-ville.
Pour commencer, je trouve particulièrement utile de repenser les espaces afin de limiter la circulation des véhicules motorisés. Les deux projets me semblent par conséquent aussi intéressants l'un que l'autre. Toutefois, il me semble que piétonniser le quartier serait plus contraignant pour les riverains puisqu'il empêcherait tout autre mode de déplacement.
À moins qu'on ne réserve une partie aux cyclistes bien que leur conduite soit parfois problématique. Je pense qu'en étant peut-être plus rigoureux dans l'application du code de la route, les cyclistes seraient aussi plus respectueux des piétons. Aussi, il me semble qu'il faudrait mettre en place des règles strictes afin qu'aucun accident ne se produise.
Par ailleurs, je m'interroge sur les déplacements des personnes âgées ayant pour habitude d'emprunter les bus. Prévoirez-vous de maintenir certains arrêts en cas de piétonnisation du secteur ?
Je souhaite vivement que l'avis des riverains soit pris en considération quel que soit le projet retenu et j'aimerais savoir si une concertation sera mise en place.
Dans l'attente de votre réponse, je vous prie de recevoir, Monsieur le Maire, mes sincères salutations.

**Barème :**
Je donne mon avis. *3 points*
Je compare les deux projets. *4 points*
J'utilise des connecteurs pour organiser mon texte. *3 points*

**4.** a. Vrai. « Nous souhaitons que vous révisiez votre décision, et pour ce faire, nous avons créé un collectif s'opposant à la transformation de ce lieu. »
b. Faux. « Des arguments rejetant cette construction vous ont d'ailleurs été présentés lors du dernier conseil municipal. »
c. Vrai. « […] outre l'aire de jeu prévue pour les enfants, plusieurs parties sont consacrées à des activités sportives comprenant à la fois un terrain de pétanque et deux tables de tennis de table. »
d. Vrai. « […] comme en témoignent les plans que nous avons pu consulter. »

e. Vrai. « [...] vous affirmez que ce parking serait justifié par le "besoin de contenir le flux des véhicules de riverains et des touristes". ».
f. Faux. « Ce n'est pas prendre en compte les places de stationnement présentes aux abords du parc [...] »
g. Vrai. « Nous souhaitons, à travers la création de ce collectif, attirer votre attention sur les enjeux environnementaux de notre ville. »

## Comment la technologie transforme-t-elle notre vie ?

### Leçon 21
### Améliorer un espace de vie

**1. a.** Les robots qui aident les personnes âgées peuvent-ils remplacer l'humain ? **b.** Un robot peut être utile pour assister une personne âgée dans sa vie quotidienne. **c.** Le robot n'est pas un humain, or rien ne pourra remplacer le contact humain dans le domaine du soin. **d.** Il craint que les personnes âgées soient abandonnées par leurs proches, sous prétexte qu'un robot veille sur elles. **e.** Elle estime que les robots ne remplacent pas la présence humaine, mais ils sont bien utiles pour compléter la surveillance à domicile ou pour stimuler les personnes âgées. C'est un moyen supplémentaire de veiller à leur bien-être. **f.** Les robots peuvent rendre des services pratiques aux personnes âgées, cependant, ils sont limités pour discuter ou pour interagir émotionnellement. Ils restent des outils technologiques.

**2. a. Une boucle** est un programme informatique qui se répète et permet à un robot d'agir. **b. Un capteur** détecte des informations de l'environnement physique et les transmet. **c. Un écran tactile** réagit au contact des doigts. **d.** Un robot **rudimentaire** a moins de fonctionnalités qu'un robot perfectionné. **e. Une fonctionnalité** répond à une fonction déterminée d'un système électronique ou informatique. **f. Une interface** permet l'échange d'information entre deux systèmes informatiques. **g. Une machine** est un objet qui réalise des tâches en autonomie. **h. La robotique** est l'étude, la conception et la réalisation des robots.

**3. a.** les y**eux** ; **b.** l'or**eille** ; **c.** le b**ras** ; **d.** le t**ronc** ; **e.** la j**ambe** ; **f.** C'est un robot h**umanoïde**.

**4.** C'est important de trouver des solutions pour aider les seniors dans leur vie quotidienne. Les robots peuvent constituer **un appui** pour les proches en **veillant** sur elles. La technologie permet aujourd'hui de **soulager** la tâche des **aidants**. En effet, les robots disposent de **fonctionnalités** leur permettant d'**assister** les personnes âgées et de **signaler** des problèmes. Ils deviendront nécessaires dans le futur à cause du **vieillissement** de la population, et ils auront la vertu de prolonger **le maintien** à domicile des personnes **âgées**. En plus des tâches ménagères et de **surveillance**, le robot **compagnon** pourra proposer des activités dans le but de stimuler **cognitivement** les personnes. C'est sans doute une solution d'avenir pour **le troisième âge**.

**5. a.** Les robots aident les personnes âgées **à** rester indépendantes plus longtemps. **b.** Le service hospitalier a proposé **de** soulager les soignants grâce à la robotique. **c.** Le robot humanoïde permet **de** remplacer un humain pour les tâches simples. **d.** Les seniors apprécient **d'**avoir de la compagnie pour parler. **e.** Les chercheurs en psychologie encouragent les personnes âgées **à** garder une activité intellectuelle. **f.** Le robot compagnon a appris **à** assister les seniors dans leur vie quotidienne. **g.** Les psychologues recommandent **de** maintenir les personnes âgées à leur domicile. **h.** La recherche contribue **à** développer la qualité des interfaces des humanoïdes.

**6. a.** La science s'intéresse au développement des fonctionnalités des robots compagnons. **b.** La recherche s'adapte aux besoins liés au vieillissement de la population. **c.** Ce robot se comporte comme un être humain. **d.** Les scientifiques ont cherché à développer les compétences d'interaction. **e.** Grâce aux robots, les personnes âgées peuvent compter sur une présence permanente à domicile. **f.** J'ai participé à une conférence passionnante sur le développement de la robotique. **g.** Ce spécialiste croit en la technologie pour assister les personnes âgées dans le futur.

**7.** Exprimer une intention ou un objectif : b ; d ; f ; g – Dire ce qu'on ne souhaite pas : a ; e – Préciser la manière d'atteindre un objectif : c ; h

**8. a.** Les activités cognitives sont indispensables **en vue de** stimuler les personnes âgées. **b.** L'interface est très simple **de manière à ce que** les gens puissent l'utiliser sans difficulté. **c.** Ce robot humanoïde assure les tâches ménagères **pour que** les accidents au domicile diminuent. **d.** Il faut se préoccuper de la charge de travail des aides à domicile **de crainte que** le métier ne soit plus attractif. **e.** La robotique a **pour but de** développer des systèmes de commande simples à utiliser. **f.** La technique des capteurs s'améliore **de sorte que** les interfaces soient de plus en plus sophistiquées. **g.** Les personnes âgées sont en demande d'aide à domicile **de peur de** devoir perdre leur indépendance.

**9.** *Exemple de production :*
Je trouve ces deux photos intéressantes. Dans les deux cas, il s'agit d'une aide à domicile par un robot humanoïde. Sur la première photo, l'action du robot permet à la personne assise sur le canapé de faire moins de mouvement et d'être assistée. Il sert le café et on imagine qu'il peut aussi faire le ménage, préparer un repas, réparer un objet cassé... Ses fonctionnalités ont été développées dans l'espoir de maintenir à domicile des personnes âgées qui peuvent ainsi rester plus longtemps autonomes. Le robot est anthropomorphe, il a des bras, des jambes de

# Corrigés

manière à réaliser plusieurs tâches domestiques. Sur la deuxième photo, on peut voir que le rôle du robot change : il est un compagnon pour la personne âgée, en regardant la télévision avec elle. Cette photo me gêne car pour moi une relation humaine ne peut pas être remplacée. Je pense que le robot n'aura jamais les fonctionnalités d'interaction uniques qui font la richesse des échanges entre humains.

**10.** *Exemple de production :*
Cette affirmation a pour but de nous faire réfléchir à la question : Y a-t-il un risque de confondre le robot avec un être humain ? Le développement technologique et l'intelligence artificielle permettent de créer des robots humanoïdes, qui ressemblent à l'être humain, dans l'espoir de le remplacer dans un certain nombre de tâches. Est-ce que cela signifie que les personnes âgées seront délaissées par leurs proches ? C'est possible, surtout si le robot ressemble beaucoup à un être humain, avec un tronc, des bras souples, des yeux... Les seniors pourraient s'attacher à ces faux humains, qui les assistent pour toutes les tâches, par crainte de la solitude. Alors, attention, je suis pour aider les personnes âgées et soulager les soignants, mais je suis contre laisser les robots remplacer les humains en vue d'interagir et de leur tenir compagnie. Dans ce sens, il est préférable de disposer de robots qui n'ont pas l'apparence humaine de sorte que l'on puisse faire la différence entre une aide matérielle et un soutien affectif.

## Leçon 22
### Prendre position sur les rencontres virtuelles

**1. a.** D'après la chronique, on ne peut pas être amis avec tout le monde, et nos amis sur les réseaux sociaux sont trop nombreux pour être véritablement des amis. **b.** Parce qu'elle pose la question : est-ce qu'un ami n'est pas quelqu'un avec qui on partage plus qu'un écran ? **c.** Cette décision est alors connue de nos connaissances, elle officialise la relation. **d.** Elle pense que nous ne supportons plus la solitude, parce que les réseaux sociaux obligent à des contacts continus et permanents. **e.** Ils maintiennent des liens d'amitié quand on est éloigné géographiquement et quand on a peu de temps disponible. **f.** Selon elle, il semblerait que le lien ne soit pas durable. **g.** Il faut que chacun se préserve et respecte les avis des autres.

**2. b.** 7 ; **c.** 4 ; **d.** 9 ; **e.** 2 ; **f.** 5 ; **g.** 3 ; **h.** 6 ; **i.** 1

**3. a.** créer une relation stable avec quelqu'un ; **b.** mettre à l'aise des gens inconnus ; **c.** continuer une relation avec quelqu'un ; **d.** se faire un(e) ami(e)

**4.** Quand j'étais étudiante, j'avais *un cercle d'amis* très proches. Après, quand j'ai commencé à travailler dans une autre région, je suis **restée en contact** avec eux, mais on se voyait moins. Un jour, je me suis inscrite sur un site pour **nouer des relations** et me faire des amis autour de chez moi. J'ai rencontré une fille qui avait l'air sympa, mais elle parlait surtout d'elle, elle était peu **altruiste**. On m'avait dit que sur **les réseaux**, il y avait beaucoup d'**égocentrisme**, et bien, c'est vrai ! Du coup, cette relation est devenue **pesante**, et je n'ai pas **gardé le contact**. Je pense que les rencontres en ligne ne sont pas la meilleure façon d'**asseoir sa confiance** et de créer des amitiés **durables**.

**5. b.** 3 ; **c.** 6 ; **d.** 8 ; **e.** 1 ; **f.** 5 ; **g.** 7 ; **h.** 2

**6. a.** Il faudrait faire un sondage **auquel** répondraient des gens ayant l'expérience des rencontres en ligne. **b.** L'enquête **à laquelle** je participe concerne les relations virtuelles. **c.** Il a rencontré une nouvelle amoureuse **grâce à qui** il a retrouvé la joie de vivre. **d.** La volonté de ne montrer que ses qualités est un écueil **à cause duquel** il est difficile de se faire de vrais amis. **e.** L'amitié durable est ce **à quoi** je tiens le plus. **f.** Les réseaux sociaux peuvent créer un sentiment de solitude **contre lequel** il faut lutter. **g.** Je me suis constitué un cercle d'amis **sur lesquels** je peux compter.

**7.** Pronom relatif composé : **a.** avec qui ; **b.** à laquelle ; **d.** sur lequel ; **g.** à côté desquels ; **h.** contre laquelle

**8. a.** Les relations en ligne **à cause desquelles** je n'ai pas toujours été heureux se développent de plus en plus. **b.** C'est un spécialiste qui a étudié les réseaux sociaux **sur lesquels** il a beaucoup écrit. **c.** La dimension sociale **à laquelle** nous sommes tous attachés nous attire sur les réseaux. **d.** J'ai rencontré en ligne une amie **à laquelle / qui** j'ai fait beaucoup de confidences. **e.** Faire partie d'une communauté en ligne peut devenir une addiction **à laquelle** il est très difficile de résister. **f.** Les amis très chers **auxquels / à qui** je pense sont peu nombreux. **g.** La solitude est une souffrance **sur laquelle** les promesses des sites de rencontres prospèrent. **h.** L'ethnocentrisme des communautés virtuelles est un sujet **auquel** Adama qui a des origines multiculturelles s'est beaucoup intéressé.

**9. a.** Il va rencontrer la jeune fille **avec qui / laquelle** il a noué une relation en ligne. **b.** Tu te demandes qui est la perle rare **dont** tu tomberas amoureux ? **c.** Elle a brisé la glace dès le moment **où** nous nous sommes rencontrés. **d.** Vous vous êtes réconcilié avec les amis **grâce auxquels / par lesquels** vous avez connu votre conjointe. **e.** Je m'intéresse aux rencontres en ligne **sur lesquelles / à propos desquelles** j'ai déjà beaucoup écrit. **f.** On peut commencer une relation en ligne **qui** nous apporte une amitié durable.

**10.** *Exemple de production :*
Grâce aux réseaux sociaux, je peux garder plus facilement le contact avec mes amis, qui habitent loin et que je n'ai pas vus depuis longtemps. C'est pareil avec ma famille avec qui je peux toujours communiquer, et c'est une bonne chose ! Mais, je crois qu'il faut être conscient que les « amis » sur les réseaux sociaux ne sont pas de vrais amis. Ils ne nous connaissent pas vraiment. Il ne faut pas croire qu'on n'est plus seul parce que nous avons de nombreux

amis sur les réseaux. Il ne faut pas non plus penser que les réseaux sociaux unissent les gens, ce n'est pas vrai. Il faut conserver des relations et garder des contacts dans la vraie vie. Je pense qu'un ami c'est quelqu'un d'altruiste qui s'intéresse vraiment à nous, et ça ne peut pas être le cas de tous ces amis des réseaux sociaux. Je crois que nous avons beaucoup plus de chances de rencontrer de vrais amis dans la réalité que sur Internet.

**11.** *Exemple de production :*
Sur ce montage photographique, nous voyons un jeune homme qui utilise une application de rencontres amoureuses en ligne. Il se comporte comme dans un supermarché, il est en train de comparer des produits. Le fait de pouvoir liker ou mettre des cœurs indique qu'il apprécie les femmes qu'il voit sur le site. La rencontre ici est complètement artificielle : le garçon est attiré par un physique ou tombe en pâmoison à la vue d'une personne avec laquelle il n'a rien échangé. Il va avoir tendance à comparer les personnes entre elles en pensant qu'il peut toujours trouver mieux. La variété des propositions lui fait imaginer qu'il va trouver la perle rare. Par ailleurs, comme toutes les personnes qui vont sur les sites de rencontre, il s'est sûrement présenté sous un profil avantageux. Il a évité de parler de ses défauts et a publié de belles photos, peut-être retouchées. Cela constitue déjà un écueil à la première rencontre physique. Je pense qu'une relation amoureuse se construit dans la durée. Je pense que ces sites de rencontres empêchent de découvrir une personne, de développer une vraie relation, parce que ça prend du temps. Et sans doute, leur fréquentation rend aussi très exigeant.

### Leçon 23

## Imaginer de nouveaux mondes

**1. a.** Ils le voient comme le successeur d'Internet dans le secteur des technologies. **b.** Le métavers dépasse la réalité virtuelle parce qu'il inclut tous les domaines de la vie sociale et économique, pas seulement le divertissement. **c.** Le métavers va permettre de créer une réalité virtuelle physique dans tous les domaines de la vie. **d.** Parce qu'on ne pouvait pas imaginer dans les années 80 ce qu'on allait faire avec Internet. C'est pareil pour le métavers aujourd'hui, son utilisation reste encore abstraite. **e.** L'auteur de l'article ne donne pas son opinion sur les dangers du métavers sous prétexte que cette technologie n'est pas encore très développée. **f.** La volonté de socialisation des êtres humains qui préféreront toujours se réunir dans un espace physique est la principale limite mentionnée dans l'article. Le métavers restera un univers complémentaire au monde physique.

**2. a. 1.** PERSISTANT ; **2.** DEPRESSION ; **3.** EXACERBER ; **4.** CERVEAU ; **5.** CHOQUÉ ; **6.** PAROXYSME ; **7.** SUICIDE
**b.** 2

**3. a.** Grâce à **ma clé USB**, j'ai pu enregistrer l'ensemble des fichiers. **b.** Dans mon ordinateur, les **archives** sont bien classées. **c.** Mon disque dur est maintenant trop limité pour enregistrer l'ensemble des **données**. **d.** Le **serveur** informatique que j'ai à la maison m'aide pour les tâches ménagères. **e.** J'ai pu accéder à mon compte grâce à un **code** donné par le site. **f.** À cause du **crash** de mon ordinateur, tous les fichiers informatiques ont été perdus. **g.** J'ai pu copier mes photos sur une **clé USB**. **h.** Il n'a pas pu se connecter sur le site aujourd'hui à cause d'un **bug** de la plateforme.

**4.** Le métavers est un monde parallèle où nos expériences et nos émotions peuvent être poussées à leur **paroxysme**. En effet, imaginez une réalité débarrassée de tout élément négatif, une sorte de **paradis artificiel**, dans lequel vous pouvez vous promener comme dans le monde réel. Le risque, c'est de **perdre la notion du temps et de l'espace** parce qu'on évolue dans un autre monde, avec des sensations **vertigineuses** ! Est-ce que notre **cerveau** sera capable de supporter le passage rapide d'un monde à un autre ? Les spécialistes ont déjà **pointé du doigt** les risques de **dépression**. Il est certain qu'il sera nécessaire de protéger les individus, de mettre **des garde-fous** pour que cette « réalité immersive » ne se substitue pas au monde réel.

**5.** 2. d ; 3. e ; 4. b ; 5. g ; 6. a ; 7. c

**6. a.** Dans le métavers, on peut créer un avatar. Il est possible de **le** faire complètement différent de soi. **b.** C'est comme tous les progrès techniques, on peut **les** redouter ou au contraire s'en réjouir. **c.** Toutes les facettes du métavers ne sont pas encore exploitées, **ça** dépasse notre capacité d'imagination. **d.** Les investissements dans le métavers ont été vertigineux en 2021, mais **d'autres** seront encore nécessaires dans l'avenir. **e.** Il manque une réflexion éthique autour de ces questions. Les philosophes devraient s'emparer de **ce sujet**.

**7. a.** Serons-nous capables de supporter l'immersion dans un autre monde que notre réalité quotidienne **en raison de** nos limites psychologiques ? **b. Fascinés** par les progrès technologiques, certains oublient de se poser des questions éthiques. **c.** Les entreprises investissent des millions dans ces technologies **par** crainte d'être dépassées dans la course au progrès numérique. **d. Suite à** ce reportage sur le métavers, nous avons longuement discuté des avantages et des dangers de son développement. **e.** Les promoteurs du métavers ont toujours un discours positif **sous prétexte que** la technologie est forcément un progrès dans nos vies. **f. Du fait qu'**on peut accéder au métavers quand on veut, il n'y a plus de frontière entre le réel et le virtuel. **g.** Je n'adhère pas à l'idée de me promener dans le métavers, **puisque** les risques psychologiques commencent à être connus.

**8.** *Exemple de production :*
Cette photo représente un jeune homme avec un casque de réalité virtuelle. Il fait des mouvements

# Corrigés

avec ses bras comme s'il touchait des objets que l'on ne voit pas sur la photo. Il se trouve dans son salon, et grâce au casque, il est entré dans un autre univers. On peut imaginer qu'il visite d'autres mondes, qu'il rencontre des gens ou qu'il est en train d'acheter un produit dans une boutique en ligne, tout ce que l'on pourra bientôt faire grâce au métavers. C'est assez vertigineux de voir quelqu'un complètement déconnecté de l'espace physique qui l'entoure. Je pense qu'on peut vite perdre la notion du temps et de l'espace quand on entre dans ces mondes virtuels. Est-ce que le cerveau humain y résistera ou assistera-t-on à des dépressions, des maladies psychologiques, voire des suicides, du fait du décalage entre le virtuel et le réel ? Cette question du danger des mondes parallèles mérite déjà d'être posée !

**9.** *Exemple de production :*
Le métavers, c'est une technologie qui propose de mettre à notre disposition des univers variés pour rencontrer des personnes, voyager sans sortir de chez soi, faire des achats… du fait des progrès de la réalité virtuelle. Ce concept me paraît incroyable et fascinant parce qu'il donne la possibilité d'accéder à des réalités qui aujourd'hui sont encore inaccessibles, comme les voyages dans le temps ou dans des lieux très lointains. Cependant, je suis assez d'accord avec ses détracteurs. Son développement pourrait devenir dangereux pour la santé mentale de ses utilisateurs qui auraient des difficultés à faire la différence entre le monde réel et le monde virtuel. Le gros problème, je crois, c'est que sous prétexte de progrès technologique, on considère la mise à disposition du métavers comme un bien pour l'humanité. Alors que cette technologie se développe à grand pas, on devrait commencer à réfléchir à une réglementation ou à des garde-fous.

**10.** Les réseaux sociaux en général, et Twitter en particulier sont devenus aujourd'hui un espace public <u>mondial</u>. Une partie de l'information, du débat politique et <u>même</u> de la <u>diplomatie</u> se passe aujourd'hui sur Twitter, à l'heure où certains prédisent en effet sa mort, je crois que c'est le bon moment pour se demander plus généralement quel est l'impact des <u>réseaux sociaux</u> sur nos démocraties.

## Bilan

**1. a.** La transformation de notre vie sociale par le numérique. **b.** Parce que la connaissance n'appartient à personne. **c.** L'accès à la connaissance se fait par des groupes ou des réseaux que nous connaissons bien. **d.** Les informations qui nous parviennent sont sélectionnées pour nous plaire. **e.** Parce que nous n'avons plus accès à des opinions contraires aux nôtres. **f.** Les machines sont capables de prendre la parole et de s'exprimer. **g.** Comment le fait que des machines puissent parler change-t-il notre rapport à la parole ?

**2.** *Exemple de production :*
Ce dessin illustre les relations sociales du monde d'aujourd'hui. En effet, du fait du développement des réseaux sociaux, on observe une modification des rapports humains. On consulte constamment son téléphone portable, notamment les réseaux sociaux. Et on finit par en devenir dépendant parce qu'on s'habitue aux likes et aux notifications. Ainsi on a l'impression d'avoir beaucoup d'amis. Mais je crois que l'amour et l'amitié ne se trouvent pas en ligne, mais se construisent dans la vie réelle. Est-ce qu'on peut vraiment asseoir notre confiance quand on n'a jamais rencontré l'autre ? Les réseaux sociaux nous enferment et que nous ne sommes plus disponibles pour nous intéresser aux gens autour de nous, nouer des relations avec des personnes du monde réel. Et c'est ce qu'illustre ce dessin. C'est tellement facile de cliquer pour avoir un nouvel ami sur Facebook ! Mais est-ce que cet ami va compter dans notre vie, qu'est-ce qu'il ou elle va partager avec moi en tant qu'individu… Il me semble qu'on devrait poser nos téléphones de temps en temps, et tenter de nouer des contacts durables dans la vraie vie. Et ainsi quitter l'égocentrisme des réseaux sociaux pour se tourner vers un peu plus d'altruisme.

**Barème :**
Je donne un point de vue sur les rencontres virtuelles. *4 points*
J'utilise le lexique des relations humaines. *4 points*
J'utilise l'expression de la cause. *2 points*

**3.** *Exemple de production :*
Le développement des nouvelles technologies transforme nos vies un peu plus tous les jours. Il y a des avantages et aussi des risques. Par exemple, le développement de l'intelligence artificielle et des robots vont permettre d'améliorer les conditions de vie des personnes âgées. Ils leur apporteront une compagnie, une aide matérielle, et même une stimulation cognitive. D'autre part, la possibilité de garder des liens sociaux, malgré le temps et la distance, grâce au numérique et aux réseaux sociaux est un grand avantage. On reste en contact avec sa famille à laquelle on peut envoyer rapidement des nouvelles et en recevoir aussi. Enfin, la possibilité dans le futur de voyager, de visiter des musées ou de participer à des événements grâce à la réalité virtuelle et au métavers est fascinante. Mais attention, tout ceci est vertigineux parce que nous ne savons pas encore exactement jusqu'où ces progrès technologiques vont nous amener. Il faudra certainement prévoir des garde-fous pour garder un contrôle de nos vies. Par exemple, limiter l'utilisation des réseaux sociaux pour pouvoir nouer des contacts dans le monde réel. Nous devrons éviter de nous faire remplacer par des robots humanoïdes. Et surtout, nous veillerons à garder un lien avec la réalité en évitant les expériences qui dépassent nos capacités humaines. Elles peuvent nous choquer psychologiquement.

**Barème :**
Je parle des changements liés aux nouvelles technologies. *4 points*
Je décris les points positifs et négatifs des progrès technologiques. *4 points*
J'utilise le lexique de la technologie et de la psychologie. *2 points*

**4. a.** Vrai. « La multiplication des sites de rencontres, les applications qui rendent le contact immédiat et facile à distance conduisent à s'interroger sur l'évolution de la relation amoureuse. L'amour virtuel est-il possible ? Voici quelques éléments de réflexion sur un phénomène qui prend de l'ampleur. »
**b.** Faux. « Ces dernières années, les temps sociaux se sont considérablement réduits. »
**c.** Faux. « Le rythme des échanges s'accélère. Les espaces de paroles et les moments de détente se réduisent, et nous sommes tous soumis à la culture de l'immédiateté. »
**d.** Vrai. « La transformation de notre rapport au temps et la facilité avec laquelle nous pouvons désormais entamer et rompre une conversation ne se limitent plus, au champ de l'amical et envahissent désormais les relations amoureuses, pourtant naturellement conditionnées à la rencontre physique et à des temps de découverte progressive de l'autre. »
**e.** Vrai. « La rencontre amoureuse se traduit par une idéalisation de l'être aimé qui est perçu comme parfait, parfait pour soi s'entend. Cette phase, si elle est nécessaire et bien agréable, […] » « Ensuite, le principe de réalité, c'est-à-dire l'évolution du couple vers la réalité quotidienne permet à chacun de se libérer de la fusion, de retrouver ses propres intérêts, […] »
**f.** Faux. « L'amour virtuel renforce obligatoirement la nature irréelle de la relation et risque ainsi de maintenir les partenaires dans une idéalisation de l'autre. »

## UNITÉ 7 — À quoi sert l'école ?

### Leçon 25

### Décrire une manière d'apprendre

**1. a.** La pratique de la classe dehors a commencé dans les années 50 au Danemark. **b.** Ils apprécient de pouvoir courir à l'extérieur, quel que soit le temps. **c.** Le travail sur les sciences et la hauteur d'eau quand les enfants sont dehors et qu'ils marchent dans l'eau. **d.** Le travail peut être une souffrance pour les enfants. Quand ils sont à l'extérieur, les enfants travaillent aussi mais ils ne s'en rendent pas compte. **e.** Parce que les enfants se servent en classe de ce qu'ils apprennent dehors, et inversement. **f.** Elle pense qu'enseigner dehors n'apporte que des avantages aux enfants. **g.** Quatre au choix parmi : les apprentissages, la réussite scolaire, l'activité physique, le développement émotionnel et social, la conscience environnementale, les compétences cognitives, la créativité, la coopération, la concentration.

**2. a.** l'auditif ; **b.** le kinesthésique

**3. a.** un poster ; **b.** un jeu de patience ; **c.** une représentation visuelle ; **d.** un exemple ; **e.** un marqueur ; **f.** brillant(e)

**4. a.** Marcello a réussi son examen oral : il a pu parler sans **consulter** ses notes. **b.** Une personne avec un profil kinesthésique est souvent habile pour **assembler** les pièces d'un casse-tête. **c.** Un jeune enfant peut apprendre beaucoup en **manipulant** des objets. **d.** J'ai beaucoup de mal à apprendre par cœur, c'est difficile pour moi de **mémoriser** des connaissances. **e.** Je ne peux pas aller à la conférence mardi. Peux-tu **prendre des notes** pour moi ? **f.** Pendant son épreuve d'examen, Sonia a dû **résumer** un long texte. **g.** Une approche différente permettrait de prendre en compte les capacités de réflexion des enfants et leur **affect**. **h.** Pour obtenir ce diplôme, il a fallu **retenir** beaucoup de connaissances théoriques.

**5.** Pour aider les enfants à apprendre, il est recommandé de connaître leur *profil d'apprentissage*. Certains ont un profil **auditif**, ils retiendront plus facilement des informations sonores, d'autres ont un profil **visuel**, ils mémoriseront plutôt à partir de graphiques et de notes écrites. D'autres encore apprendront en manipulant des objets, ceux-là ont un profil **kinesthésique**. On peut aussi proposer une **approche** globale de l'apprentissage. Les **disciplines** sont souvent cloisonnées, mais il n'y a que des avantages à transmettre des **connaissances** sans **segmentation**. Enfin, on doit organiser des **sessions** de classe en respectant le rythme des enfants, avec des **pauses** régulières, et s'adapter au niveau des élèves, avec des **consignes** simples.

**6. a.** mémoriser en étant capable de répéter sans erreur ; **b.** être accessible facilement

**7. a.** Je la lui lis ? **b.** Montre-le-lui ! **c.** Vous les y avez amenés ? **d.** Peux-tu me l'expliquer ? **e.** Ne leur en donnez pas. **f.** Demande-lui-en ! **g.** Tu les écoutes le jouer ?

**8. a.** Donne-leur-en suffisamment pour faire des pauses entre les exercices. **b.** J'aime les y emmener pour faire des activités de plein air. **c.** Tu préfères qu'on te l'explique grâce à un diagramme ? **d.** Je n'ai pas eu besoin de la leur présenter. **e.** Je lui en ai apporté pour l'aider à mémoriser sa leçon. **f.** Ne les en surchargez pas ! **g.** Il les écoute en parler.

**9.** Décrire la réalité : a ; e ; h – Exprimer un fait incertain : b ; c – Exprimer la restriction : d ; f ; g

**10.** b. 3 ; c. 5 ; d. 8 ; e. 1 ; f. 4 ; g. 2 ; h. 6

**11.** *Exemple de production :*
Je suis plutôt d'accord avec cette enseignante. En effet, je comprends que les enfants soient plus heureux à bouger et expérimenter qu'assis en classe

# Corrigés

sur une chaise. L'école en plein air les y encourage grâce à l'espace qu'elle leur offre. Les enfants peuvent apprendre avec leur affect, grâce aux nombreuses sensations qu'ils peuvent y ressentir. Ils apprennent autrement. À mon avis, c'est le meilleur argument qui puisse exister pour motiver les élèves. Je pense que les enseignants ont la possibilité d'expérimenter d'autres pédagogies avec leurs classes. Il faut les écouter et leur donner la possibilité de proposer de nouvelles approches pour enseigner. Rendre l'élève acteur de son apprentissage est la meilleure pédagogie qui soit vraiment efficace d'après moi.

**12.** *Exemple de production :*
On n'a pas tous la même façon d'apprendre, et c'est ce que cette infographie illustre. Par exemple, un élève avec un profil visuel sera plus attentif à la lecture et à l'analyse de schémas. Son ou sa professeur(e) pourra lui en proposer pour apprendre. Moi, j'ai plutôt un profil auditif. Répéter à voix haute est pour moi la seule technique qui me fasse mémoriser des connaissances. Je retiens mieux les informations données à l'oral en cours ou en vidéo. Je me les enregistre et je les écoute plusieurs fois. Les élèves qui ont un profil kinesthésique apprennent différemment. Ils préfèrent manipuler des objets et expérimenter. L'école en plein air par exemple le leur permet. Je crois qu'on peut encore progresser pour adapter les méthodes d'enseignement à ces différents profils.

## Leçon 26
### Commenter des inégalités

**1. a.** C'est la possibilité pour les enfants d'ouvriers ou de classes modestes de s'élever socialement dans la société. **b.** 70 %, soit plus des deux tiers, des enfants de parents modestes ont un revenu plus élevé à l'âge adulte que celui de leurs parents. **c.** Le taux d'enfants de parents aisés qui, à l'âge adulte, font partie des familles les plus modestes s'élève à 15 %. **d.** Ce sont les hommes qui habitent en Ile-de-France et dont l'un des parents a un diplôme d'études supérieures. **e.** Parce qu'ils habitent en général dans des grandes villes qui offrent plus d'emplois, et parce que leurs parents ont investi dans leur éducation. **f.** Le taux de 19 % de mobilité sociale est le même, que l'on soit dans le département le plus pauvre de France ou dans le département le plus riche. **g.** Parce que les données de l'étude de l'INSEE montrent que le modèle social à la française est efficace pour favoriser la mobilité sociale.

**2.** b. 7 ; c. 4 ; d. 8 ; e. 2 ; f. 5 ; g. 3 ; h. 1

**3. a.** C'est une grande athlète : elle a été **triple championne** aux Jeux olympiques. **b.** Elle est très compétente, sa présence ici est **légitime**. **c.** Il faut se protéger pendant les entraînements pour ne pas **se blesser**. **d.** Pour gagner de la confiance en lui, il a dû **s'affirmer** dans ses études. **e.** Les entraînements quotidiens exigent de **la rigueur**. **f.** Tu es fatigué, c'est normal tu t'es **donné à fond** dans la compétition.

**g.** Je suis reconnue dans ce sport, mais j'ai eu du mal à **prendre ma place**. **h.** Il a dû se battre contre **l'adversité** pour arriver à ce niveau d'excellence.

**4. a.** plus de la moitié ; **b.** un petit nombre ; **c.** presque tout le monde ; **d.** la proportion de ; **e.** un pourcentage

**5.** Dans les grandes écoles, il y a de fortes disparités selon l'origine sociale des étudiants. Il existe des **données** précises sur ce sujet. La proportion d'enfants d'ouvriers **s'est accrue** pendant plusieurs années, mais aujourd'hui **le taux** reste stable, il ne **s'élève** plus. Il faut prendre en compte que **le capital culturel** n'est pas le même pour un enfant d'**émigré** ou un enfant d'ouvrier que pour un enfant de cadre. Souvent ces jeunes n'ont pas les **codes** pour savoir comment se comporter. Il ne faut pas **sous-estimer** leur manque de **bagage culturel** qui peut conduire à de vraies difficultés pour **s'affirmer**.

**6.** Le groupe : c ; d ; f – L'individu : a ; b ; e ; g

**7. a.** Un tiers des élèves **obtient** un diplôme d'ingénieur. **b.** Parmi les étudiants de l'université, seulement 11 % **est issu** de parents ouvriers. **c.** Plus de la moitié des diplômés de master **vient** de familles de cadres. **d.** 64 % des élèves des écoles normales supérieures **ont** des parents cadres supérieurs. **e.** Seulement 16 % des enfants d'ouvriers **arrivent** au niveau master. **f.** 60 % des bacheliers **poursuivent** leurs études à l'université. **g.** La quasi-totalité des élèves de terminale **réussissent** le baccalauréat.

**8. a.** Une majorité des élèves **viennent** de famille de cadres. **b.** La plupart des enfants de cadres **font** des études supérieures. **c.** Les deux tiers des enfants d'ouvriers **réussissent** le baccalauréat. **d.** La majorité des étudiants **peut** entrer dans une filière technologique. **e.** Plus de la moitié de la classe **est** issue de l'immigration.

**9.** *Exemple de production :*
Cette infographie montre que les inégalités sociales sont importantes dans les études supérieures. La proportion d'étudiants issus de milieux modestes est beaucoup moins importante que celle des étudiants issus de milieux favorisés, à l'université et dans les grandes écoles. Par exemple dans les grandes écoles les plus sélectives, les trois quarts des élèves sont des jeunes issus de familles aisées, alors que 17 % seulement des élèves viennent de familles modestes. C'est aussi le cas à l'université où un tiers de l'effectif seulement est constitué par des jeunes issus de familles modestes, presque la moitié vient d'une famille aisée. Ces données prouvent qu'il existe une grande inégalité dans l'accès aux études supérieures.

**10.** *Exemple de production :*
J'ai apprécié cette brève qui explique comment le sport peut être un moyen de lutter contre les inégalités sociales. Il présente les avantages de la pratique sportive, pour le bien-être physique et aussi pour le développement de compétences de vie. C'est une aide importante pour construire un avenir professionnel. En effet, les jeunes sportifs développent de la rigueur,

de l'endurance et l'esprit d'équipe. Devoir s'astreindre à des horaires et à des entraînements parfois difficiles permet de s'affirmer et de se montrer plus fort face à l'adversité. Ces qualités sont essentielles dans la vie en général et dans le monde du travail. C'est aussi un moyen pour les jeunes qui viennent de familles modestes de développer des compétences pour s'élever socialement.

## Leçon 27
### Parler d'un parcours atypique

**1. a.** Elle était informaticienne de formation. Créer a toujours été une passion pour elle, donc en 2019 elle a décidé de créer des vêtements. **b.** Elle ne faisait pas de couture, mais elle créait déjà des petites choses comme des bijoux ou des chapeaux pour le carnaval. Elle aimait découper et manipuler des tissus. **c.** En 2019, elle a connu une période très difficile et elle s'est posé des questions. Elle s'est demandé ce qu'elle aimerait faire. Elle s'est rappelée qu'elle avait acheté une machine à coudre en 2008 et qu'elle avait pris des cours de couture. **d.** Son père l'a incitée à faire des études en lui disant qu'il fallait trouver un travail pour être indépendante et que le reste viendrait avec le salaire. **e.** Elle aimerait que ses créations soient portées lors d'un défilé en Martinique et en Guadeloupe, dans la Caraïbe anglophone aussi, et même au Canada ou aux États-Unis.

**2. a.** Ce mannequin est très célèbre, il est sur **la couverture** du magazine *Vogue*. **b.** Je suis allée **au défilé** de mode, j'ai vu des vêtements magnifiques. **c.** Cette robe semble un peu petite, il faudra faire **un essayage**. **d.** C'est un artiste qui crée des vêtements, il a toujours été passionné par la **couture**. **e.** Chaque année, les créateurs de mode proposent **une collection** en hiver et en été. **f.** Ce théâtre propose une **revue** de qualité avec des danseurs et des chanteurs talentueux. **g.** Jean-Paul Gaultier est connu grâce à des robes extraordinaires avec des **seins coniques**. **h.** Tu es invité à la **première** du défilé de ce nouveau créateur ?

**3. a.** ACQUIS ; **b.** RÉVÉLATION ; **c.** FEIGNANT ; **d.** DON ; **e.** EXPERTISE ; **f.** CANCRE ; **g.** BULLETIN ; **h.** ALGÈBRE

**4.** J'ai commencé à travailler jeune dans une entreprise au service des ressources humaines. Je n'avais aucun diplôme, même pas un **certificat** scolaire. Après plusieurs années, j'avais des **acquis** professionnels et j'ai passé une VAE. J'ai pu **obtenir** un **diplôme**, au niveau de la **licence**. Ensuite, j'ai décidé d'être **candidate** pour faire **un master** de management en ressources humaines à l'université. J'ai pu bénéficier d'un **contrat d'apprentissage** pour continuer à travailler en entreprise. J'ai eu de très bonnes **notes**, alors j'ai voulu poursuivre par un **doctorat**, mais c'était trop difficile pour moi de travailler en même temps. J'avais tout le temps **mal au crâne**, alors j'ai abandonné.

**5. a.** Tes amis se sont demandé s'ils devaient passer une VAE. **b.** Elle s'est entendu prétendre qu'elle avait un très bon niveau. **c.** L'actrice s'est vu prêter une robe de grand créateur. **d.** Ils se sont découvert une passion pour la mode. **e.** Les mannequins qui sont présenté(e)s au défilé portaient des seins coniques. **f.** Cette étudiante s'est entendu féliciter par la directrice du stage. **g.** Elles se sont fait des idées sur la durée des études.

**6.** Accord du participe passé : **b.** comportées ; **d.** vue ; **e.** senties ; **g.** entendue – Non accord du participe passé : **a.** entendu ; **c.** laissé ; **f.** trouvé ; **h.** lancé

**7.** Cette année à l'université, les problèmes *se sont succédé*. Les étudiants de master de gestion **se sont trouvés** confrontés à des difficultés. Leurs professeurs **se sont demandé** comment les évaluer. Les étudiants **se sont entendu** dire que leurs bulletins de l'année passée n'étaient pas bons. Une des étudiantes, Aziza, **s'est donné** un an pour améliorer son niveau, mais les autres **ne se sont pas sentis** capables de refaire une année d'études. Ils **se sont laissé** exposer les avantages d'un stage de rattrapage et finalement certains **se sont vus** l'accepter. Deux autres filles **se sont promis** de convaincre leurs professeurs de les laisser continuer leurs études.

**8.** *Exemple de production :*
Je suis d'accord avec cette affirmation sur les parcours professionnels atypiques. Je crois que tout le monde peut se tromper dans sa jeunesse au moment de son orientation. C'est parfois difficile de trouver un travail quand on n'a pas suivi un chemin tout tracé. Plusieurs personnes que je connais se sont vues refuser des emplois parce qu'elles n'avaient pas les bons diplômes ou les bonnes expériences. Pourtant, avoir des expériences variées peut être très riche dans le cadre professionnel. Ces personnes au parcours atypique possèdent des compétences dans plusieurs domaines qui leur permettent de s'intégrer parfaitement dans des équipes. Et à des postes pour lesquels elles n'ont ni les diplômes ni les certifications demandées. Elles possèdent souvent une grande capacité d'adaptation. Et elles peuvent apporter toute la richesse de leurs expériences à des équipes à la formation plus habituelle.

**9.** *Exemple de production :*
Ce témoignage montre que c'est important pour les personnes qui ont une expérience professionnelle de valoriser leurs acquis. La VAE permet à des personnes qui souvent n'ont pas eu la chance de faire des études, de pouvoir ensuite valider leurs expériences. Grâce à elle, elles peuvent avoir un titre professionnel et évoluer dans leur carrière professionnelle. Je pense que ce n'est pas toujours facile pour des jeunes de réussir à l'école. Certains se sont parfois entendu dire qu'ils n'étaient pas faits pour l'école, et se sont vus orientés très jeunes vers la vie professionnelle. Alors, la VAE leur permet d'obtenir un certificat ou un diplôme lié à leur expérience professionnelle. Dans le témoignage, Karim S. exprime sa fierté d'avoir réussi

# Corrigés

à obtenir un titre. Grâce à lui, il peut commencer une carrière dans une grande entreprise et donc évoluer encore professionnellement.

**10. a.** Ce diplôme, je veux pas le passer !
**b.** Je suis un mauvais élève, je me le dis souvent.
**c.** Il se peut que je sorte du système scolaire.
**d.** Je me prépare pour un examen.
**e.** Je te demande pas ton avis.
**f.** Il me le dit pas !

## Bilan

**1. a.** Elle présente des témoignages d'étudiants. **b.** Il propose une deuxième chance pour faire des études. **c.** Prendre son temps pour réfléchir à ce qu'on veut faire. **d.** Ils étudient et travaillent en même temps. **e.** Ils souhaitent être accompagnés pour savoir ce qu'ils veulent faire. **f.** Les étudiants apprennent à mieux se connaître. **g.** Ils pensent que le parcours développe la confiance en soi.

**2.** *Exemple de production :*
L'éducation scolaire est considérée comme la meilleure voie pour développer des compétences et des acquis afin de trouver un emploi plus tard. Mais certains élèves ne sont pas adaptés au système scolaire actuel. Il existe des approches pédagogiques différentes comme l'école en plein air. Elle a été expérimentée dans plusieurs lieux et donne de bons résultats. Certains élèves supportent mal de rester assis toute la journée. Alors l'école en plein air leur permet de bouger. Elle les motive parce qu'elle leur donne les moyens d'expérimenter, de manipuler et d'être acteurs de leurs propres apprentissages. Il est important de ne pas mal juger les élèves qui n'arrivent pas à suivre dans le système scolaire classique. Il faut au contraire proposer des pédagogies adaptées à ces élèves en difficulté. Il est donc nécessaire que le système scolaire continue à s'ouvrir à de nouvelles approches.

**Barème :**
Je donne un point de vue sur le système scolaire.
*4 points*
Je parle de l'école en plein air et des nouvelles approches pédagogiques. *3 points*
J'utilise le vocabulaire de l'apprentissage. *3 points*

**3.** *Exemple de production :*
Les plus grands défis de l'école dans les prochaines années seront de prendre en compte la diversité des profils d'apprentissage et d'essayer de s'adapter à différents types d'élèves. On sait qu'il y a plusieurs façons d'apprendre par exemple. Certains élèves ont un profil visuel, d'autres ont un profil auditif. D'autres encore ont besoin d'expérimenter, d'essayer et de manipuler pour apprendre. Ils ont un profil kinesthésique. Dans une classe, il faudrait réussir à repérer les différents profils et donner à chacun des méthodes d'apprentissage adaptées. Un autre défi est de mieux intégrer les élèves des milieux modestes. Ce qui permettrait à la majorité d'entre eux de faire des études, de pouvoir choisir son métier et de s'élever socialement. C'est important que les enfants d'ouvriers aient les mêmes chances à l'école que les enfants de cadres.

**Barème :**
Je présente les différents profils d'apprentissage.
*4 points*
Je parle des inégalités à l'école. *3 points*
Je donne mon point de vue sur l'école de demain.
*3 points*

**4. a.** Vrai. « Pourquoi ces nuls à l'école ont-ils réussi ? »
**b.** Faux. « La première chose que vous devez savoir c'est que chacun apprend différemment. »
**c.** Faux. « Savez-vous qu'il détestait apprendre par cœur, il n'aimait ni l'histoire, ni la géographie, ni la littérature ni même les langues étrangères. Il ne retenait absolument rien. »
**d.** Vrai. « Le jeune Albert Einstein avait besoin de comprendre le "pourquoi" des choses, tout ce qu'il apprenait devait avoir du sens pour lui. Il avait besoin de manipuler, d'expérimenter. »
**e.** Faux. « Louis Renault, pour être motivé à apprendre, avait besoin de voir le côté pratique et utile de chaque chose. »
**f.** Faux. « […] d'autres qui ont une façon d'apprendre qui correspond moins voire pas du tout au système scolaire. Ces élèves-là décrochent et se retrouvent en échec scolaire. C'était le cas d'Albert Einstein et de Louis Renault. »
**g.** Vrai. « Mais tous les deux avaient parfaitement conscience de la façon dont ils apprenaient le mieux, c'est ce qui leur a permis de ne jamais perdre la motivation à apprendre, mais à apprendre dans un système autre que le système scolaire classique, qui leur correspondait mieux. »

## UNITÉ 8 — Le travail a-t-il le même sens aujourd'hui ?

### Leçon 29

## Expliquer des tendances professionnelles

**1. a.** Elle s'explique par le vieillissement de la population. **b.** Il suggère de redéfinir les fiches de poste, c'est-à-dire les missions des salariés.
**c.** L'émergence du télétravail est due à la pandémie qui a conduit les entreprises à proposer cette option à leurs salariés. **d.** Les entreprises sont de plus en plus nombreuses à le proposer lors du recrutement d'une part et les salariés demandent à travailler à leur domicile d'autre part. **e.** Les droits sociaux (santé, retraite, congés payés) et le bien-être au travail.
**f.** Les salariés souhaitent une plus grande flexibilité du temps de travail, c'est-à-dire pouvoir organiser leur planning de travail.

**2.** b. paragraphe 3 ; c. paragraphe 4 ; d. paragraphe 2

**3.** b. 4 ; c. 2 ; d. 1

**4.** Cabinet d'architecture reconnu dans le département de la Gironde, nous sommes à la recherche de notre futur(e) *collaborateur/collaboratrice* dans le cadre de notre développement. Fort(e) d'une **formation** d'architecte de niveau **bac + 5**, vous bénéficiez de 2 ans d'expérience dans le domaine. Doué(e) d'une grande **flexibilité** et capable d'être **indépendant(e)** dans votre travail, vous participerez à des projets pluridisciplinaires faisant le **pont** entre architecture, urbanisme et paysagisme. **Évolution de carrière** rapide.

**5.** b. 4. Nous travaillons avec acharnement sur ce projet depuis des mois, nous avons enfin l'impression d'avoir **passé un cap** depuis que nous l'avons présenté à nos clients. c. 5. Je ne partage plus les valeurs de mon entreprise, il est temps que je **prenne le large** et que je trouve un poste qui me corresponde. d. 3. Si je travaille ce samedi, je ne travaillerai pas lundi. C'est **donnant-donnant**. e. 1. Laurence a décidé de **quitter son emploi** pour rejoindre une entreprise qui lui offre de meilleures conditions de travail.

**6.** a. **Chaque** salarié de l'entreprise dispose des mêmes droits. b. Il faut reconnaître que **quelques-unes** des avancées sociales ont eu une répercussion notable sur les conditions de travail des salariés. c. Par souci d'équité, le manager a reçu **chacun** avant de mettre en place les nouvelles règles au sein du bureau. d. Certains membres de l'équipe ont décidé de transformer leur RTT en jour de congés, **d'autres** ont demandé à être payés. e. À défaut d'obtenir une journée de télétravail par semaine, les jeunes préfèrent souvent chercher **un autre** poste. f. **Certaines** générations ne sont plus prêtes à travailler dans n'importe quelles conditions.

**7.** Participe présent : b ; e ; f – Participe composé : a ; c ; d ; g

**8.** a. La majorité des personnes **ayant testé** le télétravail sont prêtes à le mettre en place de façon régulière. b. Les accords d'entreprises **ayant prévu** de réviser le règlement interne, les employés sont très optimistes. / Les salariés sont très optimistes, les accords d'entreprises **ayant prévu** de réviser le règlement interne. c. Les entreprises **ayant accepté** de s'adapter aux attentes des salariés, les conditions de travail sont de plus en plus agréables. / Les conditions de travail sont de plus en plus agréables, les entreprises **ayant accepté** de s'adapter aux attentes des salariés. d. Les boomers **ayant défendu** les droits sociaux, les nouvelles générations en profitent pleinement. e. Les salariés ont déplacé leurs exigences, le monde **ayant été confronté** à de nouvelles préoccupations. / Le monde **ayant été confronté** à de nouvelles préoccupations, les salariés ont déplacé leurs exigences.

**9.** *Exemple de production :*
Ce sondage illustre les exigences des salariés dans leur choix d'entreprise. La recherche de bien-être apparaît très clairement en tête puisqu'on observe que l'équilibre vie professionnelle-vie personnelle obtient 62 % des réponses. Les avantages offerts par l'entreprise regroupant le bien-être et la mobilité représentent 30 % des attentes. Le salaire n'est donc pas la préoccupation principale même si plus d'un salarié sur deux prend en compte ce critère lorsqu'il choisit son entreprise. La flexibilité, c'est-à-dire l'organisation des horaires de travail, est aussi un critère important, choisi à 43 %, à quasi-égalité avec la recherche de sens dans le travail. Aujourd'hui, les salariés veulent limiter leur temps de transport (36 %) et s'engager pour l'environnement en prenant en compte les engagements de l'entreprise.

**10.** *Exemple de production :*
Je pense que le rapport au travail doit vraiment évoluer ces prochaines années pour plusieurs raisons. D'abord, les générations précédentes envisageaient le travail en étant assurées de trouver un poste même si elles n'avaient pas fait d'études. Lorsque j'étais jeune, mon père, ayant fait une carrière entière dans la même entreprise, était un modèle pour moi. Il a commencé à travailler très tôt. Il n'avait pas le bac et pourtant, il a réussi à évoluer sans aucune difficulté. Cela n'a pas été mon cas ! Aujourd'hui certains secteurs sont très porteurs comme l'informatique, le management, d'autres recrutent peu. Je suis resté au chômage pendant six mois alors que j'ai un bac + 5. Je travaille dans le milieu scientifique, la recherche en biologie, et les places sont chères. Le chômage, les difficultés que nous avons traversées ces dernières années (la crise écologique, la pandémie) nous obligent à envisager le travail d'une autre manière. En même temps, je pense que nous devons repenser notre rapport au travail. Avant on était prêt à tout accepter, aujourd'hui, on préfère changer d'entreprise plutôt que d'accepter des conditions de travail qui ne nous correspondent pas. À mon avis, c'est une bonne chose. En faisant évoluer les conditions de travail, en réduisant le temps de travail, en mettant en place davantage de télétravail, je suis certain(e) qu'on fera de nous des salariés plus heureux… Cela permettra aussi de créer de nouveaux postes qui nous conduiront peut-être au plein emploi.

### Leçon 30

## Analyser la place du travail

**1.** a. La démotivation des Français au travail. b. La crise sanitaire. c. 25 %. d. Ils sont prêts à travailler moins pour gagner moins. e. Un assouplissement des processus. f. Qu'ils ont une attitude contradictoire. g. Les Français représentent la population qui travaille le moins.

**2.** a. des accords ; b. se devoir ; c. une préconisation ; d. directeur ; e. démissionner

**3.** a. business school → école de commerce ; b. management → gestion d'équipe ; c. French

# Corrigés

bashing → critique des Français ; d. behind the scene → en coulisse ; e. home office → télétravail

**4. a.** changer du tout au tout
**Définition :** Changement radical, complet.
**Proposition de phrase :** Il a changé du tout au tout : il a commencé une formation en pâtisserie après avoir fait une carrière dans le marketing.
**b.** n'avoir qu'une seule hâte
**Définition :** Attendre quelque chose impatiemment.
**Proposition de phrase :** Après une longue carrière professionnelle, elle n'a qu'une seule hâte : être à la retraite.

**5. a.** Les salariés bénéficent d'une semaine de quatre jours **à condition de** travailler deux heures de plus chaque jour. **b.** De nombreux salariés acceptent de télétravailler **pourvu que** leur entreprise respecte leur vie personnelle. **c.** Le télétravail présente de nombreux avantages **quand bien même** on l'associerait à une baisse de la productivité. **d.** Les salariés attendent que l'entreprise passe à la semaine de quatre jours. Ils sont prêts **le cas échéant** à déplacer le jour gagné. **e.** Le salarié peut mettre en avant son droit à la déconnexion **à condition de** démontrer que l'entreprise ne respecte pas les horaires. **f.** Nous avons programmé une réunion en urgence. **Pourvu qu'**il ait pensé à prendre son ordinateur !

**6. a.** Le droit à la déconnexion est un recours possible au cas où le salarié estimerait qu'il est trop sollicité en dehors de ses heures de travail. **b.** Les chefs d'entreprise sont prêts à sanctionner leurs employés dans l'hypothèse où ils ne respecteraient pas les horaires de réunion. **c.** Deux possibilités s'offrent à lui, soit il accepte de télétravailler un jour par semaine soit il démissionne. **d.** Au cas où ton entreprise serait délocalisée, tu accepterais de partir à l'étranger ? **e.** Les employés de cette entreprise ont la possibilité de choisir ou la semaine de quatre jours ou une semaine de vacances supplémentaire. **f.** Dans l'hypothèse où tu pourrais profiter de tes vacances tout en travaillant, tu accepterais ?

**7.** Condition : a ; c ; f – Hypothèse : b ; d ; e ; g

**8. b.** 4 ; **c.** 2 ; **d.** 5 ; **e.** 3

**9.** *Exemple de production :*
Le slogan sur la banderole « Travailler plus pour vivre moins » illustre le refus de maintenir le travail à la place centrale qu'il occupait dans nos vies. Je partage ce point de vue, le travail ne doit plus être notre priorité. Des projets soit de réduction soit d'aménagement du temps de travail ont vu le jour ces dernières années. Je pense au passage à la semaine de quatre jours en Belgique. Par ailleurs, la progression du télétravail a permis aux salariés de reprendre progressivement le contrôle sur leur vie personnelle. Il me semble indispensable que nous soyons solidaires dans cette quête du bien-être. Les entreprises sont de plus en plus à l'écoute mais cela n'est pas suffisant. Il y a plusieurs dizaines d'années, les salariés perdaient leur santé au travail, puis plus récemment, on a entendu parler de burn-out et de maladies liées au surmenage. Ces effets négatifs montrent que le travail occupe une place trop importante dans nos vies. Bien sûr, c'est essentiel de travailler mais je pense que dans l'hypothèse où on réduirait le nombre d'heures travaillées, des emplois seraient créés. Nous serions également plus en accord avec nos vies personnelles. De plus, ce choix de société permettrait à tous de vivre plus longtemps et en meilleure santé !

**10.** *Exemple de production :*
Monsieur le Directeur,
Je me permets de m'adresser à vous au nom de l'ensemble de mon équipe afin de vous faire part de notre souhait de passer à deux jours de télétravail par semaine. Après de multiples discussions, il nous est apparu évident que le télétravail présenterait une solution idéale pour contribuer au bien-être des salariés en leur évitant notamment les déplacements jusqu'au bureau. Ceci aurait aussi un impact sur la réduction des frais de carburant et de ce fait, des conséquences appréciables sur la réduction de notre empreinte carbone. Il est utile de préciser que cela n'aurait pas d'incidence sur la productivité de l'entreprise puisque nous maintiendrions les mêmes activités qu'en présentiel. Il serait, par exemple, tout à fait envisageable de mettre en place des réunions en ligne. Nous sommes disposés à vous soumettre nos arguments et à discuter des aménagements possibles, nous souhaiterions par conséquent obtenir un rendez-vous avec vous.
Nous restons dans l'attente de votre réponse.
Sincères salutations,
Richard Cohen

## Leçon 31

### Dévoiler des tabous professionnels

**1.** Le syndrome de l'imposteur ; La pression des supérieurs

**2. a.** Vrai. « [...] j'ai l'impression qu'il est permanent quand je suis sur mon lieu de travail... mais aussi en dehors, le soir, le week-end. »
**b.** Faux. « Je fais partie de l'ancienne génération [...] »
**c.** Vrai. « Je suis chef d'équipe. »
**d.** Vrai. « [...] les exigences ne sont plus les mêmes et puis ils ont tout simplement d'autres manières de travailler. Il faut beaucoup s'adapter et moi, ça m'a mis pas mal de pression [...] »
**e.** Faux. « Pour compenser ce stress, j'avais besoin de travailler plus. »
**f.** Faux. « Je ne me voyais pas me plaindre de mon sort auprès d'eux. Je ne sais pas, peut-être une question d'orgueil. Avouer qu'on est stressé pour moi, c'est comme reconnaître un échec. »
**g.** Faux. « Dans mon entreprise par exemple, les règles sont claires, on n'envoie pas de mails avant 8 heures

… Corrigés

et rien après 19 heures mais ce n'est pas si simple que ça. C'est peut-être une question de génération mais je dois reconnaître que je ne profite pas vraiment des dispositions qui ont été prises… »

**3. b.** 2. *Exemple de production :* On observe **un gap** profond dans les aspirations des jeunes aujourd'hui par rapport aux générations passées. **c.** 4. *Exemple de production :* J'ai obtenu **une prime** grâce aux bons chiffres de notre entreprise. **d.** 1. *Exemple de production :* Son travail le passionne, pourtant on ne peut pas dire qu'il soit bien payé, il gagne tout juste **le SMIC** !

**4. a.** Il s'est présenté avec **une batterie** de diplômes mais il a été incapable de répondre aux questions lors de l'entretien. **b.** L'écart entre les revenus des salariés de cette entreprise représente **une fourchette** non négligeable. **c.** Alan n'est pas clair sur son salaire, il prétend être payé **de tant** au projet **à tant** au déplacement. **d.** Si l'on comptabilise tous les tabous dans le monde professionnel, cela représente **une somme** considérable. **e.** La nouvelle grille salariale ne satisfait pas les membres de l'entreprise car elle entretient **un flou** au niveau de certains postes.

**5. Oliver :** Je n'en peux plus d'être montré du doigt parce que je n'ai pas les mêmes diplômes que les autres.
**Tabatha :** Je ne comprends pas, on te reproche de ne pas avoir suffisamment de diplômes ?
**Oliver :** Oui, j'**ai été catalogué** depuis le début car les candidats avaient tous fait une grande école en France.
**Tabatha :** Mais tu as vu leur CV ?
**Oliver :** Oui, on n'a pas manqué de me les montrer !
**Tabatha :** Est-ce qu'ils avaient aussi occupé plusieurs postes à l'étranger comme toi ?
**Oliver :** Non mais **a priori**, c'est plus important ici d'avoir une batterie de diplômes sur son CV ! Franchement, je **suis en rage** !
**Tabatha :** Ouh là ! Tu ne souffrirais pas du syndrome de l'imposteur, toi ?
**Oliver :** Pas du tout. Je dis juste que je n'ai pas suivi le bon cursus.
**Tabatha : CQFD !**

**6.** Hypothèse : b ; c ; e ; h – Cause : a ; d ; f ; g

**7. a. En légalisant** les tracances, les salariés gagneront en confiance et seront plus productifs. **b. En parlant** tous librement de notre salaire, on réduirait les inégalités. **c.** Il a évité de faire remarquer qu'il était sur son lieu de villégiature **en sachant** que ses managers étaient en congés. **d.** Est-ce que tu pourrais travailler au bord de la mer **en étant** manager ? **e. En apprenant** que notre principal concurrent avait proposé une nouvelle organisation du travail, nous avons rédigé une lettre à notre direction. **f.** Les entreprises seraient plus productives **en considérant** davantage le bien-être de leurs salariés. **g.** Certains managers souffrent moins du stress **en adaptant** leurs pratiques professionnelles. **h. En parvenant** à développer une bonne estime de soi, on échappe au syndrome de l'imposteur.

**8.** *Exemple de production :*
D'après cette citation, un cadre ne devrait pas s'attacher à d'autres éléments que sa mission, c'est-à-dire : l'atteinte des objectifs. Je ne suis absolument pas d'accord avec cette idée. Pour moi, un bon cadre doit remplir ses objectifs mais il doit aussi prendre en compte son équipe pour y parvenir. En acceptant un poste de « décideur », il doit s'adapter à l'état d'esprit et au confort de chacun. Les membres de l'équipe suivent les instructions mais ils ne doivent pas être obligés de se conformer à des ordres sans réfléchir. Au contraire, ils sont une source de propositions et peuvent donner une vision parfois plus objective des directives. Pour garantir le succès des projets, il me semble essentiel de favoriser le dialogue entre cadre et salariés et de mettre en place une organisation moins pyramidale. Le manager doit considérer non seulement les compétences de chacun mais aussi leur état d'esprit. Chacun doit se sentir valorisé dans les tâches qu'il accomplit. C'est en faisant évoluer la position des cadres qu'on parviendra à ce que chacun trouve un équilibre dans son travail. En étant calme et organisé, à l'écoute, un cadre dirigera plus efficacement son équipe.

**9. a.** La conviction ; **b.** L'enthousiasme ; **c.** L'étonnement ; **d.** Le découragement ; **e.** L'autodérision ; **f.** Le détachement ; **g.** L'ironie ; **h.** Le mécontentement

## Bilan

**1. a.** Le rapport au travail. **b.** À un accomplissement nécessaire. **c.** Les congés payés. **d.** Les modalités de travail. **e.** Ils ne trouvent pas de sens à leur travail. **f.** Il reste prudent.

**2.** *Exemple de production :*
Dans son poème, Michel Houellebecq donne une représentation stéréotypée du travail. Il associe les femmes à leur maquillage et à la fonction de secrétaire alors que les hommes sont élevés au rang de décideurs, ce sont « des cadres ». On note également une mécanisation du travail (les ascenseurs ; la machine). Les individus semblent anonymes et absorbés, avalés par leur travail, comme s'il les empêchait de penser. Le poète se montre provocateur et dénonce une société qui ne penserait qu'au travail. À mon avis, cette société n'existe plus. On a pu observer ce type de comportement dans la génération des baby-boomers où le travail était au centre des préoccupations. Il représentait le but, l'ingrédient fondamental d'une vie accomplie. Or ce n'est plus le cas aujourd'hui. Les nouvelles générations ne sont plus prêtes à se sacrifier pour leur travail et elles souhaitent préserver leur vie personnelle. Malheureusement, il faut reconnaître que les inégalités sociales perdurent et je rejoins l'auteur sur cette idée. Je suis toutefois plus optimiste, je crois que la situation pourrait évoluer. Mais c'est un autre problème !

# Corrigés

**Barème :**
J'explique la représentation du travail donnée dans le poème. *3 points*
Je donne mon point de vue et l'illustre par des exemples. *4 points*
J'utilise des connecteurs pour organiser mon commentaire. *3 points*

**3. a.** Car elle a été adoptée dans un pays frontalier : la Belgique. **b.** Elle permettrait aux salariés de redonner un sens à leur vie et de retrouver un équilibre. **c.** Elle obligerait les salariés à travailler jusqu'à 10 heures par jour sur quatre jours et les conduirait à un plus grand état de fatigue. **d.** Le fait de passer à une semaine de quatre jours augmenterait le temps de travail quotidien. Ce qui serait contraire aux luttes engagées précédemment pour la réduction du temps de travail et les heures supplémentaires. **e.** Dans l'efficacité du travail car elle obligerait les salariés à revoir leur priorité et à réorganiser leur façon de travailler.
**f.** Il propose de laisser les salariés libres de choisir ou non cette option.

**4.** *Exemple de production :*
Je pense que ces dernières années, les salariés ont progressivement pris le pouvoir sur l'entreprise. Les plus jeunes n'hésitent plus à changer de poste lorsqu'ils ne sont pas satisfaits de leurs fonctions ou de leurs conditions de travail. Je crois que nous devrions tous suivre cet exemple pour faire comprendre que nous sommes les piliers des entreprises. Il est fondamental qu'on prenne davantage en considération notre équilibre. Mais je pense que cela prendra du temps car nous avons besoin de l'entreprise pour vivre. C'est ce qui pousse beaucoup d'entre nous à accepter des conditions de travail qui ne leur conviennent pas. Il est important qu'entreprises et salariés évoluent, afin que chacun puisse se sentir bien dans son travail en étant productif. Je crois que nous sommes entrés dans une période de transition où l'on réfléchit de plus en plus à l'aspect humain. Et j'ai une vision plutôt optimiste de l'avenir. Le travail comportera toujours des contraintes. L'important est de faire en sorte qu'il ait du sens pour celui qui l'accomplit, qu'il y trouve aussi du plaisir car le travail occupe une grande partie de nos vies !

**Barème :**
Je donne mon point de vue. *4 points*
J'illustre mon point de vue par des exemples concrets. *3 points*
J'utilise des connecteurs pour organiser mon texte. *3 points*

## UNITÉ 9 — Peut-on oublier son âge ?

### Leçon 33
### Donner des explications

**1. a.** En fonction des pathologies. **b.** Parce que la population vit plus longtemps. **c.** Les recherches n'apportent pas de résultats satisfaisants à l'heure actuelle. **d.** Chez les adultes en milieu de vie.
**e.** De leur mode de vie pour vieillir sereinement.
**f.** À des inquiétudes douloureuses.

**2. a.** Trois réponses parmi : les dégénérescences maculaires, qui touchent l'œil, les maladies démentielles, qui affectent le cerveau, les fractures de hanche, les infarctus, les AVC, (les accidents vasculaires cérébraux) et les pneumonies. **b.** Ils influencent l'arrivée dans la vieillesse et les conditions dans lesquelles on vieillit, c'est-à-dire l'état de santé pendant la vieillesse. **c.** Ils ne pratiquent pas le même type d'activités. La première a des activités plus sédentaires (jardinage, mots croisés) même si elle fait quelques promenades. Le second fait du karaté et a donc une activité sportive mais également méditative.

**3. a.** sortir du bac à sable ; **b.** un rite de passage ; **c.** un adulte en milieu de vie ; **d.** un senior ; **e.** avoir un pied dans la tombe

**4. La santé :** l'arthrose ; les capacités musculaires ; la fonte musculaire ; la sarcopénie ; la musculature – **Le sport :** *la sédentarité* ; la vitalité ; l'activité physique – **La société :** la stabilité ; l'indépendance financière ; la précarité
*Exemple de production :*
Les personnes âgées souffrent de maladies comme la sarcopénie, elles perdent parfois leur indépendance financière et elles sont souvent confrontées à la sédentarité.

**5. a.** Son médecin a été **tellement** convaincant **que** mon grand-père a réussi à se mettre au sport.
**b.** Le vieillissement de la population **a conduit à** définir de nouvelles catégories d'âges telles que les personnes « très âgées ».
**c.** Il y a **tant** de choix de vie aujourd'hui **que** chacun se sent plus libre d'assumer ses différences.
**d.** L'évolution de la société **entraîne** souvent un allongement des études.

**6. a.** Les personnes âgées ne sont pas toujours disposées à faire des activités physiques, **par conséquent / du coup** on leur propose des exercices adaptés. **b.** Cette campagne d'incitation au sport pour les personnes âgées a eu beaucoup de succès **si bien / de sorte** qu'on a dû refuser des gens dans certains clubs. **c.** Le vieillissement de la population s'est **tellement** accentué ces dernières années que c'est devenu une vraie question de santé publique.
**d.** Il existe **tant / tellement** de pathologies chez les personnes du troisième âge qu'on a créé des

services spécialisés. **e.** Les jeunes aujourd'hui ont des comportements qu'on attribuait aux personnes âgées autrefois **par conséquent / du coup** on ne parle plus de seuils familiaux et professionnels. **f.** La tendance à la sédentarité de cette femme a inquiété ses petits-enfants **si bien / de sorte** qu'ils l'ont conduite chez un médecin spécialisé en gériatrie.

**7. a.** La fonte musculaire est liée à une diminution de l'activité physique **ce qui explique qu'**on incite les personnes âgées à faire du sport chaque semaine. **b.** Les comportements évoluent **tellement** ces dernières années **qu'**on ne peut plus les associer à des âges spécifiques. **c.** Les rites de passage n'existent plus aujourd'hui **de sorte qu'**on peut rester adolescent sur certains aspects. **d.** Les médecins vulgarisent **si bien** les pathologies les plus fréquentes **qu'**elles sont désormais connues de tous. **e.** La population vieillit de plus en plus, **du coup**, on envisage de nouvelles prises en charge des personnes âgées. **f.** Auparavant, les individus étaient soumis à des rites de passage, **par conséquent** on identifiait clairement les différentes catégories d'âges.

**8.** *Exemple de production :*
Moi222 : Je viens de lire votre article consacré aux différents âges de la vie et à leurs représentations. J'ai été particulièrement sensible à la citation : « être vieux, c'est être jeune plus longtemps que les autres ». Elle me parle tout particulièrement. En effet, j'ai 63 ans et je devrais par conséquent être considéré(e) comme une personne du troisième âge si l'on se fie aux repères généralement donnés pour distinguer les différents âges. Or, je ne me sens pas âgé(e) et je refuse d'entrer dans ces catégories fixées selon moi de façon tout à fait arbitraire. Être vieux, être jeune, ce n'est pas très important. L'essentiel, c'est de se sentir bien dans son corps, de se trouver une place en famille, dans la société en général, au travail quand on travaille et puis auprès de ses amis. J'ai des amis de tous les âges si bien que je ne peux pas me sentir vieux / vieille. Et puis je reste très actif / active, ça aussi c'est un moyen de lutter contre l'âge.

**9.** *Exemple de production :*
La sarcopénie est une maladie qui touche les personnes âgées. Plusieurs causes expliquent son développement. Tout d'abord, des modifications du fonctionnement du corps (le taux des hormones et l'influx nerveux) conduisent à la fonte musculaire caractéristique de la sarcopénie. Par ailleurs, les personnes âgées ont tendance à diminuer leur activité physique, en conséquence, les muscles se réduisent et la sarcopénie s'installe. En outre, la diminution des apports en protéines dans l'alimentation empêche les muscles de se régénérer. Dans la sarcopénie, les muscles sont tellement faibles que les personnes perdent l'équilibre, ce qui explique également les nombreuses chutes à cet âge. Toutefois, la reprise d'une activité physique régulière diminue ces symptômes et permet aux personnes âgées de moins souffrir de cette maladie.

## Leçon 34

# Contester des injonctions

**1. a.** La société fait croire que la jeunesse est le plus bel âge de la vie alors que des études montrent qu'on est plus heureux passée cette période. **b.** La publicité, les réseaux sociaux et la presse véhiculent des images qui mettent en avant la jeunesse aux mépris des autres âges. **c.** Il estime qu'on infantilise les populations et qu'on glorifie l'insouciance de l'adolescence jusqu'à créer une peur de grandir, de passer dans l'âge adulte. **d.** Le personnage de Peter Pan ne veut pas grandir et envoie une image féerique de l'enfance. Mais, dans l'épilogue, on donne l'impression que l'âge adulte ne permet plus de rêver. Il apparaît dès lors comme une punition. **e.** On leur répète que la vingtaine est le plus bel âge de la vie. **f.** Le journaliste estime que la vingtaine est au contraire un âge difficile car elle coïncide avec une série d'épreuves au niveau personnel et professionnel. **g.** Il conseille de se défaire des clichés véhiculés et ne pas vivre dans les regrets.

**2.** Avec l'allongement de *l'espérance de vie*, on voit apparaître des problématiques jusqu'alors peu répandues. Ainsi, l'augmentation du nombre de personnes âgées a engendré un rejet de cette catégorie de la population : **l'âgisme**. Les « boomers » n'ont pas tardé à réagir à ce mouvement, s'indignant de voir de plus en plus fréquemment élire des jeunes fraîchement diplômés à la tête des sociétés. **Le jeunisme** était né. Mais les querelles entre les catégories d'âge ne se limitent pas à cela, paradoxalement, alors que **l'âge médian** fluctue, et qu'on observe des frontières de moins en moins nettes entre les différents âges de la vie. Les plus touchées sont les femmes, alors que les effets liés à l'âge de **la ménopause** sont de plus en plus maîtrisés et leur permettent de moins subir cette période de transition. On s'acharne à leur faire remarquer les signes de l'âge, alors qu'on s'extasie sur les hommes « matures ». En somme, **la transition démographique** ne se fait pas sans mal et on ose espérer que plutôt que d'entretenir les discriminations, chacun saura s'adapter et faire preuve de tolérance... avant de devenir complètement **sénile** !

**3. a.** une injonction contradictoire ; **b.** un vestige du passé ; **c.** une invisibilisation

**4.** Passé antérieur : b ; e

**5.** Quand Colette *fut entrée* dans la salle, des dizaines de regard se portèrent sur elle. Elle se sentait mal à l'aise. Elle sortit ses stylos, ses papiers d'identité. Après qu'elle **se fut entourée** de tout son matériel et après qu'elle **se fut assise** elle se sentit un peu rassurée. La moyenne d'âge était de 20 ans, elle n'en avait que 13. Elle eut des sueurs froides lorsque l'examinateur s'approcha d'elle, affichant sa surprise. Lorsque ce dernier **eut vérifié** sa convocation, il lui adressa un sourire et lui souhaita bonne chance. Cela la rassura. Une fois que les sujets **eurent été**

# Corrigés

distribués, plus personne ne prêta attention à cette différence d'âge, chacun se concentrant sur sa tâche.

**6. a.** Progressivement, on **supprima** les écoles du pays puis, une fois que les habitants y **furent habitués**, on **détruisit** les livres. **b.** Les personnes âgées **décidèrent** de se rebeller le jour où elles **apprirent** qu'on avait enfermé certaines d'entre elles. **c.** Un tel pays **eut pu** exister si on avait laissé s'installer l'âgisme. **d.** Dès qu'on **eut instauré** le droit de vote aux personnes âgées de 14 ans, des élections **eurent** lieu. **e.** Des années après qu'on les **eut vues** sur les barricades, les personnes âgées **furent confrontées** à des conditions de vie difficiles. **f.** Les jeunes habitants **oublièrent** le passé dès qu'ils **disposèrent** de nouveaux droits.

**7.** *Exemple de production :*
Nous sommes tous confrontés à des injonctions liées au vieillissement. Lorsqu'on est jeune adulte, on a tendance à envisager cette période de la jeunesse comme idyllique. On nous pousse à profiter de chaque moment. On présente la quarantaine, la cinquantaine comme redoutables. En ce qui me concerne, je l'ai ressenti très tôt, de la part de mes parents qui avaient tendance à se plaindre et voyaient en moi l'occasion de ne pas reproduire leurs erreurs. Dans ma carrière professionnelle, plus j'avançais dans l'âge, plus on m'incitait à me rajeunir. On n'a pas manqué de faire des remarques sur ma façon de m'habiller… parce qu'il fallait respecter l'esprit de l'entreprise. Je ne comprends pas en quoi l'âge pourrait nuire à l'image d'une société ! Pour moi au contraire, c'est un gage de savoir-faire, d'expérience. On a besoin de personnes plus âgées ! Aujourd'hui, à 65 ans, alors que je viens d'entamer ma retraite, on me pousse à lutter contre les effets de la vieillesse. Il n'est pas rare que, dans les magasins, on me propose tantôt une crème rajeunissante, tantôt une tenue qui me permettra de me « sentir jeune ». Je trouve cela incroyable. J'ai l'impression que c'est le seul argument dans toutes les bouches, on m'en parle sans cesse. Et j'entends, à la télévision, à la radio, ces mêmes phrases en boucle : « restez jeunes ! », « luttez contre les signes du temps ». Tout est prétexte. Un exemple : les cheveux blancs ! Il faudrait les recouvrir, les dissimuler… Mais je revendique mon droit à porter des cheveux blancs ! J'ai 65 ans et je n'ai pas honte de mon âge !

**8.** *Exemple de production :*
Le Sénilistan
Au Sénilistan, très vite, on comprit que les jeunes apportaient trop d'idées novatrices. Après que les plus Anciens eurent longuement réfléchi, on décida que les jeunes ne pouvaient pas bénéficier d'un quelconque pouvoir afin de ne pas faire d'ombre à leurs aînés. On abandonna l'âge adulte et on imposa une entrée dans « l'âge mûr » à 70 ans. Comme tout bon fruit, on estima qu'à partir de cet âge seulement, les individus étaient réellement capables de prendre des décisions. Toutefois, afin que les plus vieux tout puissants puissent profiter d'une vie paisible, on comptait sur la fraîcheur des jeunes pour participer à la richesse de ce pays. On leur ordonna de cultiver la terre et c'était la seule activité qu'on leur proposa. On réorganisa les écoles et on en fit de vastes lycées agricoles. Les bâtiments furent détruits à l'exception des palais qu'on réservait aux dirigeants. Les plus jeunes apprirent à vivre dans des cabanes et servaient les plus âgés. Ceux-ci, en retour, leur racontaient des histoires effrayantes où les jeunes populations étaient chargées de lourdes responsabilités.

## Leçon 35

### Défendre des convictions

**1. a.** Parce qu'elle craignait de ne plus être active. **b.** Les problèmes de santé ne touchent qu'une partie des personnes âgées. **c.** Donner plus de visibilité aux personnes âgées. **d.** Elle ne les juge pas. **e.** Comme des personnes qui se plaignent. **f.** C'est le moment de se réinventer.

**2. b.** 7 ; **c.** 1 ; **d.** 9 ; **e.** 2 ; **f.** 6 ; **g.** 8 ; **h.** 5 ; **i.** 3

**3. a.** Ma grand-mère va fêter ses 103 ans : elle a atteint **un âge canonique** ! **b.** Ils ne sont plus tout jeunes, c'est vrai ! Mais pour moi ce sont des **gens mûrs**. **c.** Les **non-vieux** ont tendance à ne pas se soucier des personnes âgées. **d.** Il est à la retraite et il vient de se marier avec **une fille de 30 ans**. Je ne suis pas pour une telle différence d'âge. **e.** Même à la fin de sa vie, mon grand-père est resté **une personne alerte**, il était toujours occupé, il n'a jamais arrêté de faire du sport ! **f.** Les spécialistes du marketing s'intéressent de plus en plus aux **pré-séniors** car ils représentent une catégorie de la population encore active mais libérée des contraintes.

**4. a.** Le livre raconte une expérience qu'a vécue l'autrice. **b.** Dans ce reportage se trouvent les représentations liées aux différents âges. **c.** Avec le temps se perdent les repères. **d.** Le livre dont a parlé cette émission a eu beaucoup de succès auprès des lecteurs. **e.** C'est un journal où sont répertoriés plusieurs exploits insolites. **f.** Les femmes comme les hommes subissent des pressions du moins le pense-t-on. **g.** Peut-être les jeunes changeront-ils d'avis sur l'âge.

**5.** Affirmation : c ; e ; f ; g – Négation : a ; b ; d ; h

**6. a.** *Impossible*. **b.** Je pense que nous ne parviendrons jamais à lutter contre l'âgisme, à moins que les mentalités n'évoluent. **c.** Les femmes attirent généralement l'attention avant qu'elles n'atteignent un certain âge. **d.** *Impossible*. **e.** *Impossible*. **f.** Les nombreuses émissions sur l'âgisme empêchent que cette discrimination ne prenne de l'ampleur. **g.** Les femmes cherchent à masquer leur âge, de crainte qu'on ne les juge.

**7.** La restriction : c ; d ; f

**8. a.** L'âge permet parfois d'accéder à de nouvelles libertés **excepté si** on est atteint de maladies invalidantes. **b.** Il y a beaucoup de choses qu'on apprécie lorsqu'on est jeune **à l'exception de** devoir vieillir. **c.** Elle a préféré cacher sa relation avec un homme bien plus jeune qu'elle pour ne pas subir le regard des autres **à moins qu'**elle n'ait voulu le préserver. **d.** Je préfère la vie que je mène aujourd'hui à 73 ans **excepté / sauf** l'énergie que j'ai perdue. **e.** La vieille femme avait 97 ans, elle était jugée très âgée **sauf / excepté** par ses petits-enfants. **f.** On a tendance à associer l'âge mûr à la fin de la vie, mais, **à l'exception de** certains domaines, on éprouve bien plus de sérénité. **g.** À notre époque, les mentalités ont beaucoup évolué **sauf / excepté** sur les discriminations liées à l'âge.

**9.** *Exemple de production :*
Je partage complètement votre avis, Carmen 67. C'est vrai qu'aujourd'hui on a tendance à être beaucoup plus exigeants face aux femmes qui vieillissent. On renvoie systématiquement une image négative lorsque les femmes ne répondent plus aux règles qu'impose la société. On condamne par exemple les cheveux blancs estimant que les femmes ne prennent pas suffisamment soin d'elles alors qu'on admire les cheveux poivre et sel des hommes. Sans doute est-il temps de faire évoluer les mentalités et bien sûr, la presse doit prendre ses responsabilités. Comme vous le soulignez, il y a également un problème de visibilité dans certains secteurs. Au cinéma par exemple, les femmes disparaissent des écrans quand elles atteignent un certain âge et ce n'est pas normal. On a l'impression parfois qu'on cherche à maintenir la vision qu'on a toujours eu des femmes de crainte qu'elles ne fassent de l'ombre aux hommes.

**10.** *Exemple de production :*
On a tendance aujourd'hui à valoriser de façon systématique les personnes qui ont acquis de la maturité. En conséquence, on écoute moins les jeunes sous prétexte qu'ils n'ont pas ou peu d'expérience. Je crois que c'est parce qu'on associe souvent les jeunes à des adolescents, incapables de réflexion et agissant de façon irréfléchie. Mais ce sont des idées reçues ! Par exemple, dans les grandes entreprises, il est fréquent qu'on pointe du doigt un directeur sous prétexte qu'il est trop jeune. Or, être jeune permet d'apporter des idées nouvelles, c'est également donner une autre image. Bien sûr, l'expérience est importante mais elle ne fait pas tout. Il me semble essentiel de ne pas se limiter à une vision strictement liée à l'âge. On parle beaucoup de l'âgisme qui frappe les personnes âgées ; mais cela existe également chez les plus jeunes !

**11.** intensité : b – syllabation : a ; f – pause : c – allongement : d ; g – intonation : e

## Bilan

**1. a.** L'âge est-il perçu différemment selon qu'on soit un homme ou une femme ? **b.** Sur le physique. **c.** La société est vieillissante. **d.** De ne pas venir en aide aux personnes âgées. **e.** D'invisibiliser les femmes. **f.** Une explication historique. **g.** Les préjugés touchent plusieurs tranches d'âges.

**2.** *Exemple de production :*
Cette illustration représente deux générations, d'une part un jeune avec son téléphone portable et de l'autre une femme à l'aspect traditionnel. Le jeune garçon navigue sur les réseaux sociaux alors que la femme plus âgée lui offre un plat cuisiné. Sans doute le jeune garçon est-il son petit-fils. C'est à lui que sont associés les nouvelles technologies et Internet symbolisés par son téléphone. Derrière la grand-mère est affiché un point d'interrogation et derrière son petit-fils, des points d'exclamation.
Ces marques d'expression visent selon moi à montrer le clivage qu'il existe entre les générations : la surprise pour le plus jeune, l'incompréhension pour la plus âgée. Le jeune garçon représente la génération du progrès, de la modernité. La femme plus âgée évoque celle des traditions et peut-être même d'une sorte d'attardement. Il est évident que les générations n'ont pas évolué au même rythme et de la même manière. Mais il faut arrêter de croire que les jeunes ont le monopole des technologies et que les plus âgés sont tout juste bons à confectionner des petits plats. On continue de véhiculer ce genre d'image si bien qu'on maintient l'âgisme, les discriminations liées à l'âge. Cette illustration montre que les deux personnes sont incapables de communiquer. Or il apparaît évident que c'est précisément dans le dialogue qu'ils peuvent se retrouver. À mon avis, c'est dans l'intérêt que chaque génération porte à l'autre que les points de vue pourront évoluer et qu'on cessera d'être dans le jugement.

**Barème :**
J'explique les clichés associés à chaque génération. *4 points*
Je donne mon avis sur l'illustration. *3 points*
J'utilise des connecteurs logiques pour organiser mon discours. *3 points*

**3. a.** Vrai. « Tante Yvonne avait dû partir se promener vers les dunes. »
**b.** Faux. « C'était sa promenade habituelle, je crois, qu'elle accomplissait parfois à des heures indues. »
**c.** Faux. « Je l'avais toujours connue vieille bien sûr, mais sans que l'âge n'altérât sa tonicité et ses fermes volontés. »
**d.** Vrai. « Si certains prétendent qu'aux plus âgés les journées semblent longues, elle disait au contraire que pour elle les jours étaient trop courts. Elle n'avait le temps de rien faire. »
**e.** Faux. « Je niai. Pas pour lui faire plaisir mais parce que ce n'était pas vrai. »
**f.** Vrai. « Par ses mots qui disaient aussi son humilité, Tante Yvonne renonçait. Cependant, avec volonté, elle acceptait le sort d'une vieillesse longue et douloureuse. »

**4.** *Exemple de production :*
Cette citation de Victor Hugo me semble très juste. C'est vrai qu'on est confronté à tous les âges de la vie, c'est mathématique. Il y a un début et une fin. On ne peut plus se sentir jeune quand on a quarante ans mais on n'est pas encore vieux. Alors qu'à

# Corrigés

cinquante ans on se sent un peu plus vieux, c'est sûr mais pas tout à fait non plus. On les subit ces catégories d'âges parce qu'on ne cesse de les entendre, par exemple dans les médias et dans différents domaines comme le sport, la mode. On les ressent aussi dans le monde professionnel, on nous le fait bien savoir quand on passe un certain âge…
Il est souvent difficile de trouver du travail après 50 ans si bien que la société s'organise avec cette idée qu'on n'est plus utile. On subit en quelque sorte son âge, sauf si décide de ne pas trop s'en soucier. Alors bien sûr, il y a toujours quelqu'un pour nous le rappeler mais le plus important c'est ce qu'on ressent dans sa tête. On peut être vieux à 30 ans si on n'a pas d'ambition et jeune à 80 ans quand on a envie d'agir, quand on reste dynamique !
En résumé, l'âge que donnent les gens ne correspond pas à l'âge que ressent chaque individu et il est important de vivre en accord avec soi-même.

**Barème :**
Je commente la citation. *3 points*
J'explique mes représentations des différents âges. *4 points*
J'utilise des connecteurs pour organiser mon commentaire. *3 points*

## DELF A2

### I Compréhension de l'oral

**Exercice 1**
1. c *1,5 point*
2. b *1 point*
3. b *1 point*
4. a *1,5 point*
5. b *1 point*
6. a *1,5 point*
7. c *1,5 point*

**Exercice 2**
1. a *1 point*
2. b *1,5 point*
3. a *1 point*
4. a *1 point*
5. c *1,5 point*
6. c *1,5 point*
7. b *1,5 point*

**Exercice 3**
1. b *1 point*
2. c *1 point*
3. b *1,5 point*
4. a *1 point*
5. b *1,5 point*
6. a *1 point*

### II Compréhension des écrits

**Exercice 1**
1. c *1,5 point*
2. b *1,5 point*
3. a *1 point*
4. c *1,5 point*
5. a *1 point*
6. b *1 point*
7. b *1,5 point*

**Exercice 2**
1. c *1 point*
2. c *1,5 point*
3. b *1 point*
4. a *1,5 point*
5. a *1,5 point*
6. b *1 point*
7. c *1,5 point*

**Exercice 3**
1. a *1,5 point*
2. b *1 point*
3. b *1 point*
4. c *1,5 point*
5. c *1 point*
6. a *1 point*

### III Production écrite
*Pistes de production :*
**Analyse de la consigne : les éléments saillants**
<u>Le contexte</u> : expliquer à qui s'adresse l'écrit et pourquoi on écrit
Réagir à la position de certains Français opposés à l'emploi de l'anglais dans leur langue.
<u>Forme textuelle</u> : s'exprimer dans un forum de discussion
Pas de format particulier pour le texte (ce n'est pas une lettre formelle) mais un certain degré de formalisme est attendu. Une formule d'appel et une formule de congé sont attendues, mais moins formelle que pour une lettre administrative. Le texte doit présenter des paragraphes (une idée principale par paragraphe).

Il est important de préciser le thème et de dégager une problématique.
**Thème :** emploi d'anglicismes en français
**Problématique :** faut-il interdire l'emploi d'anglicismes en français ? Peut-on parler d'invasion de l'anglais ?
**Prise de position :** malgré certains excès, l'emploi de termes étrangers constitue un enrichissement pour une langue.
<u>Donner des exemples pour illustrer certains excès</u> :
– En français mais aussi dans d'autres langues, certains emprunts ne sont pas toujours nécessaires : l'anglicisme « *computer* » traduit par « ordinateur » en français, « *ordenador* » en espagnol,
– Souvent on préfère la forme anglaise même quand elle provient d'une autre langue : « interview » provenant du français « entrevue »,
– Hégémonie de l'anglais, émergence du globish.
<u>Présenter des arguments en faveur des emprunts étrangers</u> :
– La langue s'enrichit, ouverture au monde et à d'autres cultures : cela fait partie de l'histoire de toutes les langues à travers les siècles, aujourd'hui on observe beaucoup d'anglicismes mais on relève aussi de nombreux emprunts à des langues comme le grec, le latin, l'arabe, l'hébreu, l'espagnol…
– Le français a eu lui-même beaucoup d'influence sur d'autres langues : italien, anglais, russe, etc.
– Les emprunts marquent une communication entre des groupes à travers des échanges linguistiques et pas seulement économiques ou artistiques, ils sont la preuve de la circulation des personnes mais aussi des idées,
– Cela montre qu'une langue est en vie, d'ailleurs on parle de langue vivante en opposition aux langues mortes comme le latin ou le grec figurant comme langues érudites et donc parlées par peu de personnes.
<u>Utiliser des connecteurs pour</u> :
– exprimer la concession : *pourtant / cependant / néanmoins / toutefois / même si / bien que / en dépit de / …*
– exprimer l'opposition : *tandis que / alors que / en revanche / par contre / à l'inverse de / contrairement à*

– introduire des exemples : *par exemple / comme / ainsi que / à la manière de / en particulier / …*
– mettre en relief : *c'est la raison pour laquelle… / ce que je pense c'est que…*

Respecter les indications de longueur du texte :
250 mots minimum ou plus (pas moins de 225 mots) ; règle de comptage des mots (*c'est-à-dire* = 1 mot ; *parce que* = 2 mots ; *je l'ai lu* = 3 mots).

## IV Production orale

*Pistes de production :*

**Monologue suivi**

Les trois parties fondamentales :
a. La thématique générale du document
b. La problématique soulevée par le document   = Introduction
c. Annonce rapide du plan
d. Présenter son point de vue sur la problématique et donner des exemples pour la prise de position = Développement
e. Conclure en ouvrant éventuellement le sujet sur d'autres perspectives = Conclusion

### Sujet 1 – Le langage humain est-il menacé par l'intelligence artificielle ?

Thème général du document : l'utilisation de l'intelligence artificielle dans les activités humaines.
Mots-clés : modèles de langage / autocomplétions / smartphone / performances / époustouflantes / programmes informatiques capables d'écrire / modèles superficiels / les humains / imprudent de s'appuyer / inventer une réponse / preuve inventée et approximative.
Problématiques possibles : Faut-il encourager l'utilisation de l'IA dans le langage ? Le langage humain va-t-il bientôt être remplacé par l'IA ? L'application de l'IA dans le langage : progrès ou danger ?
Arguments possibles : On parle beaucoup aujourd'hui de l'application Chat GPT : son inventeur a mis en garde contre ses méfaits. Exemples d'emploi de ce type d'application qui ont donné des résultats critiquables :
– réponses pré-confectionnées donc partielles ou erronées ;
– dangers : détournement à des fins malveillantes (fausses informations) ;
– plagiat ;
– simplification de la pensée ;
– approximation et appauvrissement du langage ;
– modèles imposés = limitation de l'expression ou expression uniformisée ;
– standardisation du langage = manque d'originalité ;
– application dans le domaine académique : problème de l'acquisition des connaissances.

Élargissement possible : les chatbots, exemple d'application de l'IA
– substitution homme-machine ;
– risque de manipulation ;
– perte de personnalisation.
Dans le monde du travail, chacun est remplaçable par la machine : perte d'emplois.

### Sujet 2 – L'avenir des entreprises dépendrait-il des femmes ?

Thème général du document : la place des femmes dans l'entreprise / l'accès des femmes aux postes clés dans les entreprises.
Mots-clés : femmes / hommes / postes de direction / plus rapidement / loin de la parité / équilibre H/F pas encore atteint / hautes fonctions / mise en place de politiques / égalité des chances / diversité / inclusion / plafond de verre / écart salarial / cadres / rentabilité / productivité / améliorer les résultats commerciaux / diversité des genres nécessaire.
Problématiques possibles : Quels rôles les femmes peuvent-elles jouer au sein des entreprises ? Quel atout les femmes représentent-elles pour les entreprises aujourd'hui ? Comment l'équilibre H/F favorise-t-il positivement les résultats des entreprises ? Quelle politique pour favoriser l'accès des femmes aux postes de direction ?
Problèmes rencontrés par les femmes dans le monde du travail :
– sexisme, stéréotypes, poids de l'éducation ;
– empêchement, « plafond de verre », peu d'engagement en faveur des femmes au sein des entreprises, discrimination salariale ;
– responsabilités familiales reposant souvent sur les femmes ; carrière souvent incompatible avec vie familiale.
Ce que montrent les études : lorsque l'équilibre H/F est atteint, les entreprises ont de meilleurs résultats sur le plan financier / amélioration de l'environnement de travail / meilleur équilibre entre vie professionnelle et vie privée / augmentation du choix possible entre différents candidats et meilleure valorisation des compétences / plus de collaboration, meilleure contribution = plus grande ouverture / meilleure organisation / introduction d'une culture positive.
Élargissement possible :
– mise en place de lois pour favoriser l'engagement des hommes dans la famille (congé de paternité) ;
– répartition du travail domestique ;
– organisation de l'entreprise en fonction des nécessités familiales des femmes : horaires aménagés, le recours au télétravail…

# Transcriptions

## Unité 1 — Le bonheur est-il utopique ?

### Leçon 1
### Donner une définition du bonheur

**Piste 2. Activité 1**
Quelle est votre définition du bonheur ?
**Laure,** 24 ans, étudiante
Le bonheur, pour moi c'est une philosophie de vie qui se construit petit à petit. C'est un équilibre entre tous les aspects de la vie : la vie personnelle comme la vie professionnelle. C'est également une tranquillité de l'âme qui se développe au quotidien. Le bonheur permet de trouver un chemin vers la sérénité. Pour moi, le bonheur, c'est être en harmonie avec soi-même.
**Yasmine,** 49 ans, vendeuse
C'est la santé, la famille et les enfants. Le bonheur, c'est d'être entouré des personnes qu'on aime, de s'intéresser aux autres et d'avoir de l'affection pour eux. C'est d'être bien dans sa peau aussi. Beaucoup de personnes ne savent pas vraiment apprécier les choses de la vie et souffrent de frustrations. On peut réussir à trouver le bonheur même si on n'a pas grand-chose, enfin… je pense.
**Elias,** 28 ans, responsable de magasin
Ma définition du bonheur ? C'est une question difficile ! Je crois que c'est simplement voir le bon côté de la vie, faire ce qu'on aime, être enthousiaste et savoir se faire plaisir !… Mais chacun a sa propre définition du bonheur…
**Youssef,** 33 ans, infirmier
Pour moi le bonheur, c'est de ne pas me soucier du lendemain et de vivre au jour le jour. C'est voir mes proches heureux, ou encore apporter de la bonne humeur aux personnes qui m'entourent. Dans mon métier, je rencontre beaucoup de gens qui ont souffert des vicissitudes de la vie. C'est important de les aider à retrouver des émotions positives et de l'estime de soi. Le bonheur c'est un état d'âme où les émotions positives l'emportent sur les émotions négatives. Et c'est nécessaire quand on souffre de problèmes de santé.

**Piste 3. Activité 5**
Ex. : L'idée du bonheur collectif apaisante se développe encore à notre époque.
a. Les émotions négatives ont-elles des conséquences sur notre bien-être ?
b. Ses souvenirs se sont formés à partir d'événements marquants.
c. Ton amitié exigeante m'agace !
d. Il se sent souvent frustré de ne pas susciter l'intérêt de ses collègues.
e. Elle fait preuve d'une tranquillité d'âme réconfortante.
f. La philosophie est un moyen intelligent d'accéder à la connaissance de soi.

### Leçon 2
### Analyser des idées reçues

**Piste 4. Activité 5**
Ex. : Nous n'avons guère le temps de nous attarder.
a. Nul ne peut connaître la solitude mieux que lui.
b. Il n'a guère de raison d'être malheureux.
c. Aucune remarque n'aurait pu la blesser autant.
d. Il était déprimé mais il ne l'a jamais dit à personne.
e. Personne ne peut jamais atteindre un tel bonheur.
f. Ils ne font jamais rien ensemble.
g. Certains pensent qu'aucun bonheur n'est possible dans ce monde.

### Leçon 3
### Envisager le bonheur

**Piste 5. Activité 3**
1. le Produit intérieur brut
2. un don
3. un échange monétaire
4. le niveau de vie
5. une communauté
6. le Produit national brut
7. une gouvernance
8. une nation
9. la municipalité

**Piste 6. Activité 5**
Ex. : Les familles pourraient améliorer sensiblement leurs conditions de vie grâce à ce projet.
a. Dans ce sondage, 18 % des gens disent se sentir extrêmement heureux.
b. On doit pouvoir également s'interroger sur la question du bonheur au travail.
c. Je me pose de temps en temps des questions sur mon bonheur.
d. Nous avons absolument besoin d'exercices de relaxation pour limiter le stress.
e. 38 % des répondants ont parfois le sentiment d'être heureux dans leur vie professionnelle.
f. Les indicateurs internationaux devraient vraiment prendre en compte le bien-être de la population.

**Piste 7. Activité 10. Phonétique**
Qu'est-ce qui fait le bonheur ? Ah cette question… On a tous envie d'avoir une réponse bien établie pour pouvoir l'appliquer et la mettre dans sa vie. Alors comment être sincèrement heureuse et apprécier pleinement son quotidien ? D'ailleurs est-ce que vous savez apprécier le bonheur qui se présente chaque jour à vous ?

### Bilan

**Piste 8. Activité 1**
France Culture, *Avec philosophie*, Géraldine Muhlmann.
**Journaliste :** Aujourd'hui, je vous propose un entretien avec le philosophe André Comte-Sponville,

avec pour fil conducteur cette interrogation : la philosophie a-t-elle encore quelque chose à dire du bonheur ? [...] André Comte Sponville, peut-on dire que vous aussi vous pensez le bonheur à partir de la tristesse, comme quelque chose qui parvient à interrompre la tristesse, à la suspendre ?

**André Comte Sponville :** Ce qui interrompt la tristesse, c'est moins le bonheur que la joie. Mais c'est vrai que, peut-être par tempérament, en fonction de mon histoire, de mon enfance, c'est vrai que l'expérience de la tristesse me paraît plus prégnante que celle du bonheur. D'ailleurs, on peut se poser la question, on y reviendra, le bonheur existe-t-il ? Et qu'est-ce que c'est ? [...] Alors avant de dire ce qu'est le bonheur, commençons par dire ce que ce n'est pas. Le bonheur, ce n'est évidemment pas une joie constante, permanente, immuable. Ça, c'est ce que j'appelle la félicité, et bien sûr la félicité, ça n'existe pas. Parce que l'idée, l'expérience même de la joie nous apprend qu'elle est fluctuation, jaillissement, impermanence. Donc le bonheur, ça n'est pas la félicité, ça n'est pas une joie constante. Le bonheur, ça n'est pas non plus, contrairement à ce qu'écrit Kant parfois, la satisfaction de tous nos désirs, autrement dit le bonheur ce n'est pas non plus la satiété. Ce que j'appelle la satiété, c'est la satisfaction de tous nos désirs qui d'une part serait formidablement ennuyeuse si elle était possible, mais qui d'autre part est impossible, pourquoi ? Parce que nos désirs sont ouverts à l'infini. Et comme notre vie est toujours vouée à la finitude, bien par définition, une vie vouée à la finitude ne pourra jamais satisfaire l'infinité de nos désirs. Donc, si le bonheur ça n'est pas la félicité, une joie constante, si le bonheur ce n'est pas la satiété, la satisfaction de tous nos désirs, qu'est-ce que c'est ? Alors la définition que je vais vous proposer va vous paraître d'abord terriblement triviale et je crois qu'en fait elle est très éclairante. Ma définition, c'est de dire que le bonheur c'est simplement le contraire du malheur. Alors vous allez me dire : « on n'est pas très avancé. » On est considérablement avancé. Parce que le bonheur, à la limite, je ne sais pas ce que c'est – idéal de l'imagination, non de la raison – le malheur je sais ce que c'est. Je l'ai vécu. Et nous sommes des millions à l'avoir vécu. Et donc, on va pouvoir s'appuyer sur l'expérience vraie du malheur pour savoir par différence ce qu'est le bonheur, puisque le bonheur par hypothèse c'est le contraire du malheur. Donc, le malheur, ce n'est pas un idéal, c'est une expérience. Alors, qu'est-ce que le malheur ? Mon expérience du malheur m'amène à dire que j'appelle malheur tout laps de temps, toute durée où la joie paraît immédiatement impossible. Vous vous réveillez le matin, la joie n'est pas là, et vous savez de source sûre qu'elle ne sera pas là de la journée, ni les jours ou les semaines qui vont venir. La joie vous paraît impossible : c'est ce que j'appelle le malheur. Le bonheur, disais-je, c'est le contraire du malheur. Alors si le malheur c'est tout laps de temps où la joie paraît immédiatement impossible, j'appelle bonheur tout laps de temps, toute durée, où la joie paraît immédiatement et continûment possible.

## UNITÉ 2 Sommes-nous prisonniers de notre apparence ?

### Leçon 5
### Raconter une discrimination

**Piste 9. Activités 1 et 2**

Mon nom est Gracia, je suis handicapée visuelle et Fantom est mon chien guide. C'est lui qui me suit partout, qui me permet de me déplacer et d'avoir une certaine indépendance. J'ai eu un problème de discrimination envers mon chien guide lorsque j'ai voulu m'inscrire dans un gym pour pouvoir m'entraîner. « Ben écoutez, je suis ici parce que j'aimerais venir m'entraîner, j'aimerais m'inscrire à un gym, mais je suis handicapée visuelle, donc j'ai très peu de vision et je me déplace avec un chien guide. Est-ce que vous avez un problème à ce que je vienne m'entraîner avec mon chien ? »

Les propriétaires ont tout simplement refusé en me donnant des raisons comme des problèmes d'allergies, des problèmes d'endommagement de planchers, en me disant qu'ils ne voulaient pas perdre de business à cause de moi et mon chien. On m'a demandé de peut-être pouvoir aller au gym à des heures où il y avait presque personne ou d'y aller sans mon chien, mais d'y aller avec quelqu'un.

« Moi ce que je veux c'est avoir une vie comme tout le monde. J'ai un empêchement, je ne vois pas, mais à part ce handicap visuel, le reste tout y est. »

Je lui ai expliqué qu'on ne demande pas à quelqu'un qui est en fauteuil roulant de laisser son fauteuil roulant à la porte, alors on ne peut pas demander à quelqu'un qui est handicapé visuel de laisser son chien à la porte.

Ce qui m'a motivée à porter plainte à la commission, c'était que ce n'était pas le premier incident auquel je faisais face. Des gens qui me refusaient l'entrée dans des endroits publics à cause de mon chien guide. [...] Mais cette fois-ci ça avait été tellement profond, vraiment blessant. En appelant la Commission des droits de la personne, on m'a très bien conseillée. On m'a dit que dans aucun contexte, je ne devais me sentir différente de quiconque que j'avais les mêmes droits que tout le monde. [...]

La motivation que j'ai eue à me rendre jusqu'au tribunal, c'était vraiment pour faire la différence. Pour moi, c'était important que les gens comprennent, c'était important que, spécifiquement dans ce cas-là, les gens de gym puissent comprendre à quel point c'était dévastateur leur refus et la façon dont ça avait été fait. Et ce que ça signifiait pour une personne comme moi qui est handicapée visuelle de pouvoir être autonome et d'être respectée.

# Transcriptions

### 🎧 Piste 10. Activité 5
1. une devise
2. une affaire
3. une décision de justice
4. une faute lourde
5. être bafoué
6. accuser
7. déposer une plainte
8. faire appel
9. un avocat
10. une condamnation

## Leçon 6

# Imaginer l'humain du futur

### 🎧 Piste 11. Activité 5
**Ex. :** Dans le futur, les progrès technologiques permettront d'améliorer les situations de handicap.
a. Les chercheurs ont montré que le cerveau continuera d'augmenter de volume.
b. L'intelligence artificielle se sera énormément perfectionnée dans dix ans.
c. Les capacités humaines dépasseront tout ce que nous avons pu imaginer.
d. Quand vous aurez terminé les tests sur les prothèses bioniques, nous les essaierons.
e. En 2035, les implants oculaires se seront encore améliorés et certaines maladies ne seront plus qu'un vieux souvenir.
f. Bientôt, tous les organes pourront être remplacés grâce aux techniques de l'impression en 3D.
g. Si les technologies restent au service des malades, l'humanité aura vraiment progressé.

### 🎧 Piste 12. Activité 8
**Ex. :** La technologie au service de la médecine devrait améliorer la situation des personnes malades.
a. Dans le futur, les aveugles pourraient retrouver une acuité visuelle grâce aux implants oculaires.
b. La généralisation des prothèses auditives devrait réduire les difficultés rencontrées par les personnes sourdes dans leur vie quotidienne.
c. Nous, les humains, pourrions avoir des capacités physiques augmentées grâce aux biotechnologies.
d. Dans plusieurs milliers d'années, le crâne des êtres humains devrait être plus gros.
e. Dans cinquante ans, les prothèses bioniques devraient être moins chères et remplacer les prothèses mécaniques.
f. Avec les progrès de l'intelligence artificielle, on pourrait améliorer la vie de toutes les personnes handicapées.
g. Les organes imprimés en 3D devraient se développer dans les prochaines années.
h. Mal dirigées, les biotechnologies pourraient devenir dangereuses pour l'humanité.

## Leçon 7

# Parler de son apparence

### 🎧 Piste 13. Activité 4
**Ex. :** informe – mou – serré – large
a. la tenue – les vêtements – la matière – l'uniforme
b. mou – rigide – dur – serré
c. le coton – les matières synthétiques – la laine – le cuir
d. un jogging – un pull – des chaussures – une tenue
e. bas de gamme – de bonne qualité – haut de gamme – de luxe

## Bilan

### 🎧 Piste 14. Activité 1
**Présentateur :** Une question à présent : « L'habit fait-il le moine ? » Le poids des apparences est en tout cas considérable au travail, constat du défenseur des droits Jacques Toubon, qui rappelle que les entreprises ont des obligations en la matière, alors que les discriminations sur le physique sont trop souvent acceptées avec un peu de fatalisme. Mais la parole se libère peu à peu.
Un papillon tatoué sur la gorge, des lettres sur les doigts. Pour Sophia, 21 ans, vendeuse en cosmétique, ces tatouages sont la cause de son licenciement.
**Sophia :** Comment on en est encore là à juger les gens uniquement sur l'apparence et pas sur le travail qu'ils font. Quand je travaillais dans l'entreprise où j'ai été licenciée, je fidélisais les clients, je m'entendais super bien avec ma manager. On me disait que je faisais du bon travail.
**Présentateur :** Les employeurs sont fascinés sans s'en rendre compte par leur idée de la beauté, selon Jean-François Amadieu, sociologue et auteur du livre *La société du paraître*.
**Jean-François Amadieu :** Toutes les qualités s'attachent à la belle personne, par exemple qu'elle est intelligente, ce qui est évidemment ridicule. Et puis, il y a après, l'idée que le client a certains goûts, certaines préférences. Il y a aussi dans la discrimination en raison de l'apparence physique d'autres motifs qui sont très liés. Une personne obèse, les employeurs vont penser que c'est une personne qui aura des problèmes de santé, pour prendre cet autre exemple.
**Présentateur :** En France, l'apparence physique est le deuxième motif de discrimination cité par les demandeurs d'emploi.

# Transcriptions

## Pouvons-nous encore sauver la planète ?

### Leçon 9
### Faire un état des lieux sur la pollution

**Piste 15. Activité 5**
1. la mélatonine
2. une cellule
3. une hormone
4. un superorganisme
5. un virus
6. perfuser
7. se renouveler

### Leçon 10
### Alerter le public sur un risque

**Piste 16. Activité 1**
Aujourd'hui, dans notre chronique environnement, nous allons nous intéresser à notre consommation d'eau. Savez-vous ce qu'est l'eau virtuelle ? C'est toute l'eau nécessaire pour produire ce que nous consommons. Par exemple, si vous achetez un kilo de bœuf chez votre boucher, vous consommerez aussi, sans le savoir, les milliers de litres d'eau qui ont été nécessaires pour produire cette quantité de viande, 13 000 litres précisément. C'est l'équivalent de cent baignoires correctement remplies ou d'une petite piscine de jardin. Si vous consommez en plus votre rôti de bœuf autour d'une piscine, après avoir pris un bain, vous devrez vous questionner sur votre « empreinte eau ». C'est un concept voisin de celui d'eau virtuelle forgé à partir de la notion d'empreinte écologique, pour favoriser une prise de conscience des conséquences de notre mode de vie sur les ressources disponibles de la planète. Quand on comprend que 70 % de l'eau utilisée par les activités humaines sont consacrées à la production alimentaire, on réalise que beaucoup de pays qui importent des produits alimentaires importent également chaque année des millions de litres d'eau. Mais ce commerce demeure invisible puisque l'eau est dissimulée par les aliments qui la contiennent. Explications.
En fait, l'eau virtuelle n'est pas aussi virtuelle qu'elle en a l'air. C'est de l'eau réelle à la base, simplement, ce n'est pas celle que nous voyons quand nous consommons notre steak. Il s'agit d'abord de l'eau qui a été nécessaire pour produire les plantes qui seront consommées par l'animal et ensuite les besoins en eau de cet animal lui-même au cours de sa vie. Et les plantes sont grandes consommatrices d'eau ! Parce que pour qu'une plante se développe bien, il faut qu'elle perde de l'eau dans son environnement. C'est en perdant de l'eau qu'elle absorbe du carbone et donc qu'elle se fabrique elle-même. Donc lorsqu'on prend en compte l'ensemble de cette eau qui a été nécessaire, on arrive à ce chiffre un peu hallucinant de 13 000 litres d'eau par kilo de viande de bœuf ! Pensez-y quand vous irez chez votre boucher ! À demain !

**Piste 17. Activité 3**
Ex. : un(e) hydrologue
a. la canicule
b. s'évaporer
c. une vague de chaleur
d. le cycle de l'eau
e. l'eau cachée
f. un produit local
g. On est loin du compte.
h. C'est la dernière ligne droite.

**Piste 18. Activité 8**
Ex. : Si nous mangions moins de viande rouge, nous consommerions moins d'eau.
a. Si je n'étais pas allé à cette conférence, je ne connaîtrais pas l'impact de l'alimentation carnée sur la ressource en eau.
b. Si les gens allaient plus souvent manifester, les décideurs se mobiliseraient peut-être davantage.
c. Si on limite l'agriculture intensive, les gens consommeront plus de produits locaux.
d. Si les préparatifs de la manifestation n'avaient pas duré aussi longtemps, nous aurions pu participer à la réunion de crise sur le climat.
e. Si la ressource en eau avait été mieux gérée cet été, la commune n'aurait pas à subir des coupures d'eau.
f. Si vous aviez vu les statistiques sur les volumes d'eau utilisés dans l'agriculture, vous auriez déjà inclus les légumineuses dans votre alimentation.
g. Si nous nous mobilisons tous pour la protection de la planète, nous pourrons sauver la biodiversité.

### Leçon 11
### Proposer des solutions

**Piste 19. Activité 5**
Ex. : Les experts évoquent les derniers indicateurs concernant l'émission de $CO_2$.
a. Les architectes estiment important de mieux isoler les maisons et d'utiliser des matériaux naturels.
b. Nous suggérons d'interdire définitivement les centres-villes aux voitures.
c. Les médias soulignent l'importance de privilégier la sobriété dans nos modes de vie.
d. Dans son analyse, le spécialiste de l'eau a préconisé une forte réduction de la consommation de viande.
e. Le dernier rapport du GIEC se penche sur l'accélération du réchauffement climatique.
f. Ce philosophe considère nécessaire de réfléchir à notre rapport à la vie.
g. La page web de la mairie préconise la mobilité douce pour se déplacer en ville.

# Transcriptions

### 🎧 Piste 20. Activité 10. Phonétique
*Alors qu'est-ce qu'on peut faire pour améliorer la situation ?*

Je sais pas, je pense qu'y a beaucoup de choses, d'abord, c'est pas difficile de baisser la température à la maison, y a pas de problème pour se chauffer un peu moins. Et pi, y m'semble qu'on peut réduire not' consommation d'eau, qu'est sans doute trop importante. Voilà, c'que j' peux dire sur ça.

## Bilan

### 🎧 Piste 21. Activité 1
**Journaliste :** Bonjour, bienvenue dans notre émission « L'état de la planète ». Le GIEC a publié le 4 avril dernier, le troisième et ultime volet de son 6ᵉ rapport consacré à l'atténuation du changement climatique. Et bonne nouvelle, il y a encore des solutions !
Le président du GIEC nous dit que : « Nous sommes à la croisée des chemins. Les décisions que nous prenons maintenant peuvent garantir un avenir vivable. Nous avons les outils et le savoir-faire nécessaires pour limiter le réchauffement climatique. » C'est encourageant, non ? Alors, quelles actions concrètes pouvons-nous mettre en œuvre ? Quelles sont les solutions des experts pour sauver la planète ? C'est aujourd'hui les questions que nous allons poser à Dominique Manin, spécialiste du climat. Bonjour Dominique Manin.

**Dominique Manin :** Bonjour. Alors le GIEC nous suggère d'abord d'oublier les énergies fossiles. En effet, 80 % de l'énergie que nous consommons provient de ces énergies, en l'occurrence le gaz, le pétrole ou encore le charbon. Or, le traitement, l'extraction et le transport de ces combustibles génèrent une pollution considérable. Saviez-vous que notre production actuelle d'énergie est responsable d'un tiers des émissions de gaz à effet de serre de la planète ?

**Journaliste :** C'est beaucoup en effet ! Mais alors comment pouvons-nous trouver cette énergie dont nous avons besoin ?

**Dominique Manin :** Pour compenser ces besoins, le GIEC préconise le développement des énergies renouvelables, par exemple les éoliennes ou le solaire… Elles ont l'avantage d'être bas-carbone ou totalement neutres. Petit rappel : l'effet de serre est essentiel à la vie sur Terre, car il contribue à maintenir la température moyenne à la surface de la planète. Ce qui est un problème, c'est l'augmentation des gaz à effet de serre, naturellement présents dans l'atmosphère comme le dioxyde de carbone et le méthane. Mais si l'on voulait parvenir rapidement à la neutralité carbone, c'est-à-dire un équilibre entre les émissions de carbone et l'absorption du carbone de l'atmosphère, passer aux énergies renouvelables ne suffirait pas. En effet, certaines industries restent et resteront très gourmandes en énergie fossile. Le GIEC recommande alors de développer en parallèle des systèmes de captage de $CO_2$, comme la création de surface végétalisée, avec des plantations qui permettent de stocker le carbone. Enfin, il faut réduire notre demande énergétique. Et c'est là que notre responsabilité individuelle entre en jeu ! Les experts du GIEC préconisent des changements structurels et citoyens pour réduire la demande énergétique. L'objectif : atteindre une sobriété énergétique. Celle-ci consisterait par exemple, à réduire notre consommation de produits d'origine animale et à s'alimenter avec des produits locaux mais aussi à limiter le gaspillage alimentaire. Les propositions sont nombreuses… Les solutions pour nous prémunir des pires conséquences de la crise climatique existent déjà ; il faut maintenant les mettre en œuvre. Et dans cette démarche, le rôle des États est crucial : des mesures concrètes et rapides doivent être prises.

**Journaliste :** Merci beaucoup Dominique Manin pour ce résumé du rapport du GIEC, eh oui, des solutions existent mais il faut agir vite ! À la semaine prochaine pour d'autres nouvelles sur l'état de la planète !

## UNITÉ 4 — Les langues sont-elles sacrées ?

### Leçon 13
### Expliquer une évolution

### 🎧 Piste 22. Activité 1
Beaucoup d'entre vous se demandent pourquoi l'orthographe du français est si compliquée. Qu'est-ce qui, dans l'histoire, explique ses difficultés, ses particularités ?
Eh bien, il faut savoir qu'à l'origine, il n'y avait pas de règles. Les grands auteurs tels que Molière écrivaient comme ils voulaient… au point que certains mots variaient d'un livre à l'autre. Molière a donc laissé son nom à la langue, *la langue de Molière*… mais pas son orthographe ! Et c'est au moment de la création de l'Académie française que les choses ont complètement changé. L'objectif était très clair dès le départ : contrôler et complexifier la langue. Dans le premier dictionnaire de 1835, l'Académie française mit en place des termes volontairement difficiles avec un doublement des consonnes, avec un ajout de lettres… Et pour ce faire, elle décida de faire des clins d'œil au grec et au latin antiques. Mais en réalité, cela ne correspond pas toujours à l'étymologie des mots ! « Style » par exemple devrait s'écrire avec un i puisqu'il est issu du latin *stilus* s, t, i, l, u, s… mais on y ajouta un *y* ! Que l'on soit bien clairs, les langues étrangères ont influencé le français… alors le grec et le latin, oui… mais aussi le germanique, l'italien, l'arabe. 35 % des mots empruntés proviennent de ces langues !
Mais revenons à l'orthographe. Au 19ᵉ siècle, au moment de la création de l'Académie, les auteurs acceptèrent les nouvelles règles et s'y conformèrent, de même que les nobles, les bourgeois… parce que l'objectif était très clairement de distinguer les « gens de lettres » des ignorants. Il ne faut pas oublier qu'à

cette période, il y avait peu de lettrés, l'école était réservée à une élite. La maîtrise de la langue devint même, peu à peu, un facteur de sélection. C'est ainsi qu'on mit en place la tradition de la dictée. Par exemple, parmi les instituteurs, seuls ceux qui avaient passé le test de la dictée étaient habilités à enseigner. Ces dernières années, on a essayé de proposer des simplifications de l'orthographe pour rétablir les vraies origines de la langue. Nénuphar avec *ph* doit... devrait désormais s'écrire avec un *f* au lieu du *ph*... Mais il faut reconnaître que, même si l'Académie française a perdu en pouvoir et n'est plus tout à fait une référence aujourd'hui... eh bien, les changements dans la langue rencontrent toujours des résistances. Les Français sont très attachés à leur langue... et à ses contradictions !

### Piste 23. Activité 5
**Ex. :** Dans les foyers, les familles parlèrent progressivement français.
a. Les enfants craignaient les hussards noirs de la République.
b. Le président choisit Jules Ferry comme ministre de l'Instruction publique.
c. L'imposition du français comme langue officielle a valu de nombreuses années de lutte.
d. En 1994, un ministre inscrivit le français dans un cadre juridique en l'imposant dans plusieurs domaines.
e. De nombreuses prises de position ont eu lieu autour de la féminisation des noms de métier.
f. Le code du patrimoine éleva le français et les langues régionales au rang de trésor national en 2003.

## Leçon 14
## Adapter son registre

### Piste 24. Activité 3
**Ex. :** J'ai lu *Le Petit Prince* quand j'étais au collège et puis plus tard, quand j'ai eu mes enfants.
a. T'as connu les albums d'MC Solaar ? Moi j'kiffais « Caroline ».
b. Je doute que les chansons actuelles fassent vraiment évoluer la langue.
c. Y a de plus en plus de mots anglais en français. C'est dingue !
d. Le verlan est toujours présent dans la langue mais j'ai pas l'impression qu'on crée de mots nouveaux.
e. Un ministre s'est félicité de l'inventivité d'Aya Nakamura. J'suis pas sûr que ce soit vraiment une avancée !
f. Il faut reconnaître que la littérature a grandement influencé la syntaxe à l'époque.
g. On peut faire une bonne chanson en mode métaphores. Faut pas croire que les jeunes les captent pas.

### Piste 25. Activité 6
**Ex. :** Des romans ? Il en lit plusieurs chaque mois.
a. Aujourd'hui la musique est une des références chez les jeunes. Ils y trouvent beaucoup de leurs préoccupations.
b. Les parents se plaignent souvent de la façon de parler de leurs enfants car ils ne les comprennent pas.
c. Jean Rochefort cherche à toucher les plus jeunes dans *Les Boloss des Belles Lettres*, il s'adresse à eux avec beaucoup d'humour et en adaptant son registre de langue.
d. Mon prof m'a proposé de faire un exposé sur la langue utilisée par les rappeurs.
e. *Le Petit Prince* est mon livre préféré. Je l'ai lu dans plusieurs langues.
f. Les dictionnaires papier vont peut-être disparaître, on s'en sert de moins en moins.

## Leçon 15
## Parler de son rapport au français

### Piste 26. Activité 1
**Femme 1 :** Alors moi, ce que j'adore dans le français, ce sont les traditions. J'adore écouter les discours, les choses très formelles, quand il y a vraiment du style dans la langue... Je trouve que le français est encore plus musical dans ces situations. Parce que, pour moi, le français c'est vraiment la langue de la poésie. J'aime beaucoup les auteurs classiques d'ailleurs... Mais il faut reconnaître qu'on n'entend plus beaucoup de bon français et je trouve ça franchement dommage !
**Homme 1 :** Pour moi, le français est une langue hyper compliquée parce qu'il y a plusieurs français. On ne parle pas de la même manière dans la rue, avec des potes ou au boulot. Au boulot il faut faire genre, ça demande beaucoup d'efforts et je ne parle même pas des mails... franchement, je pige pas pourquoi on simplifie pas un peu la langue, il y a des règles trop compliquées, il faut toujours être en mode grammaire rien que pour écrire au passé... On serait peut-être un peu moins jugés si c'était plus simple.
**Homme 2 :** Le français n'est pas ma langue maternelle mais je l'ai aimé dès que je l'ai entendu. À vrai dire, je l'ai découvert à travers les chansons de France Gall, j'adorais sa voix et ses textes. Maintenant que je suis en France, je me régale de pouvoir utiliser cette langue au quotidien, il y a encore des mots ou des tournures que je ne comprends pas parfois mais j'aime bien certaines expressions très imagées comme « prendre le soleil », « Je ne sais plus où donner de la tête »... celle-là, je l'adore ! Et c'est souvent le cas pour moi, je suis tout le temps débordé !
**Femme 2 :** Moi je suis très attachée au français et ce n'est pas seulement parce que je suis prof de français ! C'est vrai que la langue est compliquée, qu'on a beaucoup de règles et surtout beaucoup d'exceptions mais c'est aussi ce qui fait le charme de cette langue, vous ne trouvez pas ?

### Piste 27. Activité 5
**Ex. :** J'ai découvert le français il y a dix ans seulement et je suis tombée amoureuse de cette langue.
a. Ma vision du monde a évolué depuis que je connais le français et je suis certain qu'elle évoluera encore à mesure que j'en connaîtrai les subtilités.

b. J'entretiens un rapport particulier avec le français écrit. Je n'aime rien tant que la littérature du 19e siècle.
c. Je tiens à ce que l'on parle un français correct dans cette classe. Je ne tolérerai d'écarts ni à l'écrit, ni à l'oral.
d. Thomas, tu ne penses pas qu'on devrait mieux sélectionner les chansons qu'on écoute pour se préparer à nos épreuves orales ?
e. Il faudrait qu'on accorde plus de place aux mots que les jeunes inventent pour qu'ils aient une autre vision du français !
f. Peut-être aurait-il fallu que l'on soit plus rigoureux dans le respect des règles de grammaire.
g. Pourquoi je ne peux pas repasser mon examen ?

### Piste 28. Activité 7

J'ai peur que le français évolue dans le mauvais sens. On a de plus en plus tendance à accepter certains écarts de langage, on est de moins en moins respectueux des règles. Pour moi, le français c'est celui que j'entends dans les vieux films, cette façon de parler pleine d'images, avec des termes précis. Si on compare un film des années 50 à un film actuel, le fossé est impressionnant. Ça en dit long sur notre rapport à la langue ! Ne serait-ce que dans la façon de prononcer les mots, de les articuler ! Je ne dis pas qu'il ne faut pas qu'une langue évolue. C'est normal, elle se nourrit des époques mais elle doit respecter les traditions... être à mi-chemin entre les traditions et les progrès. Si on ne se méfie pas, il ne sera plus possible dans cent ans de lire des romans des siècles passés, parce qu'on ne les comprendra plus !

### Piste 29. Activité 9. Phonétique

Ex. : Tu peux reprendre du début ?
a. Il a lu tous ces livres.
b. Il reviendra tu penses ?
c. Zoé connaît les paroles. Par cœur ?
d. Tu lis souvent ?
e. Nous préférons les romans, généralement !
f. Il adore... la grammaire française !
g. Pourquoi il ne vient pas ?

## Bilan

### Piste 30. Activité 1

**Journaliste :** Les Français sont attachés à leur langue mais quel français parle-t-on en France ? Questions et réponses avec l'invité de la Une francophone. [...] Bonjour Julien Barret.
**Julien Barret :** Bonjour.
**Journaliste :** Alors, vous êtes journaliste, spécialisé dans les questions linguistiques, dans les jeux de mots, la rime, le rap et vous publiez chez l'Harmattan *Tu parles bien la France*, sous-titré *Essai sur la langue française aujourd'hui*. On peut dire que c'est un livre plaidoyer pour une langue française vivante, en évolution permanente, contre les conservatismes qui figent le français dans une langue, en fait, il faut bien le rappeler, une langue qui date du 18e siècle.

**Julien Barret :** Oui, la langue écrite, on pourrait dire qu'elle a peu évolué ou pas beaucoup depuis Voltaire. La langue orale, enfin, celle qu'on parle, elle a beaucoup changé et il y a une tendance puriste en France qui consiste à la mettre sous verre, dans du formol pour qu'elle n'évolue pas. Les évolutions de l'orthographe sont compliquées, les emprunts à des termes arabes, gitans, américains sont mal vus et c'est difficile alors même que... on parle une langue qui change, y a un point de vue intégré en général un peu inconscient qui consiste à refréner cette tendance et à se corriger les uns les autres. [...]
**Journaliste :** Alors, vous dites que pour vous... l'important, plutôt que l'orthographe, c'est la grammaire, la construction de la phrase qui importe.
**Julien Barret :** Ou la syntaxe. [...]
**Journaliste :** Alors, il y a eu beaucoup de tentatives de réformes de simplification du français. La dernière date de 1990 et vous êtes clairement pour.
**Julien Barret :** Alors, simplification, ça appelle plein de grands mots et de mœurs qui surgissent avec le nivellement par le bas. Simplifier c'est abêtir, il s'agit parfois, par exemple de dire que nénuphar s'écrit avec un *f* au lieu du *ph* qui a été rajouté de façon totalement fausse en 1935 par un académicien pour une édition du *Dictionnaire de l'Académie*. De dire qu'on l'écrit avec un *f*, c'est une simplification mais qui rend hommage à l'histoire de cette langue.
**Journaliste :** Ça va vite mais une dernière question : les emprunts aux langues étrangères, souvent ça fait peur, on dit que ça menace la langue française. Vous dites : « pas du tout, ça l'enrichit. »
**Julien Barret :** Bien sûr, le français a donné plein de ses termes à l'anglais qui lui a rendu. Aujourd'hui, effectivement, y a un problème avec l'anglais managérial, le produit, process, culture, client, etc. mais le fait que la langue française se nourrisse de termes étrangers et qu'elle les intègre, et qu'elle fasse une orthographe française à partir de ça, eh bien, c'est une richesse.
**Journaliste :** Pour comprendre que notre langue est une langue vivante, je renvoie à votre livre *Tu parles bien la France*, donc, Julien Barret. Merci beaucoup.
**Julien Barret :** Je vous remercie beaucoup.

## UNITÉ 5 — La politique est-elle l'affaire de tous ?

### Leçon 17

#### Définir des droits et des devoirs

### Piste 31. Activité 7

Ex. : Faisant partie de l'Union européenne, ce pays a pu bénéficier d'une protection.
a. Les États membres ont jugé ce nouvel article satisfaisant.

b. Il a pu devenir conseiller municipal en Espagne étant citoyen européen.
c. Cette charte reprenant les règles au sein de l'entreprise a suscité de nombreuses polémiques.
d. Il est évident que nous ne pouvons nous satisfaire de cette décision.
e. L'étudiant a émis des hypothèses en comparant les textes de 1789 à ceux de 1795.
f. Profitant de la citoyenneté de superposition, cette famille a pu s'installer dans un pays de la communauté européenne.

## Leçon 18
### Défendre un engagement

**Piste 32. Activité 4**
1. Action d'annuler une loi.
2. Action qui consiste à informer la police ou la gendarmerie d'une infraction.
3. Moyens mis en œuvre de façon sévère.
4. Fait de causer un dommage ou un préjudice.
5. Activités contraires à la loi.
6. Regroupement de personnes qui saisissent un tribunal.

**Piste 33. Activité 7**
Ex. : Les manifestants se sont fait contrôler avant le départ du cortège.
a. Pendant la réunion, les membres du collectif se sont interrogés sur la poursuite de la mobilisation.
b. Les manifestants sont mécontents car la discussion avec le maire se fait toujours attendre.
c. Le cortège s'est rapidement dispersé avec l'intervention des forces de l'ordre.
d. La reconduite de la grève s'est conclue après plusieurs heures d'échanges.
e. L'État a fait un pas vers la résolution du conflit.
f. Les pouvoirs publics espèrent que les manifestants se laisseront convaincre par leurs propositions.
g. Deux promeneurs se seraient fait surprendre par la montée des eaux.

## Leçon 19
### S'interroger sur le droit de vote

**Piste 34. Activité 1**
En plus des 14 millions d'abstentionnistes, de nombreux électeurs ont voté blanc ou nul dimanche dernier, près de 3 millions quand même ! Soit l'équivalent d'une ville comme Bruxelles ! Un score que les petits candidats auraient aimé atteindre. Mais qu'est-ce qui distingue le vote blanc du vote nul ? Les premiers désignent les enveloppes vides ou les bulletins vierges, les seconds comportent des ratures, portent le nom d'une personne qui ne se présente pas ou présente des déchirures, des découpages… ou tout autre chose qu'un bulletin de vote ! Mais que contiennent donc ces bulletins ?
Les votes nuls se divisent en : Les Emmanuel Macron barrés, les Marine le Pen rayées, Emmanuel le Pen, Marine Macron. On y trouve également des photos de famille, des nostalgiques de la Coupe du monde 98, des fans de Dalida, des admirateurs d'hommes politiques qui appartiennent au passé, une carte d'électeur. Mais aussi du jambon, du saucisson, du fromage à pâte molle, à pâte cuite, du papier toilette. Les créatifs sont bien inspirés, on y trouve des mots croisés, un origami, un photomontage, une liste de courses, des paroles de chanson, des slogans militants, des hommages au peintre Miro, à Jean Cocteau. On découvre à travers cet inventaire que notre démocratie, loin d'être moribonde, fourmille d'inventivité et que le vote nul n'est pas seulement un vote de contestation mais un camaïeu de nuances, d'idées certes pas toujours réalistes mais d'une poésie indéniable dont le président réélu aurait tort de ne pas s'inspirer.

**Piste 35. Activité 10. Phonétique**
Ex. : Il y a eu des désaccords.
a. la constitution européenne
b. l'autre accord
c. aussi efficace
d. une élection
e. le vote utile
f. des riverains en colère
g. le maire a dit
h. un scrutin approuvé

### Bilan

**Piste 36. Activité 1**
**Journaliste :** Bonjour. Nous accueillons aujourd'hui Samuel Lecerf, membre du conseil municipal des jeunes d'Aulnay-Sous-Bois et Valérie Cortes, éducatrice spécialisée auprès d'adolescents pour parler de l'engagement des jeunes en politique. Bonjour à tous les deux.
**Valérie Cortes :** Bonjour.
**Samuel Lecerf :** Bonjour.
**Journaliste :** Samuel pour commencer. Vous avez 20 ans mais vous êtes déjà engagé en politique depuis quelques années, vous n'avez pas le sentiment d'être différent de vos camarades d'université ?
**Samuel Lecerf :** Ça m'est arrivé, c'est vrai, parce que tous les jeunes ne sont pas forcément informés de ce qui se passe en politique. Ça semble à mille lieux de nos préoccupations. Et puis, c'est difficile d'être jeune aujourd'hui, on a beaucoup d'interrogations sur notre avenir notamment, nos études, notre futur travail et on se rend bien compte parfois que les choses mettent du temps à évoluer et que la politique ne semble pas pouvoir y faire grand-chose. Mais c'est justement notre mission en tant que jeunes représentants municipaux : se tenir au courant de ce qui se passe dans notre commune, faire des propositions mais aussi informer, faire évoluer les mentalités…
**Valérie Cortes :** Il faut reconnaître que c'est un atout pour les jeunes de pouvoir s'adresser à d'autres

jeunes. Il y a souvent un rejet des adultes. Mais, pour en revenir à votre question de départ, je le vois dans mon quotidien, il y a de vrais questionnements des jeunes. On a tendance à les associer aux réseaux sociaux, aux technologies. Peut-être mais c'est aussi là qu'ils trouvent l'information et qu'ils font part de leur révolte. Les jeunes ne sont pas prêts à tout accepter, il ne faut pas croire.
**Samuel Lecerf :** Je suis tout à fait d'accord avec ce que vous dites. D'ailleurs, c'est précisément sur les réseaux sociaux qu'on a choisi de faire passer nos messages. On y propose régulièrement des réunions d'informations, on répond aux interrogations…
**Journaliste :** Mais vous vous limitez à votre ville…
**Samuel Lecerf :** Pas seulement. Ce qui se passe ici est essentiel, c'est le début de l'engagement : il est important de se préoccuper de son environnement direct. On essaie vraiment de sensibiliser les jeunes au pouvoir qu'ils ont en tant que citoyens.
**Valérie Cortes :** Moi je trouve ça très bien, c'est important à cet âge de prendre conscience de ce qu'est la citoyenneté… Mais d'un autre côté, il est vrai qu'ils ont souvent été bercés par des visions très pessimistes de la politique venant de leurs parents…
**Samuel Lecerf :** C'est sûr, mais on s'adresse surtout à de jeunes adultes qui progressivement vont se forger leur propre opinion et se délester des idées qu'ils reçoivent parfois de leur entourage. Au conseil des jeunes, on est acteurs, on a vraiment l'occasion de s'exprimer d'un point de vue personnel et on côtoie les élus, on apprend aussi le fonctionnement de la démocratie…

# Comment la technologie transforme-t-elle notre vie ?

## Leçon 21

### Améliorer un espace de vie

🎧 **Piste 37. Activité 7**
**Ex. :** Les écrans tactiles permettent d'interagir facilement avec un humanoïde.
a. La psychologue a développé des arguments contre les robots de crainte que ceux-ci remplacent les humains.
b. L'équipement technologique des robots vise à proposer une interface facile à utiliser.
c. Ces machines sont équipées de capteurs de sorte que les informations soient transmises immédiatement.
d. Le robot a pour but de libérer du temps au soignant pour ses tâches essentielles.
e. Le recours aux robots doit être encadré de peur de laisser les personnes âgées sans présence humaine.
f. Les humanoïdes sont conçus dans l'espoir de soulager les aidants.
g. L'appui cognitif cherche à stimuler les personnes âgées grâce à des activités spécifiques.
h. Les robots sont programmés de façon à ressembler à l'être humain.

## Leçon 22

### Prendre position sur les rencontres virtuelles

🎧 **Piste 38. Activité 1**
Veux-tu être mon ami ? La question est courante sur les réseaux sociaux. Face au développement des échanges virtuels et à la récurrence de cette question, des chercheurs se demandent ce que vaut l'amitié sur ces réseaux ? Détruisent-ils nos « vraies » amitiés ? Les entretiennent-ils ? Évaluons la question.
D'abord, est-ce que la notion d'amitié veut encore dire quelque chose sur les réseaux sociaux ? Certains internautes ont jusqu'à des centaines « d'amis ». Aristote disait : « Ce n'est pas un ami celui qui est l'ami de tous. » Revenons à la définition originelle. Dans le dictionnaire Larousse, un ou une amie est une personne à laquelle on est uni par l'amitié. Pourtant, parmi nos nombreux « amis » en ligne, nous trouvons de simples connaissances, des collègues, des copains, des membres de la famille… Un ami ne serait donc pas celui avec qui on partage plus qu'un écran ? Le sociologue Antonio Casilli explique que lorsqu'on accepte de devenir ami avec quelqu'un sur les réseaux sociaux, cela signifie qu'on « officialise » notre relation avec cette personne. Tout notre cercle de connaissances sait ainsi qu'on a un lien avec telle ou telle personne. Qu'en est-il alors de la discrétion d'une relation, du lien intime avec quelqu'un ?
Enfin, la profusion d'amis sur les réseaux sociaux rend la solitude de moins en moins supportable. La philosophe Anne Dalsuet estime que « la solitude est dépréciée ou rendue difficile ». Pour elle, en effet, « cette immersion numérique nous empêche de voir le monde autrement que sous la forme de la proximité et de la disponibilité. Les réseaux sociaux ont signé la fin d'un monde de la séparation ». Ainsi, favorisant les contacts continus et permanents, nous perdons l'habitude de profiter de moments de solitude et les supportons de plus en plus mal. Pourtant, Internet, quel meilleur moyen de garder contact ? Will Reader, docteur en psychologie au Royaume-Uni, affirme que même si la majorité des amitiés naissent en dehors du réseau social, celui-ci peut aider à maintenir des relations qui auparavant, se désagrégeaient à cause de l'éloignement géographique ou par manque de temps. Les réseaux sociaux apparaissent donc comme un atout indéniable pour entretenir les amitiés existantes. Qu'en est-il alors de l'amitié née sur les réseaux sociaux ? Nous rencontrons parfois des gens sur des plateformes, en étant l'ami d'un ami, ou par l'intermédiaire de groupes de partage sur un sujet ou une question qui nous intéresse. Certaines personnes restent distantes, d'autres créent des liens très solides. Quoi qu'il en soit, il semblerait que dans la majorité des cas, la relation ne soit pas durable même

si les ressorts de l'amitié sont respectés : partage, confiance, respect. Néanmoins, selon certains, si on se préserve et qu'on sait respecter les avis de chacun, on peut réussir à créer des liens de confiance sur les réseaux sociaux.

### 🎧 Piste 39. Activité 3
Ex. : tomber en pâmoison
a. asseoir une confiance
b. briser la glace
c. garder le contact
d. nouer une relation

### 🎧 Piste 40. Activité 7
Ex. : C'est un nouveau venu sur le site auquel j'ai écrit.
a. C'est une personne très sympathique avec qui je suis en relation depuis longtemps.
b. La belle rencontre à laquelle je m'attendais n'est pas arrivée.
c. Les communautés en ligne qui se forment ne créent pas des relations d'amitié durable.
d. C'est un site de rencontre sur lequel il y a beaucoup d'inscrits.
e. Il est difficile d'asseoir sa confiance quand on n'a jamais rencontré la personne physiquement.
f. Il est tombé en pâmoison après sa rencontre avec la fille qu'il avait connue en ligne.
g. Ce sont de très bons amis à côté desquels mes relations en ligne sont peu intéressantes.
h. L'ethnocentrisme des réseaux sociaux est une caractéristique contre laquelle on ne peut rien.

## Leçon 23
## Imaginer de nouveaux mondes

### 🎧 Piste 41. Activité 5
1. Le métavers proposera un véritable bouleversement de nos vies.
2. Les possibilités offertes par la réalité virtuelle sont encore peu connues.
3. Il est nécessaire de se protéger des états de choc issus du passage d'une réalité à une autre.
4. Les progrès techniques nous apporteront-ils vraiment un plaisir supplémentaire ?
5. Chacun a une opinion sur la réalité virtuelle,
6. Nous confondons réalité virtuelle, métavers, réalité augmentée,
7. Certaines personnes seront assez fortes pour supporter le passage entre le monde réel et le monde virtuel.

### 🎧 Piste 42. Activité 10. Phonétique
Les réseaux sociaux en général, et Twitter en particulier sont devenus aujourd'hui un espace public mondial. Une partie de l'information, du débat politique et même de la diplomatie se passe aujourd'hui sur Twitter, à l'heure où certains prédisent en effet sa mort, je crois que c'est le bon moment pour se demander plus généralement quel est l'impact des réseaux sociaux sur nos démocraties.

## Bilan

### 🎧 Piste 43. Activité 1
Comment le numérique nous change ?
Les connaissances ont ceci de républicain qu'elles sont « affaire publique » : toute connaissance doit pouvoir être connue de tous, au moins en principe. Ni le théorème de Pythagore, ni le second principe de la thermodynamique, ni $E = mc^2$, ni le boson de Higgs n'appartiennent à quelqu'un en particulier. En pratique, c'est une autre affaire, et les technologies numériques n'y sont pas pour rien, puisqu'elles collaborent à l'avènement d'une nouvelle condition de l'individu. Car désormais, depuis son smartphone, chacun façonne son propre accès au monde en intégrant les communautés qui lui correspondent le mieux. En retour, il est en partie façonné par les contenus qu'il reçoit en flux permanent. Ainsi bâtit-il une sorte de « moi augmenté », d'univers, sinon personnel, du moins en parfaite résonance avec lui-même. Nul besoin pour cela d'un désir conscient : les communautés à sa ressemblance lui sont proposées par des algorithmes qui ont tôt fait d'identifier ses inclinations politiques, ses tropismes culturels et intellectuels, ses pratiques de consommateur. Son accès aux informations et aux « connaissances » s'en trouve fortement biaisé, voire intégralement formaté. Se constituent ainsi ce qu'Alexis de Tocqueville nommait des « petites sociétés », qui sont la plus grande menace, selon lui, pour la démocratie. Car ces sortes de clans, délestés de toute contradiction interne, loin d'être des lieux de réflexion ou de débats contradictoires, sont les chambres d'écho des croyances collectives de groupes particuliers. Et il y a autre chose à propos du numérique, fort bien étudié par Monique Atlan et Roger-Pol Droit dans un livre qui s'intitule, *Quand la parole détruit*. « À travers le relais des machines, des écrans, des enregistreurs, écrivent-ils, la parole se transforme. Ses caractéristiques fondamentales d'interrelation et d'échanges se trouvent bousculées, subrepticement déplacées ou remises en cause. Les liens entre voix, parole et présence corporelle se modifient. Ce qui est en cours est bien une mutation des liens profonds de chaque personne aux mots de sa langue, à l'expression de ses désirs personnels, finalement à sa propre existence. » Fin de citation. Aujourd'hui, les machines nous parlent carrément, nous cause sans cesse en langage naturel… Ces machines parlantes, on les appelle des « agents conversationnels » en bon français, des « chatbots » en anglais quelconque. Dans leurs versions les plus récentes, elles influencent nos comportements et participent à l'avènement de ce qu'on pourrait appeler une « informatique affective ». Mais que devient la parole lorsqu'elle cesse d'être humaine ? Lorsque, pour la première fois dans l'histoire, des intelligences artificielles qui ne comprennent rien au sens des mots prennent la parole et, de plus en plus, nous la prennent ? Lorsque des machines, par abus de langage, disent « je » ?

Je vous laisse réfléchir là-dessus à voix haute, mais pas comme des machines.

# UNITÉ 7 — À quoi sert l'école ?

## Leçon 25

### Décrire une manière d'apprendre

**Piste 44. Activité 1**

France Inter, la Terre au carré.
**Mathieu Vidard :** 14 h 32, Camille passe au vert. On prend l'air aujourd'hui, Camille, et ça va faire du bien avec l'école et la classe dehors.
**Camille Crosnier :** Oui, l'idée n'est pas toute jeune. Elle est apparue dans les années 50 au Danemark, confronté à un baby-boom et ne sachant littéralement plus où mettre les enfants, avant que ça ne se développe dans toute l'Europe du Nord et même au Canada. Donc, vous aurez compris au passage que ce n'est pas réservé aux climats les plus chauds, mais les enfants se fichent pas mal du temps qu'il fait, du moment qu'ils sont bien équipés, en témoigne Jeanne Churlot qui emmène ses maternelles de moyenne et grande sections à l'extérieur de l'école de Tauché, dans les Deux-Sèvres, tous les jeudis matin depuis sept ans.
**Jeanne Churlot :** Nous, on sort tout le temps, même quand il pleut du déluge, on est dehors quand même. Eux, ils s'en fichent. Ils sont super trop contents. Parce que, on a le droit de courir dans les flaques d'eau. Alors on voit quand c'est profond et quand c'est pas profond. Donc on travaille sur les sciences et la hauteur d'eau. De même que les ondes qu'ils font quand ils posent le pied et que ça fait des ronds tout autour de leurs bottes. Quand on leur fait faire nous en classe des ronds concentriques pour apprendre à faire des ronds, ça leur parle : « ah c'est comme quand j'ai mis les bottes dans la flaque d'eau. »
**Camille Crosnier :** Eh oui, une façon d'apprendre autrement et elle voit bien la différence et les avantages, elle qui enseigne depuis 1994.
**Jeanne Churlot :** L'école à l'intérieur peut être synonyme de souffrance parce que ben, c'est du travail quoi, ça a une connotation importante. On travaille, on fait beaucoup d'efforts. Et dehors, ils font les mêmes efforts, mais ils ne s'en rendent pas compte.
**Camille Crosnier :** Voilà, des systèmes complémentaires, un petit peu comme des vases communicants. On se sert de ce qu'on apprend en classe pour l'extérieur et vice versa. « L'École dehors » se développe en France, et encore plus depuis le printemps dernier, après le premier confinement et il n'y aurait que des bienfaits, d'après les centaines d'études sur le sujet, relayées par la journaliste Moïna Fauchier-Delavigne, auteur de *Emmener les enfants dehors*, paru en septembre dernier chez Robert Laffont.
**Moïna Fauchier-Delavigne :** On sait maintenant qu'enseigner dehors, intégrer la nature à l'éducation c'est positif pour les apprentissages, pour la réussite scolaire des enfants, pour l'activité physique, pour le développement émotionnel et social, pour la conscience environnementale, pour les compétences cognitives, la créativité, la coopération, la concentration, etc.

**Piste 45. Activité 6**

**Ex. :** lire à voix haute
a. apprendre par cœur
b. tomber sous la main

**Piste 46. Activité 7**

**Ex. :** Le professeur a apporté les affiches en classe.
a. Je lis la leçon à mon camarade ?
b. Montre le modèle à Arthur pour l'aider !
c. Vous avez amené vos élèves à l'extérieur ?
d. Peux-tu m'expliquer ce graphique ?
e. Ne donnez pas des consignes trop difficiles à vos élèves.
f. Demande des activités visuelles à ton professeur !
g. Tu écoutes tes camarades jouer le dialogue ?

**Piste 47. Activité 9**

**Ex. :** On devrait mettre en place une approche pédagogique qui prenne en compte le profil d'apprentissage de chacun.
a. Les élèves ont eu le temps de faire les tests qui permettent de définir leurs stratégies d'apprentissage.
b. L'école en plein air permet de faire bénéficier aux enfants d'une approche qui fasse appel à leur affect.
c. Nous devons concevoir une session qui intègre des pauses régulières.
d. C'est la seule approche pédagogique qui apporte autant de compétences pluridisciplinaires.
e. Le professeur utilise la pédagogie classique qui oblige les enfants à apprendre par cœur des connaissances.
f. L'établissement scolaire ne propose rien qui puisse améliorer l'approche pédagogique.
g. Il n'y a aucune autre salle où les élèves aient assez de place pour manipuler des objets.
h. C'est une approche que les responsables pédagogiques n'ont pas encore expérimentée.

## Leçon 26

### Commenter des inégalités

**Piste 48. Activité 4**

**Ex. :** un tiers
a. une majorité
b. une minorité
c. la quasi-totalité
d. la part de
e. un taux

**Piste 49. Activité 6**

**Ex. :** Une minorité d'enfants d'ouvriers sont admis dans les écoles normales supérieures.

a. Seulement 9 % d'étudiants des grandes écoles sont des enfants d'ouvriers.
b. Une majorité de lycéens souhaitent entrer à l'université.
c. Moins de la moitié de l'effectif est composée d'enfants d'ouvriers.
d. 80 % d'une classe d'âge atteint le niveau du baccalauréat.
e. Les trois-quarts des enfants de cadres poursuivent des études supérieures.
f. La moitié des élèves de classes prépa vient de familles aisées.
g. Plus d'un tiers des élèves de bac professionnel ont des parents ouvriers.

## Leçon 27

### Parler d'un parcours atypique

**Piste 50. Activité 6**
Ex. : Les filles se sont vu proposer un stage de couture.
a. La professeure s'est beaucoup entendu reprocher ses absences.
b. Ces candidates se sont bien comportées pendant la VAE.
c. Marina s'est laissé convaincre de continuer ses études.
d. Elle s'est vue poursuivre son master après la VAE.
e. Les étudiantes se sont senties en difficulté pendant la formation.
f. Ils se sont trouvé un stage intéressant en entreprise.
g. Juliette s'est entendue prononcer des mots enthousiastes pour parler de son expérience.
h. L'étudiante s'est lancé un défi : faire une grande école.

**Piste 51. Activité 10. Phonétique**
Ex. : Je l' f'rai demain !
a. C'diplôme, j' veux pas l'passer !
b. J' suis un mauvais élève, j' me l' dis souvent.
c. Il s' peut qu' je sorte du système scolaire.
d. J' me prépare pour un examen.
e. J' te d'mande pas ton avis.
f. Il m' le dit pas !

## Bilan

**Piste 52. Activité 1**
« Je pense que sans ça, j'aurais pas trouvé la voie que j'ai trouvée actuellement. »
« Je suis arrivé à être mieux organisé. »
« On nous lâche pas en fait, on est toujours à nos côtés. »
« C'est loin d'être une année perdue. »
« J'ai vraiment tout gagné. »
« Là maintenant, je sais ce que je veux. »
PARÉO : passeport pour réussir et s'orienter, Paris Descartes
**Marion Petitpré :** C'était une demande de notre présidence de mettre en place un dispositif pour aider les décrocheurs, et le postulat de départ était de se dire : on va créer un dispositif pour trouver sa voie, parce que s'ils savent où ils vont, ils vont réussir. C'est une année où ils vont se construire, où ils vont réfléchir, ils vont prendre le temps surtout.
**Aurore Ghetti :** Il y a une partie de remise à niveau qui comporte des cours d'expression écrite, d'expression orale, de mathématiques, de remise à niveau en langues.
**Marion Petitpré :** Il faut leur donner les outils pour apprendre à apprendre, pour avoir une bonne méthodologie. Il y a des immersions en entreprise, il y a des périodes où ils peuvent partir à l'étranger, ils peuvent faire des stages. Et mis bout à bout, la somme d'expériences permet d'apprendre à se connaître un petit peu mieux, pour faire un choix et surtout mettre en œuvre un plan d'action pour atteindre l'objectif.
« Au lycée, j'étais persuadé de vouloir faire des études scientifiques, ensuite d'aller en école d'ingénieurs, mais là, je ne savais plus du tout ce que je voulais faire, c'est vrai que j'étais perdu. »
« J'ai tenté plusieurs chemins en faculté après mon bac, et il n'y a rien qui me plaisait. »
« J'étais extrêmement démoralisée, j'avais une impression d'échec. »
« C'est une année où vous vous sentez utile, vous êtes un peu acteur de ce que vous faites. »
« Ça m'a donné plus confiance en moi, j'ai appris aussi à être altruiste, à aider les autres. »
« C'est une année où on se construit personnellement, on se rend compte de ce qu'on est et ce qu'on veut réellement. »
« C'est que du positif, c'est une espèce de tremplin pour repartir dans le cursus universitaire classique. »
« Je voudrais devenir professeur des écoles plus tard, et maintenant que j'ai un objectif, je fais tout pour réussir. »
« Ça m'a conforté dans l'idée que je voulais vraiment poursuivre en école d'ingénieur et faire des études scientifiques. »
« J'ai enfin trouvé un projet professionnel qui me correspond vraiment. »
« Oui, j'ai confiance en l'avenir. »

# UNITÉ 8 — Le travail a-t-il le même sens aujourd'hui ?

## Leçon 29

### Expliquer des tendances professionnelles

**Piste 53. Activité 7**
Ex. : Ayant acquis de nombreuses compétences dans son ancien poste, il n'a eu aucune difficulté à retrouver un emploi.
a. Les employeurs ont de plus en plus de mal à recruter des personnes ayant occupé un poste similaire.
b. Je travaille dans une entreprise proposant des conditions de travail exceptionnelles.

c. L'entreprise a dû réviser l'ensemble de ses contrats, ayant compris qu'elle devait s'aligner sur ceux proposés dans les autres entreprises.
d. S'étant fait remarquer dans tous ses entretiens, il a eu l'embarras du choix pour son nouveau poste.
e. Cet employeur a vu de nombreux salariés prendre le large, préférant privilégier des conditions de travail plus flexibles.
f. Les boomers hésitent souvent à quitter leur entreprise, étant attachés à un poste qu'ils occupent depuis des années.
g. La semaine de quatre jours, ayant conquis les salariés de certaines entreprises, pourrait se généraliser à tout le pays.

## Leçon 30

### Analyser la place du travail

#### Piste 54. Activité 1

La chronique éco.
**Journaliste :** Bonjour. Aujourd'hui, Rémi Ferrant notre chroniqueur éco, va nous parler d'une étude qui vient d'être publiée sur notre fatigue au travail. Bonjour Rémi. Alors, les Français seraient-ils devenus flemmards ?
**Chroniqueur :** Bonjour. Eh oui, selon cette étude sur les Français et la fatigue au travail, la question se pose ! On sait que la crise sanitaire a fatigué les Français et cette étude le souligne clairement : 45 % d'entre nous ont moins envie de sortir de chez eux qu'avant 2020. Alors bien sûr, on sait que la période Covid a eu des conséquences non négligeables sur nos modes de vie. Toutefois, pour rester dans un cadre économique, on observe que ces bouleversements dans nos modes de vie ont eu un impact sur la motivation au travail. Au point qu'aujourd'hui, seulement un Français sur quatre estime que le travail occupe encore une position centrale dans sa vie. Aucune autre valeur, ni la religion, ni la famille, ni les amis n'a connu une telle évolution ! Notons qu'en parallèle le temps consacré aux loisirs a augmenté considérablement. Ce qui est tout à fait logique ! En 2008, deux salariés sur trois voulaient travailler plus pour gagner plus. Aujourd'hui, les Français sont prêts à renoncer à une partie de leur salaire à condition qu'ils puissent profiter de leur temps libre. Et ça fait maintenant trois ans que ça dure. On peut s'interroger sur ce désengagement au travail, ou plus précisément sur l'inversion des priorités. L'étude suggère plusieurs explications : la quête de sens, l'importance des process dans le cadre professionnel, les open space devenus insupportables ou encore le flex office. Il est à souligner que la réduction du temps de travail due à la pandémie a eu un effet sur la place du travail et par conséquent, sur l'importance qu'on lui donne.
**Journaliste :** Travailler moins, faire plus de place aux loisirs, ce n'est pas si grave, si ?
**Chroniqueur :** Non… à condition que la productivité suive ! Et il faut reconnaître que ce n'est pas le cas. Par ailleurs, les Français travaillent moins par choix, pourtant, ils manifestent clairement leur mécontentement face à la diminution de leur pouvoir d'achat et à la réduction des moyens des pouvoirs publics ! Selon les chiffres de l'OCDE, la France est le pays au monde qui travaille le moins, tous âges confondus. Et cette tendance n'est pas près de s'inverser !
**Journaliste :** Merci, Rémi. Nous recevons à présent le responsable…

#### Piste 55. Activité 3

Bonjour à tous ! Tout le staff est prêt à vous accueillir pour cette visite de votre future business school ! Alors, comme vous le savez, nous sommes spécialisés en management international. Alors attention, pas de French bashing ici, au contraire, nous démontrons depuis trente ans déjà que les Français ont leur mot à dire sur le plan international. Aujourd'hui, grâce à cette journée portes ouvertes, vous allez découvrir ce qui se passe behind the scene. Suivez-moi ! Alors ici la salle d'études où vous pourrez vous retrouver en dehors des cours. Tout est fait pour que ce soit vraiment confortable : des fauteuils, des plantes vertes, une petite restauration facilement accessible. Vous êtes chez vous. Il vous sera possible aussi de participer à des réunions en ligne lors des journées de home office.

#### Piste 56. Activité 7

**Ex. :** À défaut de nouvelles négociations, les employés ne reprendront pas le travail.
a. Il a décidé de garder son poste quand bien même il ne partagerait pas la culture de l'entreprise.
b. Nous pourrions le conseiller au cas où il déciderait de changer de poste.
c. Certains salariés sont prêts à travailler plus à condition qu'ils bénéficient de deux jours de télétravail.
d. Dans l'hypothèse où nous traverserions une nouvelle crise, il y a fort à penser que le télétravail serait privilégié.
e. Ou tu décides de chercher un poste dans lequel tu t'épanouis professionnellement, ou tu décides de travailler moins pour préserver ta vie de famille, c'est à toi de voir.
f. Alice se plairait dans ce nouveau poste pourvu qu'elle ne travaille pas plus de 40 heures par semaine.
g. Il y a cinquante ans on n'envisageait pas le travail comme aujourd'hui, soit on faisait carrière dans une société, soit on était montré du doigt.

## Leçon 31

### Dévoiler des tabous professionnels

#### Piste 57. Activités 1 et 2

On vous écoute !
**Journaliste :** Bonjour. Bienvenue dans notre émission « On vous écoute ! » Aujourd'hui, nous entendrons des salariés qui témoignent de leur situation au travail. Ils font partie de ces 4 millions de personnes qui

souffrent de stress au travail. Ils racontent comment leur état moral impacte leur vie au quotidien et dans quelle mesure il influence leurs relations avec leur entreprise. Écoutons le premier témoignage de Maria.
**Maria :** Pour moi, le stress commence le matin, dans les transports et depuis quelques années, j'ai l'impression qu'il est permanent quand je suis sur mon lieu de travail… mais aussi en dehors, le soir, le week-end. Ça ne m'arrivait pas avant. J'ai toujours été quelqu'un de très investie dans mon travail. Je fais partie de l'ancienne génération, je suis une exécutante, dévouée, jamais absente. Je n'ai jamais compté mes heures pour aider mes commerciaux à réussir. Je suis cheffe d'équipe. Et c'est vrai qu'à cette position, c'est important d'être solide, attentive. En ayant des équipes de plus en plus jeunes, j'ai commencé à me remettre en question. L'expérience ne suffit pas, que voulez-vous ! Ce n'est pas évident de s'adapter aux nouvelles générations, les exigences ne sont plus les mêmes, et puis ils ont tout simplement d'autres manières de travailler. Il faut beaucoup s'adapter et moi, ça m'a mis pas mal de pression, j'avais l'impression de ne plus être à la hauteur même si c'est moi la cheffe. J'ai fait des formations, mais ça n'a pas suffi, je me sentais presque illégitime parfois. Pour compenser ce stress, j'avais besoin de travailler plus. Et puis il fallait qu'on maintienne nos résultats. La direction ne cesse jamais d'être exigeante. Je ne terminais pas forcément beaucoup plus tard mais j'ai commencé à travailler le soir, le week-end. Et j'avoue que je n'ai pas voulu en informer mes supérieurs. Cela reste des supérieurs, et il me semble que chacun doit honorer son poste… Je ne me voyais pas me plaindre de mon sort auprès d'eux. Je ne sais pas, peut-être une question d'orgueil. Avouer qu'on est stressé pour moi, c'est comme reconnaître un échec. Et c'est peut-être seulement une question de personnalité. Parce que c'est vrai qu'il y a eu des avancées ces dernières années pour nous protéger le plus possible de ce stress et faire en sorte que les salariés soient les plus épanouis au travail : les préventions des risques professionnels, le droit à la déconnexion. Dans mon entreprise par exemple, les règles sont claires, on n'envoie pas de mails avant 8 heures et rien après 19 heures mais ce n'est pas si simple que ça. C'est peut-être une question de génération mais je dois reconnaître que je ne profite pas vraiment des dispositions qui ont été prises. Je ne suis pas forcément un bon exemple pour mes équipes, mais je me garde bien de le leur montrer et de toute façon, on maintient nos chiffres, c'est l'essentiel, non ?
**Journaliste :** Le second témoignage est celui de Kéra, un jeune diplômé de vingt-six ans…

## 🎧 Piste 58. Activité 6
**Ex. :** En entendant d'autres personnes de mon entourage parler du syndrome de l'imposteur, j'ai décidé de me documenter.
**a.** En faisant évoluer les exigences au sein de l'entreprise, on a fait augmenter le stress.
**b.** On développerait de meilleures relations professionnelles en acceptant de parler de son salaire.
**c.** En augmentant les actions auprès des équipes, on obtiendra de meilleurs résultats.
**d.** En valorisant les diplômes au mépris de l'expérience, beaucoup d'employés plus âgés se sentent oubliés.
**e.** On aurait pu tendre vers une organisation moins pyramidale il y a de nombreuses années en ne reproduisant pas les schémas.
**f.** En multipliant les livres sur le stress au travail ou le syndrome de l'imposteur, on a réussi à lever certains tabous professionnels.
**g.** En acceptant ce nouveau poste de manager, je me suis exposée à davantage de stress.
**h.** On renforcera le bien-être au travail en organisant des ateliers d'échange entre les salariés et les responsables.

## 🎧 Piste 59. Activité 9. Phonétique
**Ex. :** Tiens, ils ont installé un baby-foot dans la salle de pause. C'est sûr qu'on va être moins stressés !
**a.** Tu as toutes les capacités pour réussir cet entretien, crois-moi !
**b.** Tu as lu le livre que je t'ai prêté sur les tabous au travail ?
**c.** Tu penses vraiment que ce livre va m'aider à réduire mon stress ?
**d.** Je voudrais tellement que mon fils réussisse dans son travail mais j'ai l'impression qu'il n'est pas impliqué !
**e.** Peut-être que je devrais inverser temps de travail et temps de loisirs, je serais peut-être plus détendue !
**f.** Oui, alors la question du stress au travail, tu sais ce que j'en pense !
**g.** Et avec cet atelier bien-être, je devrais me sentir à ma place dans la boîte ?
**h.** Ah non ! Pas question de vous révéler mon salaire !

## Bilan

### 🎧 Piste 60. Activité 1
**Chronique du jour**
**Chroniqueur :** Notre chronique d'aujourd'hui porte sur l'évolution de la place du travail ces dernières années. Quelle place le travail occupe-t-il aujourd'hui dans nos vies ? Comment ce rapport au travail a-t-il évolué autant du point de vue individuel que sociétal ? Prend-il plus de place qu'avant ? Le choc générationnel est nettement observable : pour les 45-50 ans et plus, la génération des baby-boomers, le travail représentait et représente toujours, le pilier d'une vie réussie – c'est ainsi qu'on se plaisait à qualifier le travail ! Les jeunes générations, elles, en revendiquant plus d'équilibre entre vie professionnelle et vie personnelle, considèrent qu'il n'occupe plus qu'une place secondaire.
Mais revenons un peu en arrière. À la fin du 19e siècle, l'essentiel du temps étant consacré au travail, les salariés ne disposent que de quelques heures de

temps libre. La période entre deux guerres marque un tournant. En France, grâce à la mise en place des congés payés et des 40 heures de travail hebdomadaires, les salariés bénéficient de temps de loisirs. Dès les années 60, apparaissent des activités liées au développement personnel. Et ainsi, au fil des années, les rythmes se transforment, le temps de travail diminue, pour le plus grand bonheur de tous. Aujourd'hui, les salariés se disent de moins en moins confiants vis-à-vis de leur entreprise et de ses dirigeants et ils cherchent de nouveaux centres d'intérêt hors de leur entreprise. Le refus progressif d'accepter certaines conditions de travail s'est renforcé. En parallèle, la famille, les activités personnelles et associatives, ont pris de plus en plus d'importance.

En plaidant pour davantage de conforts, les salariés demandent aux entreprises de se préoccuper de leurs conditions de travail, estimant qu'elles se dégradent et produisent du stress et des risques sur la santé. Pire, certains pensent même qu'ils occupent des postes inutiles. La vision du travail a vraiment évolué !

Pour répondre à ces préoccupations, il apparaît indispensable de sortir du conflit entre l'entreprise qui souhaite régir le temps de travail des salariés et les salariés qui souhaitent mieux maîtriser leur temps. Certaines entreprises ont déjà amorcé la discussion et font des propositions qui séduisent les salariés telles que davantage de flexibilité au niveau des horaires, une redéfinition des missions. Reste à savoir si ces pratiques vont se généraliser.

## Leçon 33

### Donner des explications

🎧 **Piste 61. Activités 1 et 2**

**Médecin :** Avant, quand on parlait de gériatrie, on désignait un public de 65 ans et puis la limite d'âge a été revue à la hausse, on est passé à 70-75 ans. Aujourd'hui on définit plutôt la vieillesse à partir de limitations fonctionnelles et cognitives, c'est-à-dire des troubles de fonctionnement d'un organe d'une part et des problèmes liés au cerveau comme la perte de mémoire, un ralentissement de la pensée, d'autre part. Certains d'entre nous ont la chance de vieillir jusqu'à un âge avancé en bonne santé alors que d'autres peuvent rencontrer des atteintes plus précoces et dans ce cas, si l'on se réfère à notre définition, on devrait les considérer comme « âgés ».

**Journaliste :** Le vieillissement de la population représente une vraie question de santé publique. D'après une étude récente, on estime que les maladies chroniques devraient encore progresser jusqu'en 2050, tout comme les dégénérescences maculaires, qui touchent l'œil, les maladies démentielles, qui affectent le cerveau, mais aussi les fractures de hanche. À cela s'ajoutent les infarctus, les AVC, comprenez les accidents vasculaires cérébraux, et les pneumonies. Si le processus du vieillissement est inéluctable, les recherches pour lutter contre ses effets ne manquent pas. Plus ou moins sérieuses, elles visent à trouver une molécule efficace pour vivre plus longtemps mais surtout en bonne santé. Le secret de l'éternelle jeunesse n'a pas encore été trouvé, ce qui explique qu'en attendant, il nous faut envisager la vieillesse et les problèmes qu'elle pose. Tout au long de notre vie, nous nous préparons à vieillir et les comportements que l'on adopte en particulier à la mi-vie vont grandement influencer nos pathologies futures. Les comportements à risque tels que la consommation de tabac ou d'alcool ou encore une alimentation trop riche vont avoir des incidences non seulement sur l'arrivée de la vieillesse mais aussi sur les conditions dans lesquelles nous allons vieillir. Quel est le secret pour bien vieillir ? À chacun d'entre nous de trouver sa voie pour se maintenir en forme dans son corps comme dans sa tête.

**Femme :** La santé et l'équilibre, c'est ce qu'il y a de plus important. Tant que je resterai chez moi, à faire mes mots croisés, à entretenir mes plantes, je serai bien. Je sors chaque jour, j'ai dû réduire la longueur de mes promenades parce que je sens la fatigue mais je suis encore capable de marcher près d'une heure. Tous les jours. Quand je ne serai plus capable de ça, ce sera la fin.

**Homme :** Le karaté tel que je le pratique m'apporte de l'équilibre, il m'aide à affronter l'extérieur, je ne parle pas des agressions forcément physiques mais je parle des vicissitudes de la vie, des épreuves qu'on rencontre dans notre vie familiale, dans le voisinage, tout cela, vous voyez. Et puis, forcément ça m'apporte un équilibre intérieur parce que la vie nous apporte toujours des interrogations, on se questionne, on est confronté à des idées noires parfois. Le karaté occupe une telle place dans ma vie qu'il m'aide à me débarrasser de ces pensées et à continuer de me développer.

## Leçon 34

### Contester des injonctions

🎧 **Piste 62. Activités 4**

**Ex. :** Lorsque les plus âgés eurent laissé la place aux jeunes générations, ils se retrouvèrent sans aucun travail.

a. Une devise fut adoptée « à la jeunesse, toutes les libertés ».

b. Dans le pays régna une atmosphère joyeuse après qu'on eut décidé de cette nouvelle organisation.

c. Ils auraient pu choisir de quitter le pays mais ils ont décidé d'y rester.

d. Tous les soirs, la grand-mère racontait des histoires à ses enfants qui auraient beaucoup plu à sa propre fille.

e. Quand le gouvernement élu eut promulgué de nouvelles lois, les plus âgés perdirent leurs droits.
f. Ils se retrouvèrent à près de 50 ans et se souvinrent des moments qu'ils avaient partagés quand ils avaient 20 ans.

## Leçon 35
# Défendre des convictions

### Piste 63. Activité 1
**Journaliste :** Bonjour, Paule Gaillardin, est-ce que vous pouvez nous présenter votre parcours ?
**Paule Gaillardin :** Bonjour, j'ai 76 ans, je n'ai pas peur de le dire, et j'ai créé l'association « Âgé et alors ? » depuis une dizaine d'années. J'avais, vous faites le calcul, 66 ans… et je l'avoue, je ne voulais pas devenir une personne diminuée, je ne voulais pas me laisser aller. J'étais à la retraite, je n'avais plus d'obligations quotidiennes, excepté de sortir mon chien, c'est vous dire ! Et c'était difficile de me motiver au quotidien. Parce que, il faut bien reconnaître qu'au niveau de la santé, on subit les revers de l'âge, c'est inévitable… Mais il ne faut pas oublier qu'il y a 80 % des vieux qui se portent bien !
**Journaliste :** Est-ce que vous pouvez nous en dire plus sur votre association ?
**Paule Gaillardin :** « Âgé et alors ? » c'est une association qui met en place des événements essentiellement intergénérationnels. Par exemple, on a créé un partenariat entre une école maternelle et une maison de retraite. Lorsque les enfants sont à l'école, ils viennent manger avec les résidents de la maison de retraite… Ce sont des moments où se rassemblent plusieurs générations et où personne ne se soucie de son âge, je peux vous le dire ! On organise aussi régulièrement des concerts, des marchés de créateurs, de bijoux, de vêtements, de toutes sortes d'objets… Et oui, les vieux ont des ressources, sauf si on leur fait croire le contraire ! Et ils sont capables d'inventer de nouvelles choses ! Notre idée en fait, c'est de combattre les idées reçues.
**Journaliste :** Et quel message vous voulez faire passer aujourd'hui ?
**Paule Gaillardin :** On a tendance à croire que, passé un certain âge, on n'est plus capable de rien. Alors, ça arrive parce qu'il y a trois catégories de personnes âgées : il y a celles qui refusent qui veulent absolument rester jeunes, alors ça passe par la chirurgie esthétique, les vêtements, pourquoi pas, peut-être y trouvent-elles une satisfaction, je ne critique absolument pas… mais il y a celles qui subissent et ça, c'est la grande majorité : « oh la la, mes pauvres jambes, ma pauvre tête… », c'est comme ça. Et puis il y a celles qui acceptent et ces personnes-là essaient d'en faire quelque chose. Et moi, j'ai trouvé que c'était de ce côté-là que j'avais envie d'aller quand j'ai commencé à me sentir vieille…
**Journaliste :** Et comment on fait, comment ça se passe quand on se sent vieillir ?

**Paule Gaillardin :** Eh bien, comme je vous disais, on peut toujours mettre une robe de chambre et s'enfermer… à moins qu'on n'invente sa vieillesse, qu'on la vive comme on la sent. C'est parfois l'occasion de reprendre certaines activités : le piano, la guitare… ou de s'y mettre. Il faut juste comprendre que rien ne nous en empêche. Enfin dans la mesure où c'est réaliste quand même !

### Piste 64. Activité 5
**Ex. :** Il profite de la vie avant qu'il ne soit trop tard.
a. Sans doute n'existe-t-il aucune autre solution que d'avoir à lutter contre les injonctions.
b. Je ne cesse d'encourager mes enfants à se protéger du regard des autres.
c. Il craint que son fils ne grandisse trop vite.
d. Elle n'ose faire des projets depuis qu'elle est à la retraite.
e. Son inscription dans ce club de sport l'empêche de ne sombrer dans les vicissitudes de l'âge.
f. Ma grand-mère a décidé de se remettre au piano à moins qu'elle ne décide de commencer le violon.
g. Depuis que je suis à la retraite, j'en profite pour voyager avant que je n'aie des problèmes de santé.
h. Ses petits-enfants n'osent lui parler de son âge de crainte de la blesser.

### Piste 65. Activité 7
**Ex. :** L'article de Laure Adler a été beaucoup apprécié des lectrices à l'exception de quelques réfractaires.
a. Les femmes sont tellement soumises aux pressions de la société qu'elles ont décidé de prendre la parole.
b. Une petite minorité de femmes affiche désormais leurs cheveux blancs suite à de nombreuses publications revendiquant les droits des femmes âgées.
c. Il se sent rajeunir depuis qu'il s'est remis au sport, à moins que ce ne soit lié à ces derniers voyages.
d. La plupart des réalisateurs préfèrent ne pas faire appel à des femmes d'âge mûr sauf s'il s'agit de rôle de grands-mères.
e. On continuera de faire des différences entre les hommes et les femmes âgées si on n'agit pas.
f. On peut subir le poids des années à moins qu'on ne décide de profiter de chaque moment.

### Piste 66. Activité 11. Phonétique
**Ex. :** Certains adultes sortent tout juste du bac à sable.
a. Elle souffre de sarcopénie.
b. J'ai vraiment du mal à monter les marches.
c. On a diagnostiqué de l'arthrose et une fonte musculaire.
d. Je suis un adulte en milieu de vie, je ne suis pas un vieux !
e. Tu as complètement changé ces derniers temps.
f. Le mieux, c'est l'exercice physique.
g. Ils passent leur journée dans les jardineries.

## Bilan

### Piste 67. Activité 1
**Femme 1 :** Bien sûr ! Ce n'est pas facile de vieillir sauf

peut-être si on est un homme ! Parce qu'en tant que femme, c'est la double peine ! On est évidemment soumises à des injonctions permanentes. On n'accepte pas qu'une femme puisse être moins belle avec le temps, on lui reproche ses rides, son teint moins éclatant, son corps moins ferme. Je vous assure que c'est redoutable ! Il est évident qu'on n'est pas traitée de la même manière que les hommes !

**Homme 1 :** Je ne suis pas certain qu'il y ait vraiment de différences. On a du mal dans cette société avec les personnes âgées de manière générale. La société vieillit pourtant, les chiffres le confirment. On vit de plus en plus longtemps mais j'ai l'impression qu'on ne s'y fait pas vraiment. De là à dire qu'on serait plus indulgent avec les hommes, franchement, il ne faut pas exagérer ! Vous ne croyez pas qu'on fait les mêmes reproches à savoir qu'ils ne sont plus assez dynamiques, qu'ils sont tout le temps malades, qu'ils n'apportent rien à la société. Franchement, je trouve ça dur et puis, on a beau dire, on ne trouve pas vraiment de solutions pour aider nos personnes âgées à bien vieillir. On les met en maison de retraite et ça s'arrête là. On n'en parle plus. C'est dur franchement.

**Homme 2 :** Il me semble, oui. À bien y réfléchir, je crois qu'on attend plus des femmes et que peut-être on finit par les laisser de côté. C'est vrai qu'elles ne sont plus très représentées avec le temps, elles disparaissent des écrans, de la presse... Je crois que ça souligne aussi un problème plus général lié à la représentation des femmes dans la société. Il ne faut pas se le cacher. Depuis des siècles, on met en avant les hommes, ils sont clairement surreprésentés au mépris des femmes, à l'exception de quelques stars qui réussissent encore à faire parler d'elles... Alors évidemment, les mouvements féministes parviennent progressivement à gommer ces différences mais on n'a pas beaucoup avancé dans nos têtes je crois.

**Femme 2 :** Je ne sais pas, peut-être. En tout cas, c'est ce qui se dit. Pour ma part, je n'ai pas observé de différences nettes entre hommes et femmes. On aime de toute façon plutôt mettre en avant une certaine catégorie de personnes, pas forcément des personnes trop jeunes d'ailleurs mais de façon générale des personnes qui répondent à des caractéristiques établies, à des stéréotypes. Si vous regardez les présentateurs à la télé, même les chanteurs, ils se ressemblent un peu tous. Il peut y avoir quelques écarts mais au fond ils répondent à ce qu'on attend de voir. Je crois qu'on est dans une société basée sur l'apparence alors quand on est vieux, on n'a plus envie de nous voir, hommes ou femmes. On a une vraie visibilité je dirais entre 25 et 45 ans. Grosso modo.

## DELF A2

### Compréhension de l'oral

 **Piste 68**

Vous allez écouter plusieurs documents. Avant chaque écoute, vous entendez le son suivant : 🔔.

Pour répondre aux questions, cochez la bonne réponse.

### 🎧 Piste 69. Exercice 1

Vous allez écouter deux fois un document.
Vous écoutez une émission de radio.
Lisez les questions. Écoutez le document puis répondez.

**Journaliste :** À mesure que l'aggravation des problèmes environnementaux s'impose dans le débat public, le mot « greenwashing » s'invite dans notre vocabulaire. Ce terme désigne toute forme de communication mensongère sur les performances écologiques d'un produit ou d'une entreprise. Depuis les années 90, les domaines touchés par ce type de communication verte sont très nombreux et masquent les réelles problématiques environnementales. Dans un petit manuel intitulé *Greenwashing, manuel pour dépolluer le débat public*, Laure Teullières et Guillaume Carbou expliquent ce phénomène. Ils sont nos invités aujourd'hui. Bienvenue à tous les deux ! Laure Teullières, expliquez-nous ce qu'est le greenwashing ?

**Laure Teullières :** Alors le greenwashing, cela désigne des stratégies de communication qui visent à verdir des dispositifs, des produits ou des entreprises. Verdir l'image peut passer par l'association d'une image positive à un produit. Mais c'est aussi la volonté de masquer certains éléments en attirant l'attention sur d'autres, alors qu'en réalité c'est le produit en lui-même qui pose problème.

**Journaliste :** Comment est né ce phénomène ?

**Laure Teullières :** Il apparaît en réaction aux préoccupations écologiques des années 1960 et 1970. Dans un premier temps, l'idée des grandes entreprises qui polluent était de discréditer la parole et les mouvements écologistes. On a assisté à l'essor de « l'écologisme d'entreprise ». Les grands groupes industriels ont mis en place des stratégies pour verdir leur image. Mais aujourd'hui, ce phénomène est devenu omniprésent et affecte aussi les politiques publiques. Il traduit une incapacité à penser pleinement l'enjeu écologique, et à apporter des réponses qui soient à la hauteur de l'urgence des transformations qui doivent s'opérer.

**Journaliste :** Guillaume Carbou, vous dites bien que le greenwashing, c'est toutes les manières de mal penser l'écologie aujourd'hui ?

**Guillaume Carbou :** Oui, il ne s'agit pas seulement de communication. C'est aussi tout ce qu'on produit en toute sincérité lorsqu'on essaie de penser la crise écologique dans nos sociétés. Notre société est prisonnière d'une culture, d'une manière de penser les problèmes. Même le vocabulaire de tous les jours finit par produire du greenwashing.

**Journaliste :** À ce propos, vous citez comme exemple les termes de « transition » et de « compensation ».

**Laure Teullières :** Oui, la transition est un terme permettant de penser la transformation nécessaire de notre société. Mais il a été tellement récupéré qu'aujourd'hui, il peut vouloir dire tout, et n'importe quoi ! La transition est devenue la priorité des

politiques publiques. Le terme équivalent de « développement durable » est tombé en désuétude. On pensait qu'on allait pouvoir faire un développement propre pour l'environnement tout en continuant à profiter du même confort, du même mode de vie… Aujourd'hui, on a un ministère de la Transition, on a des politiques publiques de transition, de grands acteurs économiques porteurs de l'idée de transition. Mais qu'est-ce que ça recouvre vraiment comme proposition ?
**Journaliste :** Guillaume Carbou, la « compensation », c'est quoi alors ?
**Guillaume Carbou :** Alors, il faut savoir que la compensation se renforce encore plus avec l'arrivée de la finance verte. C'est, par exemple, lorsqu'on va planter des arbres pour compenser les vols des compagnies aériennes. Le problème c'est que pour ces plantations, on va parfois expulser des populations de leur terre d'origine. Philosophiquement, l'idée qu'en plantant des arbres, on compenserait des pollutions est une vue de l'esprit. En fait, on pollue et on plante des arbres. Planter des arbres, c'est absolument nécessaire, mais ça ne peut pas compenser le fait de continuer à émettre des quantités de gaz à effet de serre.

### 🎧 Piste 70. Exercice 2
Vous allez écouter deux fois un document.
Vous écoutez une émission de radio.
Lisez les questions. Écoutez le document puis répondez.
**Journaliste :** Crystèle Ferjou, bonjour ! Vous êtes professeur des écoles et formatrice de l'enseignement dehors. En quoi consiste précisément cet enseignement ?
**Crystèle Ferjou :** Tout d'abord, je dirais que faire la classe dehors, c'est faire la classe dans un nouvel espace d'apprentissage, le dehors. En quelque sorte, c'est faire la classe à ciel ouvert, en plein air. Et en fait, cela change tout. Selon la définition de l'Université de Copenhague, enseigner dehors c'est une pratique qui se déroule de manière régulière, dans un espace de nature proche de la classe.
**Journaliste :** Mais toutes les écoles n'ont pas un jardin merveilleux à proximité…
**Crystèle Ferjou :** Non, en effet. Mais, on peut tout à fait enseigner dehors dans une nature plutôt ordinaire, à partir du moment où on va permettre aux enfants d'être en contact avec les éléments et de développer le sensoriel.
**Journaliste :** Alors cette école dehors va mobiliser quelles compétences chez l'enfant ?
**Crystèle Ferjou :** Plusieurs recherches ont montré que les enfants qui bénéficient de cet enseignement sont en meilleure santé, physique et mentale. Serge Lamery a montré dans ses recherches en 2018, que ça fait travailler des compétences comme notamment l'esprit de créativité, l'esprit critique mais aussi la communication et la collaboration entre les enfants. Ça va permettre aussi à l'enfant de recréer un lien avec son environnement de proximité et donc à mieux le connaître, à mieux l'appréhender. Cet accès à la nature est essentiel et vital pour un bon développement de l'enfant et pour lui permettre de se sentir à la fois heureux et vivant.
**Journaliste :** Vous dites aussi que la nature propose deux éléments majeurs importants pour le développement de l'enfant : la continuité et la spontanéité.
**Crystèle Ferjou :** Oui, effectivement, surtout la spontanéité parce qu'aujourd'hui la vie d'un enfant est très ordonnée, très planifiée et finalement peu de place est laissée au jeu libre. Il a peu l'occasion de jouer sérieusement. Le jeu, c'est l'activité la plus sérieuse de l'enfant. Et aujourd'hui, les enfants passent beaucoup plus de temps à l'intérieur, dans des espaces plus contraints qui sont moins adaptés au jeu libre et sérieux des enfants.
**Journaliste :** Vous dites aussi qu'à l'extérieur, c'est l'enthousiasme qui prévaut.
**Crystèle Ferjou :** Oui et je l'ai vraiment constaté en pratiquant avec mes élèves : quand on les emmène dehors, ils s'enthousiasment. Les enfants par nature sont très curieux. Intrinsèquement, ils savent que nous appartenons tous à la nature. Donc, ils ont un lien physique et émotionnel très fort avec la nature. Elle représente une ressource pédagogique qui propose un espace à la fois complexe et plein de surprises. Et c'est toutes ces surprises qui enthousiasment les enfants.
**Journaliste :** Les pays du Nord sont très à la pointe en ce qui concerne l'école dehors puisque depuis de nombreuses années, les enfants passent plusieurs heures par jour dehors. On y vient un peu en France. Pourquoi est-ce qu'il y a ce décalage entre ces pays et nous ? Pourquoi les pays latins sont aussi réfractaires au fait d'aller enseigner dehors ?
**Crystèle Ferjou :** La recherche du bonheur dans la nature appartient à la culture des pays du Nord et cette pratique date des années cinquante. Les pays latins se sont petit à petit éloignés de l'extérieur alors qu'ils bénéficient d'un climat beaucoup plus agréable. Dans nos pays, toutes les pratiques pédagogiques innovantes récentes se sont concentrées sur les intérieurs. On a repensé les espaces d'apprentissage à l'intérieur des écoles. On repense l'architecture des nouvelles écoles avec des normes de haute qualité environnementale mais on oublie ce contact nécessaire et essentiel avec le dehors.

### 🎧 Piste 71. Exercice 3
Vous allez écouter une fois trois documents.
Lisez les questions. Écoutez le document puis répondez.
**Document 1**
C'est un secteur en plein essor. La chirurgie et la médecine esthétiques attirent de plus en plus de jeunes Français, entre 20 et 30 ans, qui veulent modifier leur corps parfois sous l'influence des réseaux sociaux. Les moins de 35 ans représentent

désormais la moitié de la clientèle du groupe de médecine esthétique leader en France, quand ils n'étaient que 5 % il y a douze ans. Parmi ces patients, on compte majoritairement des femmes, qui demandent notamment des lèvres plus pulpeuses. C'est ce que souhaitait Mahéra, 24 ans, étudiante. Elle est allée voir un chirurgien esthétique, il y a huit mois : « parce que lorsque je me voyais dans le miroir, je trouvais que ma lèvre supérieure était un peu plus petite que celle du bas ». Un « caprice » facturé 500 euros pour deux séances d'injection d'acide hyaluronique, très en vogue dans les cabinets de chirurgie esthétique et dont les effets s'estompent au bout de quelques mois.

Adel Louafi, président du syndicat national de chirurgie plastique réparatrice et esthétique, y voit un double effet des réseaux sociaux. « D'une part, il y a des influenceuses qui ont véhiculé une nouvelle image du corps avec des formes plus généreuses. Et puis, les filtres sur les réseaux sociaux : les jeunes ont tendance à ne pas faire la différence entre une image filtrée, qui est lisse, parfaite, et l'image réelle ».

**Document 2**
Le ministre Simon Jolin-Barette vient de présenter à l'Assemblée nationale du Québec un projet de loi visant à protéger davantage la langue française dans la Belle Province et à faire du français « la seule langue officielle et langue commune du Québec ». C'est la plus vaste entreprise de modernisation et d'actualisation de la loi 101, la fameuse Charte de la langue française, adoptée en 1977 par le gouvernement de l'époque. Deux cents recommandations présentées en une centaine de pages et élaborées au terme d'un an de travail, des mesures phares pour renforcer la présence et assurer la survie de la langue française au Québec.

Le gouvernement québécois va aussi se servir d'un processus pour mettre sa loi à l'abri de toutes poursuites judiciaires susceptibles de la contester. Il prévoit une modification de la loi fondatrice du Canada de 1867 pour affirmer la « reconnaissance de la nation ainsi que du français comme seule langue officielle et commune du Québec ». Bref, cette réforme cherche à généraliser l'usage du français dans toutes les sphères de la société québécoise, à mettre en place une structure au sein de l'État québécois dédié spécifiquement à la protection de la langue française et à ce que l'État québécois soit l'exemple à suivre en matière d'utilisation du français.

**Document 3**
Indispensables à la vie de la société, les transports génèrent des effets multiples sur l'environnement : les impacts locaux par le bruit, la pollution locale de l'air, les modifications du paysage ou les risques naturels et technologiques. En France, le secteur des transports est responsable de près de 30 % des gaz à effet de serre émis dans l'atmosphère, ceux-ci étant un facteur reconnu de hausse tendancielle des températures. Maîtriser les impacts négatifs des transports, sans pour autant pénaliser les activités socio-économiques, est donc un enjeu majeur de politique publique. La maîtrise des émissions de gaz à effet de serre passe par des voies multiples : progrès technologique pour améliorer l'efficacité énergétique des moteurs et réduire leurs émissions, conception générale des réseaux et des politiques tarifaires et réglementaires favorisant les transports ferroviaires ou fluviaux plutôt que les transports routiers ou aériens.

Les améliorations ainsi envisageables sont très dépendantes de la politique de prix appliquée pour les carburants, et de ses évolutions prévisibles. Diviser par quatre les émissions de gaz à effet de serre dans les pays développés d'ici à 2050 est l'objectif pour lutter efficacement contre le changement climatique. Cela suppose donc une politique des prix qui puisse convaincre tous les acteurs d'engager les efforts nécessaires. Une volonté politique pérenne, reposant sur des accords internationaux, et une bonne compréhension des enjeux par la société seront indispensables pour atteindre ces objectifs.